우리는 지난 100년 동안 어떻게 살았을까 1

우리는 지난 100년 동안 어떻게 살았을까 1

한국역사연구회 지음

초판 1쇄 펴낸날(1, 2권) 1998년 11월 5일
초판 1쇄 펴낸날(3권) 1999년 11월 1일
전면 개정판 펴낸날 2023년 2월 7일 초판 1쇄
펴낸이 김남호 | 펴낸곳 현북스
출판등록일 2010년 11월 11일 | 제313-2010-333호
주소 07207 서울시 영등포구 양평로 157 투웨니퍼스트밸리 801호
전화 02)3141-7277 | 팩스 02)3141-7278
홈페이지 http://www.hyunbooks.co.kr | 인스타그램 hyunbooks
ISBN 979-11-5741-352-2 04910 ISBN 979-11-5741-287-7 (세트)
편집 전은남 이영림 | 디자인 디.마인 | 마케팅 송유근 함지숙
© 한국역사연구회 2023

한국역사연구회

우리는 지난 100년 동안 어떻게 살았을까

| 전면 개정판 |

존재와 사람 1

전면 개정판을 내며

역사학자들이 역사 대중화의 기치를 내걸고 대중과 소통하던 열정 넘치는 시대가 있었다. 1990년대 치열했던 역사 대중화를 위한 연구 활동과 열정, 그리고 그 성과로 '어떻게 살았을까' 시리즈가 시대별로 잇달아 나왔다. 부담 없이 무겁지 않게 옛사람들의 삶의 이야기를 담은 이 시리즈는 역사 대중화를 선도하여 스테디셀러가 되었다.

그로부터 20년이 넘게 흐른 지금, 역사는 여전히 무겁게 느껴진다. 21세기에 들어서 본격화되었던 역사 전쟁이 국정교과서 파동을 정점으로 잠시 잠잠해졌지만, 교과서 문제는 언제 폭발할지 모르는 휴화산에 가깝다. 하지만 역사 전쟁에서 싸움터가 되는 것은 정치사이지 생활사가 아니다. 그러다 보니 삶의 역사에 관한 관심도 잦아들어 가는 듯하다. 삶의 역사를 놓고는 역사 전쟁이 일어나지 않는다는 사실도 많은 생각을 하게 한다.

삶의 역사를 들여다본다는 것은 그 삶을 살아가는 사람들의 말과 행동에 관심을 가진다는 것을 의미한다. 흔히 생활사라고 하면 사람들의 의식주 또는 사람들을 둘러싼 물질세계를 떠올린다. 또한 삶에 기운을 북돋우거나 삶을 제약하기도 하는 정신세계를 떠올리기도 한다. 하지만 생활사는 그 물질세계와 정신세계를 빚고 엮어 가는 사람들의 이야기이다.

한편으로 생활사는 과거를 살았던 사람들과 오늘날을 살아가는 현대인을 이어 주는 연결고리이기도 하다. 어떤 점에서는 우리와 너무나 다른 것 같지만, 또 크게 변하지 않는 과거 사람들을 만나는 시간여행이기도 하다. 따라서 생활사는 결코 '작고 시시한' 이야기가 아니다. 그 안에서도 시대적 특징을 고스란히 드러내는 진중한 역사를 만날 수 있다.

첫 번째 책이 발간된 1996년으로부터 26년이 지난 2022년, '어떻게 살았을까' 시리즈는 새로운 개정판으로 다시 세상에 나오게 되었다. 이번 개정판의 기획은 지난 2020년 당시 여호규 회장(고대사분과)의 발의로 시작되었다. 정요근 회원(중세사 1분과)이 기획위원장을 맡고 각 분과 소속의 기획위원들이 내용 구성의 기획과 필자 섭외를 담당하였다. 정동준 회원과 권순홍 회원(이상 고대사분과), 정동훈 회원(중세사 1분과), 박경 회원과 최주희 회원(이상 중세사 2분과), 한승훈 회원과 고태우 회원(이상 근대사분과), 이정은 회원(현대사분과) 등 모두 8명이 기획위원을 맡아 주었다. 전상우 회원(고대사분과)은 간사로서 출판사와의 연락 등을 비롯한 잡다한 실무를 도맡아 처리하였고, 위가야(고대사분과) 회원은 미디어·출판위원장으로서 기획위원회 활동에 최선의 지원을 다해 주었다. 전 김정인 회장(근대사분과)의 배려와 지원역시 이번 개정판 출간에 큰 동력이 되었다.

이번 개정판의 출간과 관련해서는 나름의 복잡한 과정이 담겨 있다. 그 내용을 간략히 기록으로 남기고자 한다. '어떻게 살았을까' 시리즈는 지난 1996년 조선시대 편 1, 2권이 청년사에서 발간된 이래, 1997년에 고려시대

편 1, 2권, 1998년에 고대사(삼국시대) 편이 청년사에서 출간되었다. 이로써 이른바 '전근대 생활사' 시리즈가 총 5권으로 완성되었으며, 2005년에는 5권 모두 개정판이 발간되었다. 한편 '근현대 생활사' 시리즈는 역사비평사를 통해서, 1998~99년에 《우리는 지난 100년 동안 어떻게 살았을까》라는 제목으로 3권의 책이 발간된 바 있다.

그런데 지난 2020년 청년사의 폐업으로 '전근대 생활사' 시리즈의 출간이 더는 어렵게 되었다. 그러나 다행히도 현북스의 제안으로 새로운 개정판의 출간이 가능하게 되었다. 나아가 역사비평사의 양해를 얻어 근현대 편 3권의 판권을 인수하였고, 이 역시 현북스를 통해 개정판을 발간하기로 하였다. 이에 두 시리즈를 합쳐서 전근대와 근현대의 생활사 모두를 아우르는 '어떻게 살았을까' 시리즈의 '통합' 개정판 출간이 실현되기에 이른 것이다. 이 지면을 통해 역사비평사 정순구 대표에게 다시 한번 깊은 감사의 뜻을 표한다. 아울러 이 과정에서 여호규 전 회장의 수고와 노력이 큰 역할을 하였음은 두말할 나위 없다.

기획위원회에서는 최초 발간으로부터 20년이 넘은 원고를 그대로 실어 개정판을 내기에는 부담이 있었다. 다행히도 검토 결과, 기존의 원고들이 여전히 생명력을 가지고 있다고 판단되어 대부분의 기존 원고를 그대로 싣되, 필자들에게는 필요한 부분에 대한 수정을 요청하여 반영하였다. 한편 기존의 원고에서 다루지 못한 주제 가운데, 그동안 연구가 축적되어 원고 집필이 가능한 사례도 여럿 확인되었다. 그리하여 이번 개정판에서는 기존에 1권이었던 고대사(삼국시대사) 분야를 2권으로 늘리고 기존에 3권이었던 근현대사 분야를 4권으로 늘렸다. 이를 통해 한국사 전체를 아우르는 '어떻게 살았을까' 시리즈를 모두 10권으로 구성하였다. 다만 논의되었던 모든 주제를 원고로 포함하지 못한 점이 아쉬울 따름이다.

기존 원고의 필진 중에는 현역에서 은퇴하여 일선에서 물러난 연구자도 있다. 화살같이 빠른 세월의 흐름을 새삼 느낀다. 새로 추가된 원고는 학계에서 왕성하게 활동하는 40대 전후의 연구자들이 맡아서 집필하였다. 따라서 이번 개정판은 신구 세대를 아우르는 회원들로 필진이 구성된 셈이 된다. 어느덧 한국사학계의 중추가 된 한국역사연구회의 연륜과 위상을 실감하게 하는 대목이다.

책을 처음 낼 때만큼은 아니겠지만, 기존 책의 개정판을 내는 것 또한 결코 쉬운 작업은 아니다. 특히 '어떻게 살았을까' 시리즈는 20년 넘게 스테디셀러로 명성을 쌓은 터라, 개정판의 발간을 추진하는 일은 부담이 작지 않았다. 기존 원고에 비하여 새로운 원고가 많은 편은 아니라서, 독자들의 반응이 어떠할지도 걱정이 앞선다. 하지만 소박하게 한 걸음을 더한다는 태도로 용기를 내어 출간에 이르게 되었다. 출판계의 어려운 상황 속에서도 흔쾌히 출간을 맡아 좋은 책으로 만들어 준 현북스 김남호 대표와 전은남 편집장, 이영림 편집자에게 깊은 감사의 뜻을 표한다.

2022년 1월 한국역사연구회

머리말

《우리는 지난 100년 동안 어떻게 살았을까》(총3권, 1998~1999년 발간)가 세상에 빛을 본 지 사반세기가 되었다. 그 개정판을 발간하려면 책 제목을 100년이 아니라 120년 또는 125년으로 수정하는 것이 맞을 것이다. 그렇지만 한 세기를 뜻하는 100년이 갖는 상징성을 고려할 때 과거 제목을 그대로 유지해도 무방하리라는 판단이 든다. '장기20세기'라는 말에서도 보듯이 우리는 여전히 20세기에 상당 부분 만들어진 체제 속에서 살고 있다.

20세기 들어 화석에너지 체제가 전 세계에 보급되었고, 자본주의의 전 지구적인 확산과 함께 대량생산·대량소비 체계가 갖춰졌으며 세계 인구는 급속하게 늘어났다. 제국주의가 쇠퇴하고 많은 나라가 식민지 상황에서 벗어나면서 국민국가 단위의 세계 정치가 형성되었다. 여성과 어린이, 장애인, 성 소수자가 자기 목소리를 내는 등 사회 전반의 민주화가 진전되었다. 정보화와 지구화 역시 촉진되었다. 동시에 지난 100년 동안 벌어진 일들은 현재 급격한 기후변화와 생태계 파괴, 불평등, 혐오의 확산 등 인류에게 많은 과제를 안기고 있다. 한반도의 분단체제는 끝날 기미가 안 보인다.

초판이 나온 지난 20여 년 동안 한국 근현대사 연구에도 많은 변화가 있었다. 국가와 민족, 계급에 놓였던 연구의 무게 중심은 일상생활과 문화, 지역과 인권, 젠더와 생태환경 등으로 옮겨 가고 있다. 해방과 분단 문제에 집중되었던 현대사 연구는 이제 시기적으로 확장되고 있고 현시대의 문제를 해명하는 데도 참여할 것을 요청받고 있다. 이러한 연구 주제의 다변화와 시기 확대를 반영하여 이번 전면 개정판에서는 근현대 편의 권수를 네 권으로 늘렸다. 초판의 구성이 '정치와 경제', '사람과 사회', '삶과 문화'였다면, 개정판은 '존재와 사람', '근대화와 공간', '생활과 경제', '문화와 과학, 생태환경' 등으로 바뀌었다.

1권은 지난 100여 년 한국인의 삶을 풀어 가는 것으로 시작했다. 그중에서도 특히 존재에 주목했다. 존재의 사전적 의미는 현실에 실제로 있거나 주위의 주목을 받을 만한 대상을 뜻한다. 여성, 장애인, 성 소수자, 어린이는 사회적 약자로서, 그들이 권리의 주체로 주목받게 된 것은 최근의 일이었다. 이에 1권에서는 인간으로 존중받지 못했던 사회적 약자의 삶을 먼저 이야기하고자 했다. 한편 한국의 근현대사는 격변의 시대였다. 격변의 시대 속에서 한국인들이 살아온 궤적을 보여 주기 위하여 군인, 지주, 기업가, 농민, 노동자에 주목하고 징병, 징용에 대해 다루었다.

2권은 전통사회에서 근대사회로의 변화, 즉 근대화를 다루었다. 근대화라 하면 '발전' 혹은 '성장'을 생각할 수도 있고, 그 폐해를 떠올릴 수도 있다. 근대화의 '명'과 '암'의 경계가 불분명하고 복잡다단하기 때문이다. 이에 2권에서는 근대화에 따른 삶의 변화를 보여 주는 접경, 시공간, 농촌과 도시, 서울과 지방·지역이 다층적이고 복합적으로 존재하는 '공간'에 주목했다. 100여 년 전 통신판매를 통해서 포도주를 마셨던 지방 사람의 모습에서 오늘날 우리의 삶을 반추할 수도 있다. 사회 구성원 대다수가 농민의 삶을 영위하다가 밤낮이 따로 없는 도시인이 되었고, 이제는 도시와 농촌을 가리지 않는 '디지털 유목민'이 되어 가는 여정을 엿볼 수도 있을 것이다.

3권은 근현대 사람들의 생활문화와 경제활동 변화를 살펴보았다. 초판에서는 시대 변화의 긴 흐름 속에 가족·가문의 위상이나 관혼상제, 교육열과 출세의 기준 등이 어떻게 바뀌어 나갔는지 등을 추적했다. 개정판에서는 이 구도에 합성섬유, 원조물자, 커피, 군 피엑스(PX) 등 구체적인 생활의 소재부터 토지 소유권 변동, 성매매 문제 등 굵직한 사안까지 다루는 원고를 추가했다. 이러한 구성 변화는 20여 년 사이에 생활과 경제에 관한 연구 관심사가 다양해진 결과라고 할 수 있다.

4권은 크게 세 주제의 글들로 구성되었다. 현실 역사의 전개에 거대한 영향을 미친 사회주의와 반공주의부터 개신교, 불교 등 각종 종교·사상의 영역을 다룬 글들이 첫 번째 묶음이며, 스포츠와 가요, 영화를 아우르며 근현대 대중문화를 탐구한 글들이 두 번째 소주제를 이룬다. 세 번째 과학과 생태환경 부문은 최근 피부에 와 닿는 현안으로 부상한 만큼, 기존 원고에 더하여 과학과 환경에 대한 문제의식을 심화할 수 있도록 이 주제를 집중적으로 연구하고 있는 신규 집필자들이 참여했다.

근현대 편 개정판 발간 과정에는 우여곡절이 많았다. 지난 20여 년 한국 사회 변동의 속도와 폭을 고려할 때, 초판 원고의 일부는 그 시의성이 떨어지는 것이 더러 있었다. 새로운 연구자가 집필해야 한다며 원고 게재를 사양하는 기존 필자도 있어서, 초판 원고 중 여전히 생명력이 있었지만 게재하지 못하는 경우도 발생했다. 이러한 어려움과 아쉬움을 남긴 채로 신규 필자 29명을 포함하여 총 60명이 쓴 원고가 모일 수 있었다. 적절한 보답을 해 드리지 못하는 사정을 양해해 주시고 흔쾌히 원고를 보내 주신 필자들께 감사의 말씀을 드린다.

끝으로 개정판 발간에 힘써 주신 분들을 기록으로 남긴다. 발간 기획위원인 근대사분과의 한승훈 회원과 고태우 회원, 현대사분과의 이정은 회원은 전체 기획과 새 주제 발굴, 필자 섭외 및 원고 수합을 맡아 주셨다. 고대사분과의 전상우 회원은 계속 지연되는 원고 수합에 인내의 미덕(?)을 발휘하며 마지막까지 편집 실무에 수고해 주셨다. 무엇보다 '어떻게 살았을까' 마지막 편의 새 생명을 불어넣은 현북스 측에 깊이 감사드린다.

2023년 2월 한국역사연구회 근대사분과·현대사분과

책을 내면서

초판 1, 2권 책을 내면서

역사에는 비약이 없다. 역사에서 저절로 이루어지는 일은 아무것도 없다는 뜻이다. 현재 우리 사회에서 일어나는 일은 과거 언젠가에 역사적 연원을 두고 있다. 멀리는 고대사회로부터 온 것도 있지만, 가까이는 지난 100년 동안 이루어진 것도 있다. 우리가 양복을 입게 된 것도, 전기를 사용한 것도, 영화를 보게 된 것도 100년이 안 되는 사이에 이루어진 일이다.

우리는 최근에 일어난 일이라 하여 잘 안다고 여기기도 하지만 생각보다는 최근의 일을 제대로 알지 못한다. 아주 먼 옛날의 역사에 대해서는 관심이 많은 듯하지만, 최근에 일어나는 일일수록 쉽게 잊어버린다. 텔레비전에 나오는 사극에는 관심이 많지만, 우리가 지난 100년 동안 어떻게 살아왔는가는 제대로 알지 못한다.

최근 우리는 국가적 위기 상황을 맞이하였다. 국제통화기금(IMF)의 지원을 받지 않으면 국가부도 사태에 이를 정도가 되었다. 이러한 상황은 갑자기 온 것이 아니다. 적어도 수년 전부터 예고되어 온 것이다. 재벌의 방만한 경영과 봉건군주 같은 생활, 정부 당국자의 해이, 부정부패의 만연 등으로 이미 예고된 일이었다. 그럼에도 불구하고, 세계 11위의 무역대국이니, 경제협력개발기구 가입이니 떠들면서 샴페인을 터뜨리던 때가 불과 1년 전이 아닌가? 국가부도 상황이 다가오고 있다는 사실이 여러 면에서 나타나고 있음에도 불구하고, 그러한 사실을 무시하거나 애써 외면하려고 한 탓에 이러한 상황을 맞고 만 것이다. 모두 역사에 대한 이해와 역사의식이 부족한 탓이다.

우리는 개항 이후 문호를 개방하고, 나름대로 서양의 발달한 문물을 받아들이면서 공업화를 이루고 근대화를 달성하려고 노력을 기울여왔다. 그러나 그러한 노력은 성과를 거두지 못하여, 결국 일본의 식민지로 전락하였다. 그리고 그 때문에 우리는 나라를 잃고 노예와 같은 생활을 할 수밖에 없지 않았던가? 그러한 역사적 전철을 잊어버리고 모래성을 쌓아 올리기에 바빴다. 쌓아 올리기만 하면 다 되는 것으로 생각하였다. 그리고 다 되었다고 춤을 추었다. 1인당 국민소득 1만불 시대의 달성……, 세계 11위의 무역대국……, 선진국으로의 진입…… 등을 외쳐대면서.

우리는 어떻게 살아왔는가? 우리는 지금 어디쯤 와 있는가? 이제 한번쯤 이것을 되돌아볼 때이다. 그것을 바탕으로 우리가 어떻게 살아가야 할 것인가를 다시 다짐해야 할 것이다. 그래야만 지금의 고난을 전화위복의 계기로 삼을 수 있을 것이다. 그러한 반성의 기운마저 없다면 우리는 또 한 번 좌절을 겪고 열강의 경제적 식민지가 될지도 모른다.

이 책은 우리가 지난 100년 동안 어떻게 살아왔는가를 살펴본 것이다. 오늘의 우리가 있기까지 어떠한 변화를 겪어왔는가를 사람과 생활의 측면에서 고찰하였다. 우리는 이 책에서 '근대'를 화두로 삼았다. 근대란 무엇인가, 우리는 근대사회를 이루기 위하여 어떠한 노력을 하였는가, 우리는 근대를 어떻게 건설해왔는가, 근대를 이루려는 과정에서 얻은 것은 무엇이며, 잃은 것은 무엇인가, 그러한 근대화 과정에서 낙오된 사람들은 어떻게 살아가고 있는가 하는 여러 가지 질문을 던져보았다.

우리는 이에 대한 대답을 딱딱한 이론이나 굳어진 제도에서 찾으려 하지 않았다. 아주 구체적으로 살아 움직이는 인간과 그들의 삶의 모습 속에서 살펴보려고 하였다. 먹고, 입고, 일하고, 즐기고, 싸워가는 모습을 그대로 묘사함으로써 그 실상을 생생하게 드러내려고 하였다. 그 생생함 속에서 우리가 어떻게 살아왔고, 현재 어떻게 살아가고 있는가를 찾아보고자 하였다.

이 책을 만들기 위하여 많은 사람들이 노력하였다. 한국역사연구회의 근대사1분과, 근대사2분과, 현대사분과 등 세 분과에서 기획위원이 선발되었다. 기획위원들이 몇 차례의 논의를 거쳐 기획안을 마련하였으며 회원들에게 집필을 의뢰하였다. 주제에 따라서는 회원이 아닌 분들에게 원고 청탁을 하기도 했으며 그분들은 흔쾌히 응해 주셨다. 더욱이 몇 차례에 걸쳐 원고를 수정해 주시기도 하였다. 그분들께 깊은 감사를 드린다. 특히 기획위원들은 2년간 기획안 작성, 원고 청탁 및 교열 등에 헌신적인 노력을 하였다. 오랫동안 끌어왔던 작업을 마무리하는 데는 이들의 노력이 컸다.

이 책은 한국역사연구회에서 그동안 펴낸 '~사람들은 어떻게 살았을까' 시리즈의 완결편이라고 할 수 있다. 그 책들과 함께 읽는다면 한국인의 생활상을 전체적으로 조감할 수 있으리라 여겨진다. 현재 깊이 있는 생활사에 관한 책이 많지 않은 현실에서 좋은 안내서가 될 수 있으리라 기대한다. 끝으로 이 책의 출판을 흔쾌히 맡아 주신 역사비평사의 장두환 사장님께 감사드리며, 아담한 책을 만드느라고 노력하신 단행본팀의 윤양미 님에게도 감사드린다.

1998년 10월 한국역사연구회

초판 3권 책을 내면서

이제 21세기를 눈앞에 맞고 있다. 새로운 밀레니엄을 기념한다는 소리가 여기저기서 드높다. 새로운 시대를 맞기 위해서는 우선 지나간 시대를 돌이켜보며 그 의미를 생각해보는 것이 급선무이다. 그러나 요즘 요란한 밀레니엄 논의에서는 천년은커녕 지난 100년을 차분히 점검하려는 모습조차 찾아보기 힘들다. 그저 눈요깃거리 행사만으로 사람들의 이목이나 끌어보려고 하는 것이 아닌지 걱정스럽다.

물론 우리가 겪은 지난 100년을 점검하는 일은 그리 간단하지 않다. 우리 역사에서 가장 많은 일들이 일어났던 100년이며 온갖 우여곡절로 점철된 100년이기 때문이다. 남들이 수백 년에 걸쳐서 겪은 일들을 우리는 단 100년 만에 겪어야 하였다. 그래서 '압축성장'이니 '돌진적 근대화'니 하는 말들이 나도는 것이다.

그러니 이러한 와중에 살았던 우리들은 어지러울 수밖에 없었다. 역사의 수레바퀴는 20세기 한반도에서 너무나 빠르게 굴러갔다. 이렇게 앞만 보고 달렸던 시대가 바로 20세기였다. 그러나 21세기를 눈앞에 두고 있는 지금

한번쯤은 숨을 돌려 지나온 길을 돌아볼 필요가 있지 않을까?

20세기 우리 역사가 격동의 역사였다고 하지만 그 가운데에도 긴장과 갈등이 가장 첨예했던 곳은 정치와 경제 부분이었다. 전통시대에서 식민지시대를 거쳐 분단시대로 이어지는 동안 외세와의 대결과 계급적 갈등의 도가니 속에서 우리는 살아갈 수밖에 없었다. 그렇기 때문에 우리 근대사는 늘 '주의(主義)'와 '이념'이라 하는 엄숙하게 굳은 얼굴을 하고 있었다. 그러다 보니 가까이 하기에는 무언가 무겁고 부담스러운 것으로 여겨지기 일쑤였다.

그러나 이렇게 엄숙한 정치와 경제도 그 근본을 따지자면 사람들이 꾸려나가는 것이며, 그곳에는 사람들의 생활이 녹아 있는 것이다. 그것은 결코 우리에게서 멀리 엄숙하게 서 있기만 한 것은 아니다. 따라서 이 책에서는 지난 100년 동안 정치와 경제 부문에서 일어난 이러저러한 일들을 사람과 삶이라는 측면에서 짚어보려고 하였다.

근대사회에서 사람들은 여러 가지 통로로 정치와 연관을 맺지 않을 수 없다. 이것은 뭇 민초의 경우도 마찬가지이다. 따라서 이 책에서는 먼저 우리 삶의 여러 장면을 통해서 근대 정치의 모습을 그려보려 하였다. 이어 우리 정치를 이끌어간 여러 인간형들을 살펴보았으며 우리 민족의 자기 정체성을 외국과 외국인이라는 거울을 통해서 들여다보고자 하였다.

지금은 급작스럽게 몰아닥친 경제위기로 말미암아 많이 퇴색되었지만, 경제는 얼마 전까지만 해도 우리가 무엇보다도 자부하던 부문이다. 지난 100년 동안 우리가 겪은 물질적 변화는 가히 경이적이라고 해도 과언이 아니며 그래서 한때 우쭐해 있었던 것이 사실이다. 그러나 그 이면에는 많은 허점들이 도사리고 있었으며 그 뒤안길에 눈물짓는 사람들도 있었다. 이 책에서는 이러한 여러 가지 모습에도 눈길을 돌리고자 하였다.

지난 1998년에《우리는 지난 100년 동안 어떻게 살았을까》를 간행한 바 있다. 이 책은 세 번째 권으로서 속편에 해당한다. 앞의 책이 근대의 사회와 문화를 생활사라는 방식으로 다루었다고 한다면 이 책은 정치와 경제 부문을 다루었다. 물론 정치·경제 부문의 특성 때문에 글의 결이 앞의 책과는 다를 수밖에 없었다. 그렇지만 기본적인 문제의식이나 생활사라는 접근방법은 앞의 책과 마찬가지이다.

이 책을 만들기 위해서 많은 분들이 애를 썼다. 한국역사연구회의 근대사 1분과, 근대사2분과, 현대사분과 등 세 분과에서 선발된 기획위원들이 여러 차례의 논의 끝에 기획안을 마련하였다. 주로 회원들에게 집필을 의뢰하였지만, 주제에 따라서는 회원이 아닌 분들에게 원고청탁을 하기도 하였다. 청탁에 흔쾌히 응해 주시고 기획위원회의 요구에 따라 몇 차례에 걸쳐서 원고를 고치시느라 애를 쓰신 필자들께 감사드린다. 또한 오랫동안 끌어왔던 작업을 마무리하는 데는 기획위원들의 노력이 매우 컸다. 끝으로 오랜 기간 이 책의 원고를 기다려주신 역사비평사의 장두환 사장님께 감사드리며 책을 만드느라 애를 쓰신 단행본팀 윤양미 님께도 감사드린다.

1999년 10월 25일 한국역사연구회

차례

전면 개정판을 내며 · 4
전면 개정판 근현대 편 머리말 · 8
초판 근현대 편 책을 내면서 · 12

1. 존재의 발견

여성, 그들의 직업 | **전상숙** · 28
장애인에게 이불 밖은 위험해?! | **문민기** · 47
과거의 '성적 일탈자'들은 어떻게 살았을까 | **김대현** · 66
서양인이 본 한국과 한국인 | **손철배** · 78
서울 사람의 출현 그리고 그들의 자의식 | **정숭교** · 100
장기근대(장기20세기)의 인구변동 | **정연태** · 118
'아이'에서 '어린이'로 | **김보영** · 139

2. 전쟁과 군대

전쟁에 동원된 사람들 | **김미정** · 158

조선인민군 군인들의 삶 | **김선호** · 175

한국 징병제의 탄생 | **윤시원** · 190

3. 자본과 노동

만석꾼의 형성과 몰락 | **지수걸** · 206

식민지 조선의 원주민 기업가 | **전우용** · 222

식민지 노동자의 삶 | **이병례** · 237

우리는 누구나 노동자! | **장미현** · 256

차례

1. 접경의 생성과 확대

조약과 마주한 한국인 | 한승훈
해외 이민의 사회사 | 신주백
해방과 함께 나타난 검은 머리의 외국인 | 송하연
북으로 간 지식인 | 홍종욱·장문석

2. 시공간의 근대화

근대적 시간의 등장 | 황병주
철도가 바꾼 조선의 20세기 | 박우현
통신과 전화가 바꾼 세상 | 김윤미
우리가 잊고 살던 '반나절의 역사', '밤의 역사' | 주동빈

3. 농촌과 도시

근대화 물결에 떠내려간 농촌 ｜ 박진도

땅을 지킨 사람들 ｜ 박진태

도시화의 뒤안길, 달동네 사람들 ｜ 박은숙

황금의 공업 도시, 울산의 성장과 그늘 ｜ 곽경상

북한의 산업화 시기 도시와 농촌 ｜ 조수룡

4. 서울과 지방, 지역

광화문 수난사 ｜ 홍순민

사이-공간, 청소년 통행금지구역의 역사 ｜ 김희식

지역감정은 언제부터 ｜ 김상태

차례

1. 장기변동의 사회사
가족 가문의 사회사 | 조성윤
관혼상제, 어떻게 변했나 | 고영진
성매매 공화국 | 강정숙

2. 교육과 욕망
아는 것이 힘, 배워야 산다 | 김도형
고시와 출세의 역사 | 임대식

3. 유통과 소비, 소유

됫박과 잣대의 역사 | 하원호

구호물자로 살펴보는 일상의 역사 | 한봉석

미군 PX 제도의 정착과 일상생활의 변화 | 이동원

'한국병합' 전후 토지 권리의 연속과 단절 | 남기현

장돌뱅이·객주에서 유통 플랫폼·이커머스로 | 류승렬

4. 먹거리, 입을거리의 변화

외식문화의 자화상 | 김영미

조용한 나라를 깨운 커피(1884~1945) | 정대훈

의관에서 패션으로 | 김도훈

합성섬유의 등장과 의복 유행 | 이정은

차례

1. 사상과 종교
사회주의와 반공주의의 한 세기 | 이준식
식민지 민족종교의 두 얼굴 | 김정인
개신교는 어떻게 '개독교'가 되었을까 | 강성호
상처 입은 법당, 거듭나는 불교 | 김광식

2. 스포츠와 민족, 대중문화
태견과 태권 사이에는 | 양영조
민족주의 대결의 장(場), 올림픽 무대 | 손환
문화, 그 말의 출처는 | 고석규
대중가요 속의 바다와 철도 | 이영미
한국영화, 100년의 부침 | 이하나

3. 과학과 생태환경

파리를 잡아오세요 │ 박윤재
전 국민에게 과학기술을 │ 문만용
근대화를 넘어 '푸른' 산으로 │ 강정원
우리는 재난을 어떻게 마주해 왔나 │ 고태우
1980~1990년대 쓰레기 '분리수거'의 도입과 정착 │ 정무용
한국의 근대화와 생태적 삶의 위기 │ 이경란

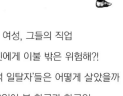

1부 존재의 발견

여성, 그들의 직업

장애인에게 이불 밖은 위험해?!

과거의 '성적 일탈자'들은 어떻게 살았을까

서양인이 본 한국과 한국인

서울 사람의 출현 그리고 그들의 자의식

장기근대(장기20세기)의 인구변동

'아이'에서 '어린이'로

여성, 그들의 직업

전상숙

여권신장의 허와 실

현대사회의 가장 큰 특징 중의 하나는 급속한 변화이다. 이는 필연적으로 기성의 관습과 의식, 가치관의 변화를 수반한다. 우리 사회에서 전개된 다양한 변화 가운데 가장 충격적으로 받아들여진 현상의 하나가 여성의 의식 변화와 사회 진출일 것이다. 한때 세간에 풍미했던 '여성상위시대'라는 말이나 '간 큰 남자 시리즈'는 이미 소위 "라떼는 말이야."의 하나라고 할 정도로 많은 변화가 있었다. 그렇지만 최근 사회적으로 제기된 '미투 운동(Me Too Movement)'은, 여전히 여성을 보는 우리 사회의 인식과 의식이 갈 길이 멀다는 사실을 적나라하게 드러낸다. 여성의 사회 활동, 특히 취업이 자연스럽고 당연하게 받아들여지고 있는 듯하다. 그러나 여전히 남성과 여성을 보는 인식의 격차가 많이 해소된 것은 아니다. 오랜 속담 가운데 "처자가 한 마을 골목길을 알면 화냥기를 안다."거나 "여인은 돌면 버리고 기구는 빌리면 깨진다."라는 말이 낯설게 느껴지기도 하지만 '미투'를 통해 드러난 기성세대와 남성의 인식은 거기서 크게 벗어나지 않은 것 같다.

여전히 여성의 취업을 막는 요인 1위는 '육아 부담'이고, 2위가 '사회적 편견'이다. 여성의 고용률이 꾸준히 증가하고 있어도 현실이 기본적으로 변했다고 하기는 어렵다. 결혼한 여성은 사회적으로 남편의 커리어를 더 중시하는 까닭에 경력을 유지하기 어렵다. 여성은 직장을 떠나는 게 분명 이득이 아닌데도 떠나야 하거나, 다른 지역에 더 좋은 기회가 있어도 떠나지 못하는 사람이 된다. 남편을 따라서 이주하는 경우에도 자신의 커리어보다 새로운 지역에서 가정이 적응할 수 있도록 책임지는 일을 우선시해야 한다. 남편의 직장 이동으로 소득이 증가하면 여성이 실직을 해도 가정의 총소득이 증가하니 별문제가 되지 않는다. '가정 내 성평등'은 별개의 또 다른 미지의 영역으로 남아 있다고 해도 과언이 아니다.

한때 세간에 풍자됐던 '여권신장', '여성 상위 시대'라는 말은 상대적으로 실제 여성의 목소리가 커진 것을 반영한다. 오랫동안 존재감이 없던 여성의 목소리에 더 이상 귀 기울이지 않을 수 없게 된 사회의 한 단면을 과장한 것이라고 할 수 있다. 1960년대 이래 산업화의 영향으로 여성의 사회 진출이 짧은 시간에 양적으로 팽창하였다. 이제는 여성의 취업과 사회 활동이 보편적인 듯한 사회 분위기가 조성되었다. 실제로 그런 듯이 여성조차 착각하기도 한다. 그렇지만 여전히 기성 남성 위주의 사회구조는 아직 여성을 사회의 동반자로 받아들일 만한 탄력이 부족하다. 취업 현장에서 여성들이 겪어야 하는 기성 관습의 벽은 여전하다. 이는 남녀평등이나 여권신장이라는 말이 현실적인 기반을 갖지 못한다는 것을 의미한다. 자본주의 산업사회에서 한 인간이 독자적인 인격체로 존중받으며 기능하기 위해서는 생존에 필요한 경제력이 뒷받침되어야 한다. 그렇지만 현실은 이른바 '유리천장(a glass ceiling)'이라는, 주로 여성의 고위직 진출이나 승진을 가로막는 '눈에 보이지 않지만 깨뜨릴 수 없는 장벽'을 의미하는 경제용어가 있을 지경이다.

우리 사회에서 언급되고 있는 여권신장의 허와 실이 여기에 있다. 사회생활은 남성의 몫이고 가정생활은 여성의 몫이라고 굳이 구분하지 않아도 사회구조적으로 주로 여성을 가정의 테두리에 머물게 하는 사고와 분위기는 분명 여성을 남성보다 낮게 보는 남성 중심 사회의 산물이다. 다른 한편으로 비록 제한된 범위지만 여성의 역할을 긍정적으로 인정하고 보호하는 측면이 있기도 하다. 그렇지만 이것은 여성이 사회적으로 자유롭고 동등하게 인정받기 위하여 남성보다 더 많은 노력을 경주하고 능력을 인정받았을 때에만 가능하다. 남성과 같이 동등한 사회적 기반 위에서 여성이 사회 생활을 지속하기는 어렵다. 현재 우리 사회의 현실은 많은 여성들이 사회 생활 특히 취업의 스트레스와 동시에 가정 내 역할의 혼돈을 경험하게 하는 한편으로 예측하기 어려운 가부장적 관습과 직장 내 장벽을 경험하게 한다.

경제불황은 이러한 혼돈을 촉진한다. 우리 사회의 물가와 소비수준은 선진국 수준으로 높아졌다. 경제불황과 기업의 경영합리화 정책은 전업주부들에게 언제 가장이 실업자로 전락할지도 모른다는 불안감을 안긴다. 이 때문에 기혼 여성도 가정경제를 유지하기 위해 함께 돈벌이에 나서야 한다는 강박감을 갖는다. 남편의 월급봉투만 바라보고 있는 것이 스스로 혹은 남편으로부터 취업 주부들과 비교되어 눈치를 보게 되고, 때로는 '돈 쓰는 재주 밖에 없는 주제'인 존재로 핀잔을 받기도 한다. 이러한 상황 또한 20세기는 "라떼는 말이야~."가 되었다고 할 정도로 21세기 현재 젊은 세대는 맞벌이가 당연하다고 여기는 경향이 크다. 그런데도 경제불황은 맞벌이 부부의 경우 기혼 여성에게 더 불리하게 작용한다. 특히 동일 직장에서 근무하는 경우 때로는 직접적으로 남편이 든든하게 일하고 있으니 다른 가정을 위하여 회사의 다른 남자 가장에게 자리를 양보하는 게 좋겠다는 제안 아닌 제안을 받기도 한다.

또한 여성의 결혼 전 경력과 학력을 제대로 인정하지 않는 현실은 기혼 여성의 취업을 가로막거나 재취업을 단순노동이나 서비스업에 머물게 한다. 재혼 여성이 육아 시간을 가진 후 출산 전에 하던 일과 같이 안정적인 경제활동을 하기는 힘들다. 이른바 '경단녀(경력 단절 여성)'가 되어 경력을 지속하는 것이 대부분 원천적으로 봉쇄당한다. 그나마 취업에 성공한, 혹은 계속 취업 상태에 있는 여성은 가정과 사회 생활을 병행하는 동안 가정 내의 관습 때문에 취업만큼이나 어려움을 겪는다. 독신 여성 상황도 크게 다르지 않다. 독신의 경우 연령 제한과 기성 사회의 편견으로 직간접적으로 취업 기회를 제한당하기도 하고 다양한 인사 제도에 걸려 승진과 교육 기회 등에서 제한을 받는다.

그렇지만 역설적으로 '여성상위시대'라는 사회풍자 속에서 느낄 수 있는 바와 같이 남성 중심 사회의 벽은 이미 서서히 낮아지고 있다. 그와 비례하여 사회의 여성에 대한 인식 또한 바뀌고 있다. 이미 오래전부터 그 벽을 극복하기 위해 노력한 일부 선각자들이 터전을 다져 놓은 덕분이라고 하겠다.

직업의 세계를 개척한 여성들
고려 말 주자학 전래 이래 조선시대를 거치면서 남존여비, 남아선호의 분위기가 강화되었다. 조선시대 여성의 최대 의무는 결혼하여 아들을 낳아 혼인한 집안의 가문을 잇는 일이었다. 여성은 남성보다 열등한 존재이고, 여성으로 태어난 이상 그러한 의무를 수행하는 것이 천직이고 숙명이라 여겼기 때문에 그 존재를 나타내는 이름조차 없었다. 딸을 낳은 산모는 첫 미역국상을 그대로 물림으로써 염치없음을 나타내야 했다. '섭섭이'라든가 '아녀자', '○○댁' 등이 여성의 대명사처럼 사용된 것은 그러한 연유에서였다. 남아선호사상으로 버려지는 여아도 많았다.

1881년 천주교 주교 뮈텔이 세운 고아원에는 연평균 100여 명의 여아들만이 들어왔다고 한다. "무재주 상팔자", "여자의 재간은 집안을 망친다."는 속담이 있었다. 이처럼 여성은 자아 계발이나, 자아 계발을 위한 지적 연마 같은 일은 생각할 수도 없었다. 더욱이 선택의 여지가 없었던 결혼생활은 며느리를 '문서 없는 종'으로 여겨 집안 대소사를 전가시켰다. 그 때문에 학문이나 문학 등에 재능이 있었던, 자의식 강한 여성은 기구한 운명을 탓하며 번뇌 속에 살아야 했다.

여성이 종사하는 일로서 궁녀나 무녀, 기녀, 의녀 등 특수직이 있었지만, 그것도 주로 타인을 시중드는 일에 국한되었다. 이러한 일들은 남성 사회를 이면에서 보조하거나 남성 사회에 여흥을 제공하는 일의 성격상 '여염집 아낙'과는 구별되었다. 이로 인하여 여성들 사이에서도 구별되고 차별되어 천대를 받았다.

개화의 물결은 여성의 의식과 생활에 변화를 가져왔다. 동학농민운동은 과부의 재혼 허용을 주장했고, 독립협회는 여권 수호와 민권수호운동을 통해서 자유와 평등 사상을 보급했다. 또한 서양 선교사들을 통해서 서구 문명이 유입되며 여성 교육기관이 설립되는 등 큰 변화가 일었다. 특히 1906년 전후로 급증한 여성 교육기관에서 교육받은 여성들은 새로운 여성관, 전통적인 여성상으로부터 해방된 독립적인 인간상을 추구했다. 서양식 근대 여성 교육은 여성이 한 명의 자주적인 '개인', 인간으로서 삶의 주체라는 의식을 일깨웠다. 근대 교육을 통해서 자의식과 능력을 갖춘 여성들은 새로운 사회 활동과 역할을 추구했다. 이른바 '신여성'이라고 불린 이들의 활약이 이후 한국 여성들이 사회로 진출해 활동하는 데 밑거름이 되었다.

교육받은 여성이 가장 많이 그리고 상대적으로 사회적 편견으로부터 자유롭게 진출한 분야가 교직이었다. 개화와 함께 조직된 여성단체, 사회단체들은 무엇보다도 먼저 여성의 의식을 각성시키기 위한 교육사업에 역점을 두었다. 정신여학교의 터전을 닦은 신마리아, 최초의 여성 학사 하란사 등이 대표적이다. 여성의 초기 사회 활동 가운데 특기할 점은 전통적으로 사회적으로 공적인 역할을 하면서도 천대받아 공천인(公賤人)시되던 의녀와 대비되는 '근대적인 여의사'의 등장이다. 최초의 여의사이자 최초의 여성 미국 유

1928년 무렵의 여기자들
기자는 교사, 의사와 함께 근대적인 여성 전문직으로 각광을 받았다. 이들은 주로 부인란, 가정 탐방 등의 기사만을 맡았지만 이 시기 여성들의 사회 진출과 새로운 여성관 수립에 중요한 역할을 했다.

학생으로 기록된 박에스더, 일본 유학생 출신으로 이광수의 부인이자 최초의 여성 개업의였던 허영숙, 최초의 여성 의학박사 손치정 등이 바로 그들이다.

일제강점기 동안 여자전문학교 수는 총 3개였다. 1925년에 이화여자전문학교가 승인된 이후 1938년 경성여자의학전문학교, 1939년 숙명여자전문학교가 설립되었다. 그러나 실상 4년제 과정의 일반 전문학교는 이화여자전문학교뿐이었다. 일제는 식민지 '조선인'에 대한 실용교육을 장려하고 학문의 발전을 적극 통제하였다. 일본과 '식민지 조선' 간에 위계적인 성격을 강화하기 위해서였다. 여성의 고등교육도 그러한 제도적 통제 속에서 제한적으로 이루어졌다. 그럼에도 이런 식민지적 맥락에서 여자고등보통학교를 졸업한 조선인 여성들 중 고등교육기관으로 진학하는 경우가 종종 있었다. 그중 상당수는 가까운 일본이나 선교사들이 주선해 주는 미국 등지로 유학을 선택했다. 1926년 고등교육과정(전문학교, 대학사범학교) 재학 조선인 여성은 국내외 총 147명이었다. 이중 일본 유학생이 88명으로 절반 이상을 차지했다. 고등교육을 받는 조선인 여성은 점점 늘어나 1936년에는 601명이었고 이 중 일본 유학생이 263명이었다. 1941년에는 1,609명 중 462명이 일본에 유학했다. 1930년 현재 식민지 조선의 여성 인구가 약 1,000만 명이었다. 이 중 15~19세의 여성은 100만 명 정도였다. 당시 이화여자전문학교와 일본 유학생 수를 합치면 326명이었다(미국과 다른 나라의 유학생들도 소수 있었다는 점을 감안). 여자보통고등학교 졸업 나이가 평균 18세라는 점을 감안할 때 15~19세 여성 인구 100만 명 대비 고등교육 진학생은 300~400명이었다. 1930년 전후 전체 조선 여성 중 고등교육을 받는 여성은 1만 명 중

3~4명 정도였다.

1930년 이후에는 조선에도 여자
전문학교가 증설되면서 국내에서
고등교육을 받는 여학생들도 상당
히 증가했다. 일본과 미국 등 유학
생의 수도 함께 증가하여 그들이 일
본과 서구에서 배워 온 학문적 경험
이 영향을 미쳤다. 일본과 미국 등
의 대학에서 고등교육을 받은 경험
이 있는, 그중에서도 자기 학문 분

최초의 여성 비행사 박경원
박경원은 1926년 일본 비행학교를 졸업, 2등 비
행사 자격을 얻었다. 그 후 1933년 8월 모국 방
문 비행차 도쿄를 떠나 대구로 오던 중 아끼던
비행기 청연(靑燕)과 함께 추락사하였다.

야의 학위를 받고 귀국한 여성들은 조선의 신여성이자 여성 지식인으로서
조선사회의 교육활동과 학문의 방향에 큰 영향을 미쳤다. 그들은 다양한 사
회운동을 이끌며 여성 사회세력을 형성했다. 이화학당대학과 출신 김합라,
김분옥, 최이순 등은 미국에서 학위를 하고 이화여자전문학교에서 교수로
근무했다. 김분옥은 해방 이후 1959년 서울대학교 농과대학에 가정학과가
신설되었을 때 첫 여성 교수가 되었다. 최이순은 연세대학교에서 가정학과
가 설치되는 데 기여했다.

1938년에 개교한 최초의 여자의학전문학교인 경성여자의학전문학교는
1944년 제1회 졸업생을 배출했다. 1923년에는 세브란스간호학교 제1회 졸
업생 김베세 등 간호사들이 대한간호협회를 조직하여 의료봉사와 간호사의
권익증진을 도모했다. 여성의 사회 활동은 상업에까지 폭을 넓혀 1905년 초
최초의 부인상점, '안현부인상점'이 문을 열었다. 상점주는 후에 헤이그 밀

사로 유명해진 이준의 처 이일정이었다. 그는 "여성도 반드시 독자적으로 생활할 수 있는 경제적 기반을 닦아 놓아야 된다."며 남편을 설득해 살던 집을 팔아 점포를 열었다고 한다.

1910년 전후 여성의 사회 활동은 국가적으로 시급한 과제였던 국권회복 운동(국채보상운동, 독립운동자금 조달, 독립운동가 가족 후원 등)에 국한되었지만, 1920년대부터 활동 범위가 확대되었다. 우리나라 '최초의 여성 ○○'라는 수식어가 따라다니는 영화배우 이월화, 소프라노 윤심덕, 약사 차순석, 기자 최은희, 비행사 박경원, 김활란 박사 등이 대표적이다. 그 밖에도 문학 방면에서 김명순, 김원주, 나혜석 등이 각각 《창조》와 《폐허》의 동인으로 적극 활동했다. '창신서화회'라는 여류화가들의 단체가 조직된 때도 이 무렵이었다.

이들은 교육을 통해 여성도 남성과 동등한 인간임을 자각하고, 기성의 남성본위 사회가 만들어 낸 여성상에 과감히 도전했다. 여성의 사회 참여를 개척했다. 그 때문에 그들의 삶은 순탄하고 안정된 것과는 대부분 거리가 있었다. 전통적인 여성상과 대비되는 활동은 집안 내외의 질서, 관습과 대립해야 했고, 그들을 돌연변이로 보거나 흥밋거리로 여기는 세간의 따가운 시선을 이겨 내야 했기 때문이다. 그리하여 대부분 유년 시절 익숙해진 인습과 새로이 각성된 의식 사이에 벌어지는 혼돈을 경험했다. 그리고 일부는 개방된 남녀관계에 적응하지 못하여 스캔들의 대상이 되기도 했다. 또한 일부는 선택의 여지가 없었던 결혼을 어떻게 받아들여야 할지 갈등하기도 했다.

그러나 그들은 경제적, 사회적 혹은 교육적 뒷받침 위에서 사회 활동을 할 수 있었던 소수의 특수한 예외에 속했다. 그들의 생활은 대부분 일반 여성의 삶과는 거리가 멀었다. 다른 한편에는 그 어떤 기반도 없기 때문에 생존을 위해 생산 현장에서 사회 생활을 시작해야 했던 또 다른 여성들이 있었다. 최초의 여공이 등장한 때는 1900년 전환국에서 지폐 제조 여공을 모집하면서였다. 이후 섬유, 방직, 고무공장을 중심으로 여공이 늘어나 1920년대에는 생산 공장에 취업한 여성들이 처우 개선과 지위 향상을 위한 조직적인 움직임을 나타내기까지 했다.

한편 '어멈'이라 불리던 가사 도우미는 월급을 많이 주는 일본인 가정에 취업하려고 경쟁하기도 했다. 1923년경부터 채용된 여성 은행원은 여성 사

일제강점기 면사공장의 부녀자들
자아실현을 꿈꾸며 사회로 진출하는 여성들이 있는 반면, 생존을 위해 사회 생활을 시작해야 하는 여성들이 있었다. 여공들은 열악한 노동조건과 저임금으로 고통받았다.

무원의 효시를 이루었고, 1935년에는 지금은 사라진 여성 버스 차장이 등장했다. 1930년대 식민지공업화가 이루어지면서 근로 여성이 급증했다. 이에 수반하여 더욱 열악해진 작업환경과 사회주의의 영향으로 여성 직공의 노동쟁의도 활발해졌다.

취업과 연계된 것은 아니지만, 식민지 시기 전반에 걸쳐 많은 여성들이 항일여성단체를 만들어 남성 못지않게 싸웠다. 이 모든 경험을 토대로 광복 이후 여성 정당이 결성되는 등 독립운동과 결부되어 여성의 사회참여가 확산되었다. 그렇지만 식민지라는 특수 상황에서 항일운동이나 생존을 위한 취업 등 여성들의 필연적인 사회참여가 자연스럽게, 한편으로는 당연하게 여겨졌지만 이 또한 보편적이지는 않았다. 여전히 남존여비사상이 사회 전반에 깊게 자리하고 있어서 여성에 대한 인식이 전통사회와 별반 차이가 없었기 때문이다.

개발경제의 견인차 되어

해방 후 헌법으로 남녀평등이 선언되었다. 여성들의 법적 지위가 향상됨으로써 여성도 남성과 같이 일할 수 있는 조치가 마련되었다. 취업을 통한 여성의 사회참여가 확대된 것은 1960년대 경제개발정책에 의해서였다. 산업화 초기에 섬유, 전자, 봉제 등 노동집약적 수출산업에 대한 육성 정책이 여성을 대거 생산 현장으로 흡수하면서 취업을 촉진했다. 이것이 우리 경제 발전의 기반이 되었다. 당시 취업 여성은 대부분 초등교육 정도를 마친 농촌 혹은 도시 변두리 저소득층 출신이었다. 이들은 학업을 중단한 뒤 바로 생산 현장에 뛰어들었기 때문에 자연 미숙련, 저임금 업종에 집중되었다.

산업화는 농촌 여성의 경제활동도 촉진했다. 도시화가 젊은 여성과 청장년 남성을 도시로 끌어들였기 때문이다. 농촌 생산 활동의 상당 부분을 기혼의 중고령 여성이 책임져야 했다. 저학력, 미숙련, 저임금의 근로 여성을 중심으로 한 취업 여성의 증가는 한때 여성의 고등교육 무용론이 거론될 정도였다. 고학력 여성의 경우 학력에 걸맞은 취업의 기회를 갖기 어려웠던 반면에 저학력, 저임금의 생산직 여성은 상대적으로 취업의 기회가 많았기 때문이다. 또한 여전한 남성중심주의적 사고와 남아선호사상의 영향으로 고학력 여성의 경우에도 상당수가 여자대학교로 진학했다. 고학력 여성들은 대부분 졸업 후 결혼하여 전업주부가 되었다. 학력은 전문적인 교육을 받았다는 것을 의미하기보다는 그만한 지적 능력이나 가정의 재정형편과 문화수준을 나타내는 상징과도 같았다.

여성의 취업은 1970년대 중반 중화학 공업화 단계로 산업구조가 조정되면서 점차 2, 3차 산업으로 이동하여, 제조업과 서비스업에 종사하는 비율이 높아졌다. 여성이 사회 활동이 증가하고 사회적 이력이 쌓이면서 여성 근로자들의 의식도 성장했다. 경제성장의 견인차 역할을 했던 여성 근로자들이 저임금, 장시간 노동 등 열악한 근로조건과 결혼과 임신에 따른 강제 퇴직 등 불안정 고용 상태, 각종 남녀차별적 조건 등에 대하여 집단적으로 저항하는 움직임을 보이기 시작했다. 한국산업화와 여성 노동자의 민주화를 상징하는 청계피복 노동조합, 동일방직 노동조합, YH무역회사 노동조합 사건 등이 대표적이다.

다른 한편 전문직과 기술직에 종사하는 여성도 증가했다. 1972년에는 두

명의 여성 판사가 임용되어 세간의 화제가 되었고, 1975년에는 건축직 기술 고등고시에 합격하는 여성이 등장했다. 일찍이 여성들이 관심을 보였던 의료분야의 진출도 두드러져 1980년 총 의료인의 약 50.5퍼센트가 여성이었다. 한편 1975년 세계여성의 날, 한국여성의 날을 계기로 각종 여성문제에 대한 사회여론화가 시작되었다. 그 결과 1977년 제1차 가족법 개정이 이루어졌고, 여성학이 대학의 교과과정에 정식 채택되었다. 헌정사상 처음으로 10명의 여성 국회의원이 등장하기도 했다. 이러한 변화는 취업 여성 특히 전문직 여성의 증가와 비례하는 현상이었다. 교육과 취업이 곧 여성의 지위 향상을 의미하는 것은 아니지만 그만큼 여성의 의식과 숫자의 고조는 현실 문제와 직결되고 있었다.

그 밖에 가족계획의 성공에 따른 1960년대 이후의 출산율 저하와 핵가족화 그리고 가전제품의 가사노동 대체 등이 여성의 경제활동을 촉진했다. 이러한 사회경제적 여건의 변화에 힘입어 1987년 남녀고용평등법이 시행되기에 이르렀다. 1988년부터 '남녀고용평등과 일·가정 양립 지원에 관한 법률'이 시행되고 1989년 4월 개정되어 여성계 논의의 핵심이었던 동일노동에 대한 동일임금을 규정했다. 1997년 정부는 여성계의 주장에 귀 기울여 취업 경력이 있는 여성을 재고용하는 기업에 장려금을 지급하는 것을 골자로 한 여성고용확대정책을 마련했다. 여성의 취업을 가로막고 있던 법제도에 괄목할 만한 진전을 가져왔다.

그렇지만 그로부터 어느덧 30년이 넘었고, 여성 고용률이 지속적으로 증가하고는 있지만 여성 구직자나 여성 근로자들은 여전히 직접적이고 노골적인 성차별을 받고 있는 것이 현실이다. 2017년 12월, 정부는 '여성일자리

대책'을 발표하여 노동위원회에 성차별 권리구제절차를 신설하는 내용을 담았다. 주요 내용은 임금, 승진, 퇴직, 해고 등 고용상 성차별적 처우에 대한 시정명령과 징벌적손해배상제를 도입하고, 피해 근로자의 의사에 따라 지방관서의 신고 사건과 노동위원회의 차별시정절차를 병행하는 것이었다. 또한 처벌을 목적으로 하는 경우 지방관서에서 신속하게 처리하고 권리구제를 희망할 경우 노동위원회에서 차별시정절차로 처리하도록 했다. 고용노동부가 입법예고한 '남녀고용평등법'과 '노동위원회법개정안'에서는 노동위원회에 남녀고용평등법상 고용상 성차별, 직장 내 성희롱 피해 근로자에 대한 시정 절차를 도입해 차별적 행위 중지, 근로조건개선, 적정배상 등 시정조치를 할 수 있도록 했다.

통계청의 '2019 통계로 보는 여성의 삶' 자료에 따르면, 여성 비정규직 비율(41.5퍼센트)이 남성 비정규직 비율(26.3퍼센트)보다 15퍼센트나 높다. 여성 월평균 임금은 남성 월평균 임금의 68.8퍼센트 수준이다. 여성들은 임금·고용 안정성이 낮은 불완전고용에 집중되어 있다. 또한 여성 한 명의 근로자에게 성차별, 연령 차별, 비정규직 차별 등이 동시에 문제되기도 한다. 근로자가 차별받았다고 인식하는 것과 법적 차별 사유가 불일치하는 경우도 많이 발생한다. 여성의 사회 활동이나 법적 제도가 먼저 발달한 외국의 경우를 보더라도 여성에 대한 고용상 성차별은 쉽게 근절되거나 개선되기 어렵다. 차별을 금지하고 시정하고 예방하는 일련의 과정이 여성은 물론 사업주와 정부를 비롯해서 사회구성원들 모두의 노력으로 인식과 문화를 바꾸어 나가야 한다.

취업 증가와 여성의 삶

사법제도의 개선이나 정치권의 인식 변화, 여성 경제활동 인구의 양적 증가가 곧 여권신장과 여성의 현실을 반영하는 것은 아니다. 21세기로 접어들며 글로벌라이제이션에 따른 사회 변화는 전례 없이 급속해졌다. 그러나 여전히 사회 활동을 주도하고 있는 대다수 남성이 여성을 보는 시각이나 가정 내 관습적인 남성중심 인식은 아직도 곳곳에서 여성들의 발목을 잡는다. 여성의 경제활동 인구가 증가하고 맞벌이가 당연하거나 자연스러워졌어도 한국 여성의 경제활동 참가율은 남성보다 상당히 낮다. 각종 통계자료는 여성이 경제활동에 참가하지 못하는 이유 중 제1순위가 가사와 육아라고 한다.

예전에 비해서 교육 수준이 높은 여성과 기혼 여성의 경제활동 비율이 증

YH 여공들의 항의
1979년 8월, 회사의 강제폐업에 항의하여 신민당사에서 농성하는 YH무역 여공들이다. 이 사건은 노동자의 생존권투쟁인 동시에 민주화운동의 일환으로서 유신독재의 몰락을 알리는 서곡이었다.

가했다. 그러나 서구 산업국가에서처럼 교육 수준이 높을수록 경제활동에 참가하는 여성의 비율이 전 연령층에서 모두 높게 나타나지는 않는다. 한국 사회에서는 여전히 가정, 특히 육아와 가정관리는 여성의 몫이며 기혼 여성이 가장 중시해야 하는 임무로 여겨진다. '현모양처'가 이상적인 여인상이던 시대는 지났지만, 가정은 남성과 여성이 함께 일구어야 한다는 사실과 실제에 괴리가 있는 것이 현실이다. 고학력 여성 인력이 제대로 활용되지 못하는 현실은 여성 개인에게 갈등을 일으킬 뿐만 아니라 국민경제 면에서도 인적자원의 낭비를 가져온다. 양성으로 이루어진 사회구조에 발전 장애 현상을 불러일으킨다.

남성이나 여성이나 교육을 받고 일정한 연령에 이르러 성인이 되면 독자적으로 생활할 수 있는 사회적 기반을 마련해야 한다. 취업, 경제활동은 성인이 된 사람이 생존하기 위한 기초이다. 또한 여성의 취업은 산업과 고용 구조의 변화로 인해 촉진되고 있고 또 확대될 수밖에 없는 것이 현실이다. 구조적인 취업 기회의 제한은 개선되었지만 현실은 각종 사회적 조건과 취업 조건으로 여성을 제약하거나 차별한다. 전문직을 비롯해서 비서직, 서비스업에 종사하는 여성들 대부분이 미혼인 점은 우리 사회의 취업 구조와 보수적인 관념을 반영한다.

'유리천장'이라는 경제용어는 많은 것을 생각하게 한다. 여성은 '전례가 없다'는 이유로 승진과 직종이 제한되기도 한다. 기혼 여성은 계약직을 강요받는 등 "애 낳고 키우며 집안일도 하는 여자들은 회사일에 전념할 수 없다."는 이유로 차별당한다.

그래도 통계청 사회조사에 따르면 가사부담에 대한 견해로 '공평하게 분담해야 한다.'의 응답이 2010년 20대 남성 49.6퍼센트, 30대 남성 28.7퍼센트에서 2018년 각각 79.91퍼센트, 63.51퍼센트로 급격하게 높아졌다. 동시에 여성 취업에 대한 의식은 같은 기간 큰 변화가 없었지만 여전히 남성은 84~86퍼센트대로 '직업을 가지는 것이 좋다.', 여성은 92~95퍼센트대로 동일한 응답을 했다. 일과 가사를 모두 공평히 하는 것에 대한 인식이 증가했음을 알 수 있다.

한편 가사 도우미 등 가사노동자들이나 마트의 계산원 등은 대부분이 기혼 여성이다. 이들의 경제활동은 가족의 생계를 담보로 하기 때문에 당연시된다. 그러나 부정기적인 수입과 불안정한 고용으로 인해 경제적인 안정이나 개인적인 성취와는 거리가 멀다. 이와 같이 결혼 여부가 취업 상태에 큰 영향을 미치지 않는 경우는 교육이나 기술을 거의 요구하지 않는 영역 또는 상당한 전문 지식이나 기술을 요구하는 직업으로 극단적인 괴리 현상을 보이는 것이 여성 취업의 현실이다. 이 또한 인터넷과 SNS(Social Network Service)의 활성화에 기반한 새로운 청소전문이나 배달전문 창업기업(Start-up)의 등장으로 이에 적응하지 못하는 중장년 여성 노동자들의 일자리가 제한되고 있는 실정이다.

전문기술, 행정직에 종사하는 여성 역시 남성과 동등한 대우를 받지 못한다. 이코노미스트지가 OECD 국가들을 대상으로 조사한 2019 유리천장지수(glass-ceiling index)에 의하면 우리나라가 29개 회원국 중 꼴찌다. 회원국 평균은 100점 만점에 60점인데 우리나라는 20점이었다. 전문직 여성의 경우 일반 근로여성에 비해서 높은 지적 수준과 임금으로 취업 만족도가 높고, 사회참여에도 적극적인 태도를 보이기 때문에 취업 여성의 중추가 된다. 따라서 전문직 여성이 많아질수록 여성의 사회적 지위가 상대적으로 향상된다. 그런데 여성의 임금이 남성보다 적은 것은 어느 곳에서나 비슷하지만 우리나라 남녀 간의 임금 수준은 세계 어느 곳보다 격차가 크다. 전 산업에서 여성의 월평균 임금은 남자의 약 68퍼센트에 불과하다.

이러한 임금격차는 남녀 간의 평균 교육 수준, 경력, 근속 연한의 차이 등을 반영한 것이지만 근본적으로 남녀의 성차별에 입각한다. 남녀간 교육 차별이 빠른 속도로 완화된 반면 고용차별은 여전히 존재하기 때문이다. 사회생활의 단절을 가져오는 남성의 군복무 기간은 국가안보를 지키기 위한 필수적인 사회 활동으로서 경력으로 인정된다.

반면 여성의 결혼과 출산은 장기 취업의 걸림돌이 된다. 그로 인한 취업상의 단절은 경력과 근속 연한에서 차별된다. 출산과 육아는 개인의 문제이기 이전에 사회적 재생산을 위한 사회문제로 여겨져야 한다. 그럼에도 여전히 전통적인 가치관은 여성에게 육아를 비롯한 집안일을 전담하게 한다. 재취업하는 여성에게 이전의 경력을 인정하지 않는 현실은 더욱 여성의 취업을 가로막는다. 이러한 점 때문에 고학력 기혼 여성의 취업률은 현저히 낮아진다. 상대적으로 성차별이 적은 전문기술직의 경우도 여성은 대부분 교사, 간호사 등 특수 직종에 몰려 있는 현상을 보인다. 사회구조는 성별 분업을 요구하지 않는다. 그러나 우리 사회가 전통적인 남존여비 사고에 따라 직종상 성별 분리 현상을 재생산해 낸다. 고학력 우수 인력이 생산적으로 활용되지 못하는 결과를 낳는다.

다른 한편 전통적인 가부장적 가치관의 영향으로부터 벗어나지 못하고 있는 여성의 의식 또한 지적되어야 한다. 여성은 가사와 자녀양육의 책임자라는 전통적인 성 역할관을 잠재적으로 지니고 있기에 스스로 사회참여를 통제한다. 사회 활동을 할 때도 자의반 타의반으로 이중 역할을 담당하여 가사와 사회 활동 가운데 어느 것도 제대로 하지 못한다는 죄책감을 갖는 경향이 크다.

여성이 취업을 통해 사회에 참여할 때 부딪히는 구조적 장애물은 여성 개인의 의식적인 노력만으로 해결될 수 없다. 남성과 동등한 인간으로서의 권리나 대접을 가정 안팎으로 외치기만 하는 것 역시 공허한 메아리에 불과하다. 여성이 자아를 실현시키고 그것을 인정받음으로써 가정에서나 사회에서 남성과 동등한 동반자로 대접받기 위해서는 혼자만의 노력만으로는 역부족하다. 사회가 함께 협조하여 개인과 사회의 인식을 변화시키는 노력이 필요하다. 남성 중심의 기성사회가 잠재적인 여성 인력을 효율적으로 활용하는 것이 변화하는 사회구조에 발전적으로 적응하는 길이라는 것을 인식하고 실천하는 노력이 필요하다. 사회에 진출하는 여성을 남성의 일자리를 빼앗는 경쟁자가 아니라 함께해야 할 동반자로 받아들이는 노력이 어느 때보다 절실하다.

전상숙 _광운대 동아시아연구소 연구교수

장애인에게 이불 밖은 위험해?!

문민기

다음의 상황을 상상해 보자. 지금 우리는 장기간의 해외여행을 위해 무거운 캐리어와 짐을 지고 지하철을 타고서 공항까지 이동하려고 한다. 지하철역으로 가기 위해서는 우선 횡단보도를 건너야 한다. 횡단보도와 이어지는 인도는 높이가 완만하게 낮아지도록 설계되어 있어서 캐리어를 끌고 이동하는 데 큰 무리가 없다. 지하철역에 도착해서는 경사로가 설치되어 있어서 캐리어를 끌고 가는 데 도움을 준다. 또 엘리베이터를 타고 승강장까지 내려갈 수 있다. 덕분에 우리는 무사히 지하철을 타고 공항까지 도착했다. 비단 짐을 옮길 때뿐만이 아니라 다리를 다쳐서 걷기 어려운 상황을 상상하더라도 과정은 비슷할 것이다.

이동 편의를 위한 시설들은 노인이나 장애인 등 교통약자를 위해 마련된 것이지만, 상황에 따라 누구나 사용할 수 있다. 이동편의시설은 일상생활 속에서 늘 경험하는 것들이기에 당연하게 여겨지기도 하지만, 처음부터 당연한 것은 아니었다. 도로에 턱이 없어지고, 건물 입구에 경사로가 만들어지고, 엘리베이터가 설치되기까지 수많은 사건 사고로 인한 인명 피해와 대책 마련을 요구하는 지난한 투쟁의 과정이 존재했다. 그리고 그 과정은 한국 사회에서 장애인들이 처해 있었던 현실을 여실히 드러내는 것이었다.

"서울거리 '턱'을 없애 주시오."

1978년 10월 25일 새벽 5시경, 대학입시 준비 학원 수업을 받기 위해 서울 시청 앞 차도를 건너던 윤태호가 택시에 치여 숨지는 사고가 발생했다. 윤태호는 세 살 때 소아마비를 앓고 하반신이 마비되어 휠체어를 타는 장애 학생으로 사고 당시 고등학교 1학년이었다. 한적한 길이라고 빨리 달린 택시운전사에게 사고의 책임이 있으나, 근본적인 원인은 휠체어를 탄 장애인이 길을 건널 방법이 애초에 없었다는 데 있었다. 사고가 났던 곳은 차도를 건너려면 육교를 이용해야만 하는 길이었다. 하지만 휠체어를 탄 장애인 혼자서 육교를 오르내린다는 것은 불가능했다. 그렇기에 사고를 당했던 학생은 차량 통행이 뜸한 틈을 타서 차도를 가로지르려 했던 것이다. 당시만 해도 서울은 횡단보도 없이 육교나 지하도로 길을 건너게 되어 있는 곳들이 많았다. 이는 서울이 지체장애인뿐만 아니라 계단을 이용하기 어려운 교통약자 모두가 길을 건널 수 없는 도시였다는 점을 의미한다.

1984년 9월 19일 오전 10시경, 소아마비 장애인이었던 김순석이 싸늘하게 죽은 채 발견됐다. 부산에서 태어나 다섯 살 때 앓은 소아마비로 인해 한쪽 다리를 절었던 김순석은 1970년에 서울로 올라와 조그마한 액세서리 공장에서 일을 시작했다. 1980년 10월에는 교통사고를 당해 두 다리에 철심을 박은 채 3년간의 투병 생활을 견뎌야 했고, 그 후 이동할 때는 휠체어를 이용해야 했다. 1982년 4월에 퇴원한 김순석은 전세방 건물 추녀 밑 3평 남짓한 공간에 작업장을 꾸리고 액세서리를 만들기 시작했고, 액세서리를 남대문시장 상가에 가져다 파는 것으로 생계를 이어 나갔다.

하지만 휠체어를 이용하는 장애인에게 서울 거리와 한국 사회는 너무나 많은 '턱'으로 가로막힌 곳이었다. 식당을 가려고 해도 문턱을 넘지 못해 허기를 참고 돌아서야 했고, 물 한 모금을 마시기 위해서도 문턱과 힘겹게 싸워야 했다. 횡단보도를 건널 때는 인도의 턱 때문에 지나가는 행인의 허리춤을 붙잡고 도움을 호소해야만 했다. 버스와 지하철은 애초에 탈 수 없었고, 택시를 타려고 해도 휠체어를 본 운전기사들은 그냥 지나치기 일쑤였다. 서울 시내 어느 곳을 다녀도 턱과 부딪혀 씨름을 해야 하기에 자유롭게 드나들 수 있는 곳은 없었다. 한번은 횡단보도 쪽으로 길을 건널 수 없어 인도와 차도가

김순석의 죽음을 처음 세상에 알린 기사 《조선일보》 1984년 9월 22일 (조선일보사 제공)

경사로로 이어진 곳으로 돌아 길을 건너려다 교통순시원의 단속에 걸린 적도 있었다.

이러한 물리적인 턱 외에 편견과 차별이라는 턱도 높기만 했다. 액세서리

상점마다 다니며 새로 개발한 모형을 보여 주었지만 그에게 선뜻 일을 맡기는 이는 많지 않았다. 일을 맡기더라도 다른 이들보다 10~20퍼센트가량 싼 가격에 계약을 하려 하거나, 대금을 지불할 때 다음 번 계약을 끊어 버리겠다며 가격을 낮춰 달라는 은근한 강요가 있기도 하였다.

결국 김순석은 이러한 턱에 가로막혀 극단적인 선택에 이른 것이다. 편지지 다섯 장에 검은 볼펜으로 빽빽이 적은 유서가 음독자살한 그의 품에서 발견되었다. 유서는 염보현 서울시장 앞으로 보내는 내용이었다. 김순석은 "움직일 수 있는 공간을 만들어 주지 않는 서울의 거리는 저의 마지막 발버둥조차 꺾어 놓았습니다."라고 말하면서 자신을 비롯한 장애인들의 처지에 대해 토로하였다. "장애자들은 사람 대우를 받지 못합니다. 대우를 받아도 끝내는 이용당합니다. 조그마한 꿈이라도 이뤄 보려고 애써 봤지만 시간이 흐를수록 사회는 저를 약해지게만 만듭니다."라는 외침은 그의 죽음이 삶의 의지를 계속해서 꺾어 버렸던 '턱'들로 인한 것임을 잘 보여 준다. 이 '턱'들은 당시 한국 사회의 구조와 상황을 그대로 반영하고 있는 것들이었다. 즉, 김순석은 장애인이라면 아무것도 할 수 없게 만들어져 있는 세상 때문에 죽었다고 말할 수 있다. 흔히 하는 말로 '사회적 타살'인 셈이다. 서울 거리의 턱을 없애 달라는 말은 단지 물리적인 이동통로를 정비해 달라는 것을 넘어, 장애인에 대한 편견과 차별 같은 장벽들을 없애 달라는 외침이었다.

이전부터 횡단보도와 이어지는 곳은 비스듬하게 공사를 하고, 주요 공공건물의 입구에도 경사로를 만들 것이라는 계획들이 발표되었지만 제대로 시행되지 않았다. 김순석의 죽음 이후에 서울시는 '장애자 편익 시설 확충 방안'을 발표하며 뒤늦은 대책 마련에 나섰다. 여기에는 휠체어를 이용하는 지체장애인의 이동편의 대책을 비롯하여 시각장애인을 위한 대책들도 포함되었다. 그렇다고 해도 장애인들의 앞을 가로막던 물리적인 턱이 단번에 사라지는 것은 아니었다.

죽음의 교통수단, 지하철

1987년 2월 18일 오전 8시 30분경, 시각장애인인 이춘광이 수도권 지하철 2호선 당산역 승강장에서 안전선 밖으로 물러나지 못한 채 전동차에 치여 사망하는 사고가 발생했다. 대부분의 신문에서는 합정역에서 출발한 전동차가 당산역에 멈춘 직후, 반대편인 문래역에서 출발한 전동차가 동시에 당산역으로 들어오며 안내방송이 나오자 이춘광이 이미 승강장에 전동차가 멈춘 것으로 착각하여 앞으로 나아가다 실족하여 발생한 사고라고 보도했다. 그러나 청각이 예민한 시각장애인이 자신이 타야 할 전동차를 분별하지 못 할 리 없고, 지팡이로 앞을 짚어 가며 이동한다는 것을 생각해 보아도 전동차에 머리를 부딪칠 이유가 없다는 주장도 제기되었다. 이춘광이 인파에 떠밀려 전동차에 부딪혔을 것이라는 이야기였다. 사고의 진상은 밝혀지지 못했지만, 지하철역의 안전시설이 미흡했기에 발생한 사고라는 점은 확실하다. 이춘광의 죽음을 계기로 시각장애인단체에서는 교통 안전 시설 확보 등을 요구하는 연좌시위를 벌이기도 했다.

2001년 1월 22일 오전 11시경, 수도권 지하철 4호선 오이도역에서 70대 노부부가 수직형 리프트를 타고 역으로 올라가던 중 리프트의 와이어가 끊어지면서 아래로 추락하여 지체장애인이던 부인은 사망하고, 남편은 큰 부상을 입는 사고가 발생했다. 수직형 리프트는 기계실이 따로 없는 일종의 간이형 엘리베이터를 말하는데, 휠체어를 이용하는 장애인이 사용하도록 설치되어 있는 것이었다. 그러나 리프트의 와이어는 휠체어와 두 노부부의 무게를 이기지 못하고 끊어져 버렸다. 게다가 사고가 났던 오이도역의 리프트는 설치된 지 불과 6개월도 채 지나지 않았다는 점에서 더욱 큰 충격을 주었다.

리프트 추락 사고는 한 부부에게 우연히 일어난 비극적인 사건이 아니었다. 1999년만 해도 두 차례나 노들장애인야학 학생들이 추락 사고를 경험한 바 있다. 6월 28일에는 노들야학 학생인 이규식이 수도권 지하철 4호선 혜화역에서 계단 벽면의 난간처럼 생긴 레일을 따라 움직이는 경사형 리프트를 이용하려다 추락하는 사고가 있었다. 당시 리프트 운영의 책임 기관인 서울시지하철공사는 "리프트는 법적 기준에 어긋나지 않는다. 이용자 잘못이다."라고 주장했다. 노들야학은 서울시지하철공사를 상대로 한 소송 끝에 500만 원의 배상금 지급이라는 강제 조정안을 이끌어 냈고, 이후 혜화역에는 경사형 리프트가 철거되고 엘리베이터가 설치되었다. 10월 4일에는 노들야학 학생인 이흥호가 수도권 지하철 5호선 천호역에서 경사형 리프트를 이용하려다 레일의 용접 부분이 끊어지면서 추락 직전까지 가는 사고를 당하기도 했다.

국가인권위원회·전국장애인차별철폐연대 자료와 언론 보도 등을 통해 확인할 수 있는 1999~2017년 수도권 지하철 휠체어 리프트 관련 사고는 17건이며, 5명이 목숨을 잃었다. 부산과 대구 지하철에서도 2001~2007년 5건의 리프트 추락 사고가 있었다. 미처 알려지지 않은 사고까지 포함한다면 그 수는 더욱 늘어날 것이다. 리프트 추락 사고는 아니지만, 스크린도어가 설치되기 전인 2003~2012년 수도권 전철에서 5명의 시각장애인이 선로로 추락해 목숨을 잃는 사고도 있었다. 이처럼 지하철역에서 장애인들이 다치거나 죽는 사고는 빈번하게 발생했다.

위험하다는 것을 알면서도 장애인들이 집을 나서서 어딘가로 이동하기 위해서는 지하철을 탈 수밖에 없었다. 특히 휠체어를 이용하는 장애인들이 이용할 수 있는 대중교통 수단은 지하철뿐이었다. 택시는 비싼 요금과 승차 거부 때문에 이용하기 어려웠고, 버스는 탈 수조차 없고 태워 주지도 않는 형편이었다. 수많은 계단이 가로막고 있지만 그나마 지하철은 이용할 수는 있는 수준이었던 것이다. 그러나 '지하철은 대중교통이 아닌 죽음의 교통수단'이었다. 언제 추락사고가 발생할지 모르는 휠체어 리프트를 의지할 수밖에 없었기 때문이다. 지하철을 탄다는 것은 죽음의 공포와 마주해야만 하는 엄청난 일이었다.

휠체어 리프트가 가진 문제를 해결하기 위한 간단한 답이 있다. 지하철역에 엘리베이터를 설치하는 것이다. 하지만 관련 당국에서는 지하철역의 현장 여건상 엘리베이터를 설치할 수 없는 곳이 많고, 예산이 없으며, 지역 주민이 반대한다는 이유 등을 들면서 어쩔 수 없이 리프트를 설치해야 한다는 입장을 고수했다. 장애인들은 국가 표준 규격도, 설치 기준도, 검사 기준도 전혀 없는 불안하고 위험하기만 한 리프트를 계속해서 이용해야 했다.

그러나 장애인들은 더 이상 낙담하며 가만히 있지 않았다. 노들야학이 주축이 되고 여러 장애인 단체가 함께 모여 '오이도역' 장애인 수직 리프트 추락 참사 대책위원회를 구성하고 장애인들의 권리를 쟁취하기 위한 활동에 나섰다. 한국 사회에 장애인을 비롯한 교통약자들의 이동할 권리를 뜻하는 '이동권'이라는 말이 등장하는 순간이었다.

이동권은 대중교통을 잘 이용할 수 있게 편의시설을 정비하는 것만을 의미하지 않는다. 이동권은 여러 가지 권리 가운데 가장 기본적인 권리라고 할 수 있는데, 어떠한 장소나 정보에 이동하고 접근할 수 있어야 사회 구성원으로서 권리를 행사하거나 부여된 책임을 수행할 수 있기 때문이다. 이동권이 보장된 후, 비로소 다른 활동을 수행할 수 있다. 바꿔 말하면 이동권이 보장되지 않는 현실에서 장애인은 사회 구성원으로 존재할 수 없다는 것이다.

오이도역대책위 활동가들이 1호선 서울역의 선로를 점거하고 구호를 외치는 모습(전국장애인차별철폐연대 제공)

오이도역 대책위는 2001년 2월 6일 1호선 서울역 선로를 점거하는 극적인 방법의 투쟁을 감행하면서 여론을 집중시켰다. 또한 3월 9일부터 '장애인과 함께 지하철을 탑시다'라는 행사를 비정기적으로 개최했다. 승강장에 지하철이 들어오면 휠체어를 탄 장애인들이 무리지어 지하철에 타는 행위는 그 자체로 지하철의 운행을 지연시켰다. 장애인들이 탈 수 없는 지하철을 아예 멈춰 세워 버리는 선로 점거와 지하철 타기는 장애인의 이동권을 고려하지 않는 사회에 대한 공격적인 방식의 문제제기였다. 이는 이후의 장애인 이동권 투쟁에서 주요한 투쟁 방식으로 자리 잡았다.

지하철을 멈추는 행위가 일반 시민에게 피해를 주는 것이라는 비난에 대해서는 다음과 같은 논리로 맞섰다. "지하철을 이용하는 시민들이 30분 늦게 되는 것을 이유로 우리의 선로 점거가 비난받아야 한다면 감수하겠다. 그러나 30분이 아닌 30년을 집 밖으로 나오지도 못하는 장애인의 현실에 대해 우리 사회는 함께 책임져야 한다." 김순석이 스스로 죽음을 선택하면서까지 없애 달라고 외쳤던 서울거리의 턱은 여전히 장애인들의 앞을 가로막고 있었다.

한국의 장애인들에게 집 밖의 세상은 너무나 위험한 곳이다. 차들이 달리는 길을 건너기 위해서는 횡단보도가 아닌 곳을 지나야 했고, 지하철을 타기 위해서 목숨을 걸어야 했다. 위험을 무릅쓰지 않는다면 몇 십 년, 아니, 생이 다하는 그날까지 집 안에만 있어야 했다. 장애인들은 집 안에서 가만히 죽음을 기다리지 않겠다는 결의를 갖고 위험한 집 밖으로 나온 것이다. 그렇기에 장애인 이동권투쟁은 위험한 세상에서 안전하게 생활할 수 있는 권리를 요구하는 싸움이기도 하다.

2001년 4월 20일에 출범한 '장애인 이동권 쟁취를 위한 연대회의'는 지하철뿐만 아니라 버스나 기차 등의 이동수단도 장애인이 마음 놓고 이용할 수 있도록 바꾸어 나가기 위한 활동을 계속 이어 나갔다. 그 성과로 인해 조금씩이나마 관련 법률이 정비되고, 이동편의시설의 개선이 이루어졌다. 지금 도로 위를 달리는 저상버스와 지하철역에 설치된 엘리베이터는 모두 이러한 문제제기와 싸움이 있었기에 생겨난 것들이다. 시각장애인을 위한 점자 안내판과 점자블록도 확충되었다. 그조차도 인명사고가 일어난 후에야 없던 공간이 생기고 예산이 생기면서 겨우겨우 하나씩 만들어졌다.

그럼에도 장애인들이 안전하게 이동하고 생활하기에는 부족한 부분들이 많다. 아직까지 장애인들에게 집 밖은 위험한 곳이다.

집 밖으로 나오지 말라는 신호

장애인들이 집 밖으로 나갈 수 없는 또 다른 이유도 있다. 장애인들이 이동을 할 수 있는지 없는지를 말하기 이전에, 그들이 집 밖으로 나가서 갈 수 있는 곳, 가야 할 곳이 존재하지 않았다.

우선 장애인들은 학교를 갈 수 없었다. 한국에서는 의무교육에 대한 논의가 해방 직후부터 이루어졌고, 제헌 헌법과 1949년 공포된 〈교육법〉에 초등의무교육이 명시되었다. 또한 특수학교와 특수학급 설치를 명시하여 특수교육에 대한 필요성도 제시되어 있다. 그러나 특수학교나 특수학급의 수효는 절대적으로 부족했고, 일반 학교는 장애인이 접근하고 수업을 받을 수 있는 아무런 준비도 되어 있지 않았다. 스스로 통학할 수 있고, 특별한 도움과 지원이 없이도 수업을 받을 수 있는, 상대적으로 장애가 심하지 않은 장애아동들만이 학교를 다닐 수 있었다. 그렇지 않다면 어머니나 형제자매 등 가족의 희생 어린 뒷바라지가 있어야만 했다. 많은 장애아동 부모들은 자신의 아이를 학교에 보내야 한다는, 또 보낼 수 있다는 생각조차 하기 어려웠다. 그렇기에 대다수의 장애인들은 국민의 의무로 규정된 의무교육조차 받지 못하고 집에만 있었다.

장애아동과 비장애아동이 함께 학교를 다니는 통합교육은 여전히 다른 세상 이야기이다. 그렇기에 장애아동들의 교육을 위해서는 특수학교와 특수학급 설치라도 더욱 활발히 추진해야 하는 형편이다. 그러나 이 또한 쉽지 않다. 2017년 9월 5일, 서울시 강서구 특수학교 설립에 관한 주민토론회에서 주민들의 반대에 부딪힌 발달장애아동 부모들이 무릎을 꿇으며 호소하는 사건이 있었다. 이 사건은 여전히 한국 사회에서 특수학교 설립에 반대하는 목소리가 크다는 현실을 보여 주었다.

특수학교 설립에 대한 반대는 이전부터 있어 왔다. 1991년에는 공립 특수학교인 천안인애학교 건립을 지역의 주민에 더해 해당 군청까지 나서서 반대하는 사건이 있었고, 이를 계기로 장애인운동 단체들은 장애인들의 교육받을 권리를 쟁취하기 위한 활동을 적극적으로 벌여 나갔다. 2000년 서울정애학교, 2016년 서울발달장애인훈련센터 설립 때도 주민들의 반대에 부딪혔고, 문을 열기까지 여러 어려움들을 헤쳐 나가야만 했다. 2017년 10월에는 서초구청이 "주민 의견을 충분히 듣지 못했다."는 이유로 나래학교 설립에 제동을 걸기도 했고, 강원도 동해시에 건립되기로 했던 동해특수학교는 주민 반대에 부딪혀 공사가 지연되다가 5년의 시간이 흐른 2019년에 와

서야 첫 삽을 뜨게 되었다. 이외에도 한국에서는 무수히 많은 특수학교 설립 반대 사건들이 있었다.

교육의 기회를 얻지 못한 장애인들에게는 노동의 기회조차 주어지지 않았다. 어렵사리 교육을 받은 장애인도 동일한 문제를 갖고 있었다. 교육을 받지 못했던 장애인들은 애초에 일할 능력이 없는 사람으로 취급되었고, 초·중·고등학교 교육을 받은 장애인들 역시 장애가 있다는 사실 때문에 일할 수 없는 사람으로 받아들여졌다. 성인 장애인들을 대상으로 하는 직업교육이 이루어지기도 했지만, 취업의 문까지 열어 주지는 못했다. 장애인들이 일할 곳이 없다는 것은 생계를 유지할 수단이 없다는 것과 이어진다. 결국 장애인들은 빈약한 복지제도에 기대거나 영세한 사업을 영위하며 살아야 했다.

헌법 32조는 모든 국민이 근로의 권리를 가지고 의무를 진다고 명시하고 있다. 그러나 장애인들에게는 권리이자 의무인 노동을 수행할 기회조차 제대로 주어지지 못했다. 1990년에 〈장애인 고용 촉진 등에 관한 법률〉이 제정되면서 기업체는 의무적으로 일정 비율 이상 장애인을 고용하도록 되었지만, 이 또한 미흡하거나 제대로 지켜지지 못하고 있다. 앞서 설명한 장애인들의 교육 권리와 의무 역시 마찬가지이다. 법적인 규정을 떠나 학교와 직장이라고 하는 곳은 사회구성원으로 인정받는 중요한 공간으로서의 역할도 하고 있다. 그러나 학교와 직장에 갈 수 없는 장애인들은 최소한의 사회적 소속을 갖지 못하게 됨으로써 고립되고 분산된 삶을 살아간다. 한국 사회는 계속해서 집 밖으로 나오지 말라는 신호를 장애인들에게 보내고 있는 셈이다.

집 안에 있다고 해서 안전할까?

할 수 있는 것이 없으니 집 밖으로 나갈 이유가 없었고, 나간다고 한들 움직이기도 어려웠다. 그나마 마련되어 있는 이동수단과 보조 장비들은 오히려 목숨을 위협하는 도구였다. "문 밖은 위험하니 주는 밥 먹고 집 안에 안전하게 있으라."는 가족들의 말은 목숨이라도 건사할 수 있기를 바라는 당부였다. 그렇다면 집 안에 있다고 해서 안전할까.

2002년 2월 21일 오전 2시경, 뇌성마비 장애인이었던 최옥란은 과산화수소와 수면제를 먹고 쓰러졌다. 응급실로 실려 온 최옥란은 위세척을 하고, 필요한 처치를 받았지만 과산화수소를 마신 탓에 식도부터 십이지장까지 화상을 입었다. 중환자실로 옮겨져 치료를 받으며 의식을 회복하기도 하였지만, 결국 3월 26일 오전 최옥란은 세상을 떠나고 만다. 최옥란은 뇌성마비 장애인들을 조직하고, 적극적으로 장애인의 권리를 쟁취하기 위한 활동을 벌여 나간 활동가였다. 동시에 〈국민기초생활보장법〉에 근거하여 기초생계비를 받는 수급권자이자, 청계천에서 노점을 운영하고 있는 노점상이었다. 그리고 이혼 후 점점 만나기 어려워졌던 아들의 양육권을 되찾아 오기 위해 백방으로 노력하고 있는 엄마였다.

그런 최옥란은 왜 스스로 목숨을 끊으려 했을까. 2001년 3월 초, 최옥란은 수급권을 유지하기 위해서는 청계천 노점을 포기해야 한다는 내용의 통지서를 받았다. 〈국민기초생활보장법〉은 일정한 수익이 있을 경우 수급권을 제한하고 있었는데, 최옥란은 노점으로 일정한 수익이 보장되기 때문이었다. 수급권을 포기하면 임대아파트 입주권, 의료보장 등 다른 권리마저 잃게 되었기에 최옥란은 노점 운영을 포기해야 했다. 그러나 한 달에 지급되는 기초생계비 26만 원은 삶을 이어 나가기에 턱없이 부족했다. 최옥란이 계산한 바에 따르면, 식비와 의료비 등을 포함하여 한 달에 최소 63만 원이 필요했다. 특히 병원비와 약값 지출이 필수였던 최옥란에게 한 달 수급액 26만 원은 앉은 채 죽으라는 말과 다름없었다. 최옥란은 보건복지부 장관과 대통령 앞으로 편지를 보내고, 장애인에게 최저생계비를 보장하라며 싸움을 이어 나갔다.

게다가 아들의 양육권을 되찾아오기 위해 필요한 양육 능력 증명이 최옥란의 발목을 붙잡았다. 양육능력을 보여 주기 위해서는 일정한 재산이 필요한데, 재산을 모을 경우 수급권자가 될 수 있는 재산 기준을 넘게 되어 수급권을 포기해야 했다. 최옥란은 수급권을 유지하려 할 경우 양육권을 되찾을

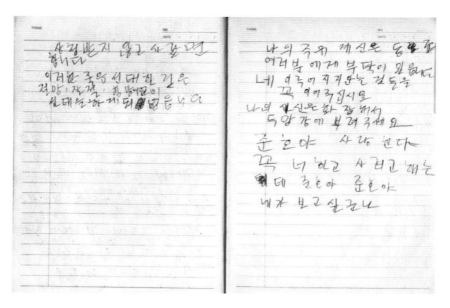

▌**최옥란의 유서**(빈곤사회연대 제공)

수 없게 되고, 양육권을 얻으려고 할 경우 수급권을 잃게 되는 기막힌 현실 아래에 놓였다. 이를 타개하기 위해 고민하던 최옥란은 결국 극단적인 선택에까지 이른 것이다.

최옥란의 사례는 한 개인의 안타까운 사건이 아니었다. 장애인들은 장애 때문에 발생하는 병과 고통을 치료하기 위한 병원비와 약값이 필요했다. 비장애인과 비교했을 때 매달 추가로 고정 지출이 발생하는 셈이다. 그러나 기초생활을 보장한다는 수급액은 이러한 장애인의 삶을 전혀 고려하지 않았다. 부족한 돈을 메우기 위해 무언가를 하려고 하면 적은 액수나마 받을 수 있었던 기초생계비 수급이 불가능해진다. 기초생계비 수급을 위해서는 집 밖으로 나가지 말고, 그저 가만히 있어야 했다. 그러나 집 안에 가만히 있기만 한다고 해서 안전한 삶이 보장되지는 않는다. 가만히 있기만 해도 지출은 수입을 아득히 넘어섰고, 집 안에 머물러 있는 채로 생명이 꺼져 가는 삶을 살아야 했다. 이런데도 장애인에게 집 밖은 위험하고, 집 안은 안전하다고 말할 수 있을까.

2005년 12월 19일, 경상남도 함안에 살던 근무력증 장애인이 얼어 죽는 사건이 발생했다. 그는 집 밖이 아니라 집 안에서 사망한 것이어서 당시 많은 사람들에게 충격을 안겨 주었다. 홀로 거주하던 집의 오래된 보일러가 터지면서 물이 방으로 흘러 들어오게 되었는데, 그 물이 이불과 방을 흥건히 적시며 체온을 빼앗아 갔기 때문에 생긴 참변이었다. 어머니가 사망한 후 혼자서 생활하던 그는 방으로 물이 흘러 들어와도 스스로 몸을 움직이기 어려워 이를 피할 수 없었고, 구조전화조차 할 수 없었다. 월요일부터 금요일까지 집을 방문하는 자활후견기관의 도우미가 전해 주는 도시락이 그의 삶을 이어 주는 유일한 끈이었다. 그러나 자활후견기관의 도움이란 것은 어떠한 일관성과 안정성도 보장되지 않는 것이었고, 주말에는 아무런 제도적 지원 없이 방치된 채 있어야 했다. 흔히 '이불 밖은 위험하다'고 하는데, 이는 중증장애인에게 안락한 이불 속조차도 안전하지 않음을 보여 주는 사건이었다.

만약 사망한 장애인에게 활동 지원이 제대로 주어지고 있었다면 보일러가 터져 물이 방으로 흘러 들어올 때 구조전화를 하고, 다른 안전한 장소로 이동할 수 있었을 것이다. 이에 장애인활동지원은 중증장애인의 생명과 직결된 것이라는 인식이 더욱 확산되기 시작했다. 2006년 전국장애인차별철폐연대 등 장애인단체는 활동지원서비스가 중증장애인의 권리임을 선포하고 활동지원서비스 제도화를 요구하며 투쟁을 벌여 나갔다. 마침내 2007년 4월, 활동지원서비스가 전국적으로 시행되었다. 하지만 서비스를 받는 사람이 부담해야 할 비용이 상당했기에 많은 장애인들은 활동지원서비스를 신청조차 하지 못했다. 비용을 부담할 수 있다고 해서 누구나 활동지원서비스를 받을 수 있는 것도 아니었다.

2014년 4월 13일 오전, 뇌병변 장애가 있던 송국현이 당시 살고 있던 연립주택 반지하 집에서 발생한 화재로 화상을 입고 병원으로 이송되는 사고가 발생했다. 전신에 입은 화상으로 인하여 결국 4월 17일에 숨을 거뒀다. 2012년 10월 26일 새벽, 활동지원사가 퇴근한 뒤 집 안에서 발생한 화재로 김주영이 사망한 사건이 있은 지 얼마 지나지 않아 똑같은 일이 벌어진 것에 대해 많은 이들이 분노했다.

송국현은 1988년 음성 꽃동네에 입소하여 시설에서 생활하다가 27년 만인 2013년 10월 지역사회로 다시 나와 생활을 이어 나가던 중이었다. 함께 살던 장애인이 활동지원사와 외출한 때에 화재가 발생했던 것이다. 27년 만에 지역사회로 나온 그에게는 일상생활을 위한 활동지원이 필수였지만, 당시 활동지원서비스는 장애 1~2급만을 대상으로 했기에 장애 3급 판정을 받은 송국현은 활동지원서비스 대상자가 아니었다. 병원에서는 그에게 1급 판정을 내렸지만, 국민연금공단 장애심사센터는 27년간 지역과 분리되어 살아온 그의 상황과 일상생활에서 겪는 실제 어려움은 반영하지 않은 채 인정조사표의 기준만을 근거로 3급이라 판정했다.

장애등급제는 장애 정도에 따라 1~6급으로 장애인을 나눈 것이었는데, 이를 바탕으로 장애인이 받을 수 있는 복지와 서비스에 차등을 두었다. 이로 인해 활동지원서비스가 필요한 많은 장애인들이 서비스를 받을 수 없었고, 일상생활의 어려움은 물론 사고로 목숨을 잃는 사태까지 벌어진 것이다. 엎친 데 덮친 격으로 2016년에 사회보장 정비방안이 발표되면서 그나마 있던 활동지원 시간이 줄어들었고, 제대로 몸을 움직이지 못해 생긴 병 때문에 중증장애인이 사망하는 사건마저 발생했다. 장애인들의 오랜 투쟁 끝에 한국 정부는 2019년에 장애등급제를 단계적으로 폐지하겠다고 선언했지만, 장애의 정도가 심한 경우와 심하지 않은 경우로 분류하기로 하였기에 근본적인 문제는 전혀 해결되지 않았다. 장애등급제를 폐지한다고 하면서 오히려 활동지원서비스의 질과 시간이 감소했다는 문제도 있다.

이불 밖은 위험하다며 집 안에만 있기를 강요받고 있는 장애인들에게 집 안과 이불 속도 위험하기는 마찬가지였다. 혼자 고립되어 있기에 아무런 도움도 요청할 수 없는 집 안이 어떻게 보면 더욱 위험해 보인다. 이런 사례들을 보면서 많은 장애인들이 수용되어 있고, 관리하는 사람이 있는 장애인시설에서 살면 되지 않느냐고 할 수도 있겠다. 그러나 시설에서 산다는 것은 획일화된 규칙에 내 몸을 맞추어야 한다는 말이다. 장애인 개개인마다 장애의 특성이 다르고, 필요한 것들도 다르다. 비장애인들에게는 개성을 가질 것이 미덕으로 요구되는데, 장애인들에게는 개성을 가지지 말 것이 요구되는 셈이다. 또한 제한된 공간에서 생활한다는 것은 관리 주체의 권위와 권력이 커짐을 의미하고, 이에 따른 인권유린 사태도 많이 발생한다. 지금이야 다양한 경로로 시설에 대한 정보를 확인할 수 있으니 정도가 덜하다고 할 수 있을지 모르겠으나, 여전히 폐쇄적인 시설들은 랜덤박스 뽑기와 같은 운에 장애인들의 삶을 맡기게 한다. 장애인시설 역시 장애인에게는 위험한 곳이다.

2021년 12월 현재 등록된 한국의 장애인은 264만 5,000명으로 전체 인구의 5퍼센트가 조금 넘는다. 내 주변 사람 100명 중 5명은 장애인이라는 뜻이다. 그렇지만 집 밖에서 장애인을 만나기란 쉽지 않다. 물론 겉으로 표현되지 않는 장애가 있는 이들도 많지만, 그것을 감안하더라도 장애인들은 드러나지 않는다. 아직도 많은 장애인들이 장애인 시설이나 집 안에 머물러 있다. 한국 사회가 계속해서 장애인들에게 이불 밖은 위험하니 안전한 집 안에 머물러 있으라고 이야기해 왔기 때문이다. 하지만 앞서 살펴보았듯이 집 안이라고 해서, 이불 속이라고 해서 위험하지 않은 것은 아니었다. 그저 가만히 있을 수밖에 없었기에 죽음을 맞이해야만 했던 현실이 존재했다.

집 밖이 위험했던 것은 사회가 비장애인에게만 맞추어져 있었기 때문이다. 집 안이라고 해서 별반 다르지 않다. 장애인이기 때문에 무언가를 할 수 없는 것이 아니라, 장애인이 사용할 수 없게 만들어진 것들로 이 사회가 채워져 있기 때문에 장애인이 할 수 없는 것처럼 보이는 것이다. 이동할 수 없고 일할 수 없는 것은 능력이 없어서가 아니라, 장애인이 안전하게 이동할 수 있고 일할 수 있게끔 보조하는 것들이 없기 때문에 불가능해 보이는 것이다. 장애인의 활동을 보조하고 지원하는 시스템과 서비스가 잘 갖추어져 있다면 집 밖에서든 집 안에서든 자기에게 맞고 필요한 것들을 할 수 있다.

지금까지 오랫동안 '이불 밖은 위험하다'는 핑계로 장애인들에게 집 안에서의 삶을 강요했다. 그러면서 이용할 사람이 없다는 이유로 장애인에게 필수적인 지원들을 늘리지 않고, 때로는 오히려 줄여 나갔다. 그 때문에 장애인들은 집 안에서도 목숨을 잃었다. 미래를 준비하는 교훈을 얻기 위해 역사를 공부한다면, 우리는 장애인들의 삶과 역사에서 어떤 교훈을 얻어야 할까.

문민기 _고려대학교 한국사학과 박사수료

과거의 '성적 일탈자'들은 어떻게 살았을까

김대현

배정자, 종로3가 게이 바의 터줏대감

일제강점기의 대표적인 친일파로 배정자라는 여성이 있었다. 일제의 밀정으로 대한민국 임시정부에 의해 암살 대상 명단에 올랐고, 일제 말기 근로정신대 동원에 앞장선 전력이 있으며, 신여성으로서 많은 남성과 염문을 뿌린 사람이었다.

한편 그 시절 이래로 이름을 떨친 종로3가 일대의 요정들에서 군사정부의 막후 정치가 행해지던 1970년대, 한 게이 남성이 이 지역에 게이 바를 하나둘 열기 시작한다. 그곳에서 성업하던 요정의 여성 접대부들과 마찬가지로, 자신의 실명을 드러내기 어려웠을 당대의 많은 남성 동성애자들이 가명으로 활동했는데, 그 게이 남성이 사용한 예명이 다름 아닌 저 유명한 친일파 여성 배정자였다. 그는 이후 해당 지역의 다른 게이 업소 사장들로부터 그릇이 크고 인심이 좋은 사람으로 한동안 이름을 떨쳤다. '나라 팔아먹을 남사스러운 여성성 수행의 당사자'들이 모인 곳, 게이 게토와 성매매 집결지가 공존하는 종로3가는 그렇게 탄생했다.

거리 성매매 여성을 뜻하는 '길녀', 성매매 여성을 비하하는 용어인 '갈보'를 비튼 '보갈', 게이 업소에 앉아 게이들끼리 '오늘은 좀 팔리고 싶다.'고 말하는 어투 등, 지금도 여전히 사용되는 그 모든 게이 커뮤니티 내 '끼'의 문화들에는 스스로를 성매매 여성에 빗대는 유비와 상징을 쉽게 찾아볼 수 있다. 그런 전승들은 과거부터 지금까지 그들이 모여 있던 장소의 맥락과 무관하지 않다. 흑인들이 스스로를 '니거(nigger)'라 일컫듯이 자신을 가리키는 재현이 천박하면 천박할수록 되레 환영받는 그들의 문화는, 이성애 부부관계에 의거한 '정상가족'을 꾸리는 일이 불가능했을 존재들이 만들어 낸 자기들 나름의 대항문화로 오랜 기간 대물림되었다.

유흥업소를 둘러싼 게이 게토의 탄생

동성간 성애는 유사 이래로 꾸준히 존재했다. 가령 조선 말기 지역 사회의 남성간 동성애는 생활공간이던 사랑방에서, 서당의 후미진 곳에서 심심찮게 수행되었다. 그러나 동성 간 성행위가 개인의 행위를 넘어 개인이 지닌 성적 정체성의 일환으로 인지되기 시작한 때는 근대 이후의 일이다. 19세기 말~20세기 초 성과학과 프로이트 정신분석학이 출현하면서 이성애를 비롯한 각종 성정체성이 분류되고 체계화되었다. 또한 산업화와 도시화가 진행되면서 지역으로부터 이주한 임금 노동자들이 대도시에 몰려들었고, 그들 사이에는 일정한 수준의 익명성이 보장되었다. 그에 따라 비슷한 성적 실천을 수행하는 사람들의 공동체가 대도시의 그늘 아래 하나둘 만들어지기 시작했다. 그리고 그렇게 모여든 사람들 중 많은 수는 유흥업소와 성매매 집결지에 몰려들었고, 그들 중 일부는 그곳에서 실제로 여성 종업원과 더불어 접대와 성매매를 수행하였다.

물론 이성애와 남녀 이원 젠더 규범에 어긋나는 비규범적 성애·성별 실천 당사자들 모두가 그런 직업에 내몰렸던 것은 아니다. 그중에는 각자의 직업을 토대로 한 경제적 기반 위에 일부일처제와 비슷한 동거 관계를 유지해 나간 사례들도 있었다. 그러나 그런 사람들은 좀처럼 당대의 언론에 제 모습을 드러내지 않았고, 나아가 그들 입장에서는 당대의 이성애 규범적 사회가 아무쪼록 관심을 주지 않는 편이 그들에게 이로웠다. 따라서 1980년대 이전 과거의 기록 속 자신의 존재와 성적 실천을 스스로 흔쾌히 드러낸, 오늘날 커밍아웃에 해당되는 일을 감행한 당사자의 사례는 거의 찾아보기 힘들다.

더불어 언론을 통해 가시화되지 않고 그런 관계를 유지할 수 있는 조건은 모두에게 공평하지 않았다. 생계를 유지할 수 있고 자신의 동성 동거 관계가 문제되지 않을 수 있는 독립적인 전문 직종과, 그를 바탕으로 한 일정한 부의 축적이 있어야 했다. 그런 조건을 갖춘 사람들은 언론과 사회의 눈을 피해 그들만의 로맨스를 구가할 수 있었는데, 혹여 그런 부유층의 동성 커플들이 드물게 기사화되는 날에는 마치 그런 사람을 처음 보기라도 하듯 언론을 통해 대서특필되었다. 왜냐하면 그러한 '성도착'은 주로 교도소 수감자 등 특수한 환경이거나 빈민층 등 특수한 계층에서 주로 빈발하는 성적 실천으로 여겨졌기 때문이다.

나아가 앞서 언급한 조건을 갖추어 비교적 안전한 관계를 유지할 수 있었던 사람들에 비해, 그것이 불가능했던 사람들은 빈곤으로 인해 성매매에 유입되었던 당대의 성매매 여성들처럼, 성매매 집결지와 인접한 게이 게토 속 성애화된 공간과 성애화된 직업군에 자석처럼 이끌렸다. 1950년대 이래 언론에 보도된 여장 남자 중 대부분은 유흥업소 종업원들이었고, 이는 그들이 수행했던 젠더에 입각하여 당대의 빈곤한 여성들이 선택할 수 있었던 직업군의 압도적인 편중과 연결된 결과였다. 또 그런 사람들은 경찰의 단속과 즉결처분에 자연히 높은 빈도로 노출되었고, 적발된 그들은 대체로 자신이 원하지 않은 맥락으로 언론 기사에 노출되었다. 그리고 그 기사에는 아무리 짧은 단신이어도 피의자인 여장 남자를 촬영한 사진이 함께 실렸다.

어떤 의미에서 경찰에 적발되어 신문에 얼굴이 실린 당대의 여장 남자들 대부분은, 오늘날의 기준으로 자신의 의사에 반해 자신의 성적 지향과 성별 정체성이 드러나는 '아우팅'을 당한 것이나 다름없었다. 그리고 그런 그들의 존재는 독자층에게 일종의 이국적인 재밋거리로 유통되었다.

성병, 한센병 환자, 푸른색 항문

1950년대 대중오락잡지인 《야담과 실화》 중 한 지면에는 소위 "사창가"에 "문둥이"가 발견되었다는 기사가 게재되었다. 당대 유사한 성격의 잡지가 그러하였듯이 이 글 또한 활극풍의 '실화'임을 주장하였다. 성매매 집결지에 있는 성매매 여성은 화장이 짙어 한센병 환자라도 환부를 잘 가릴 수 있으며, 성구매자 남성이 어느 성매매 여성의 화장 아래 환부를 우연히 발견하자 입에 담지 못할 욕설을 퍼부으며 그 여성을 무자비하게 폭행하는 내용으로 마무리된다. 외국의 통속 잡지 기사를 번역해 전재하거나 해당 잡지

의 과월호 기사를 그대로 베껴 출간하는 등, 그야말로 독자의 흥미를 위해
생산된 이 잡지에 실린 기사의 내용이 사실이라고 판단하기는 어렵지만, 적
어도 이런 기사를 통해 당대의 성매매 집결지에 어떤 사회적 낙인이 도사리
고 있었는지를 짐작해 볼 수는 있다.

　실제로 성매매 집결지는 성병의 온상으로 취급되었다. 당대의 대중오락
잡지 지면에는 성병 치료를 위한 업체의 광고가 심심찮게 실렸다. 가령 매
독의 경우 페니실린이 발견되기 전에는 마땅한 치료법이 없었고 감염으로
인한 신체적 특성이 1대까지 유전되는 등 무서운 성병이었고, 1950년대에
페니실린이 보급되어 과학적으로 완치 가능한 병이 된 후에도 병에 대한 사
회적 낙인은 좀처럼 사라지지 않았다. 이와 더불어 1950년대부터 1980년대
까지 성매매 여성을 표적으로 한 성병 검사와 혈청 연구가 줄기차게 진행되
었고, 그중 1963년에 발표된 한 연구에서는 실제로 성매매 여성과 한센병
환자를 나란히 대조군으로 놓고 혈청검사를 진행하기도 하였다. 앞서 대중

반남 반녀의 기생, '파랑새의 비운'
〈로-칼뉴스: 반남 반녀의 기생 '파랑새'의 비운〉, 《야담과 실화》 14,
전진사, 1958.3., 242쪽.

오락잡지 기사에 소개된 성매매 여성과 한센병의 열거는 단순한 우연이 아
니었던 셈이다. 이처럼 신체적 접촉, 특히 성접촉으로 전염되는 병의 사회
적 낙인이란 뿌리 깊은 것이었다.

　이러한 낙인은 여장 남자 유흥업소 종업원의 경우도 예외가 아니었다.
《야담과 실화》의 "문둥이 창녀" 기사가 보도된 바로 그 해 동일 잡지에 실린
"반남 반녀"의 여장 남자 관련 기사에는, 성구매자 남성과 항문 성교를 하고
난 다음날은 전날 성접촉의 결과로 당사자의 입에 부스럼이 돋아나며, 이
사람의 항문에는 "홀몬 같은 즙"이 끼어 있을 뿐 아니라 그 빛깔이 보통의
"살빛이 아니고 이상하게 푸르스름"하였다 전하고 있다. 마찬가지로 사실
여부가 매우 의심되는 위 기사의 내용 속 증상의 특징들은 모두 중증 성병
의 그것과 유사한 것임과 동시에, 그 묘사의 수위는 숫제 초현실적이고 신
화화된 형태의, 마치 인간이 아닌 어떤 기이한 존재에 비견될 만큼 여장 남

자에 대해 고양된 낙인을 보여 주고 있다.

시간이 흘러 1985년 후천성면역결핍증(AIDS)이 국내에 유입된 이래, 해당 증후군을 일으키는 바이러스인 HIV 감염의 고위험군에는 남성 동성애자와 성매매 여성이 나란히 지목되어 오늘에 이른다. 세균과 바이러스에 눈이 달려 특정 성적 지향과 인구군을 찾아 옮겨 다녔을 리 없고, 콘돔과 치료제 개발 등으로 HIV 확산을 억제하고 감염인이 천수를 누릴 수 있는 과학적 근거가 마련되었음에도, 이와 별개로 HIV/AIDS에 대한 사회적 낙인은 지난날 매독이 그러하였듯 그 후로 오랜 기간 지속되었다. 더불어 그 낙인은 정상 가족의 범주 속 이성애 부부간 섹스와 인연이 멀어 보일 것 같은 존재들 위에 주로 공전하였다.

윤락, 개인의 자질에서 온 성적 타락

여성단체에 의해 성매매 여성이라는 말이 정착되기 전 그들을 가리키는 용어는 소위 '윤락 여성'이었다. 성매매라는 용어에 여성 빈곤과 젠더 불평등, 성애화된 성별 규범, '성녀·창녀'로 양분된 성 도덕 규범 등 그 행위의 원인에 대한 사회 구조의 지분이 의식되었다면, '윤락'은 타락하여 망한다는 뜻 그대로 성매매의 원인을 성매매 여성 개인의 성적 타락에 귀결시키는 말이었다. 이에 따라 1950년대 이래 '윤락 여성'을 대상으로 시행된 '선도 사업'들은 자연히 성매매 여성 개인의 교정과 개과천선을 목표로 기획되고 진행되었다. 오늘날의 기준으로 보면 성매매 문제의 원인과 해결 방안에 대한 진단이 과녁을 비껴 나간 셈이었고, 자연히 사업의 성과는 지지부진할 수밖에 없었다.

성적으로 타락한 개인으로서 성매매 여성의 자질을 찾아내고 그것을 교정하려는 시도는 1950년대 이래 계속되었다. 가령 1950년대 소년범죄 사례 중 여성 범죄자의 경우는 대부분 성매매와 관련되었는데, 각 성매매 여성들의 '도덕적 둔감'이 초래된 가정환경을 비롯하여, 그들이 어떤 경위로 성적 경험을 시작했고 어떻게 성매매에 유입됐는지가 폭넓게 조사되었고, 이를 통해 그 여성들의 '윤락'됨을 뒷받침할 과학적 근거를 찾아내고자 했다. 즉 소년범죄에 대한 예방과 교정 대책이 고민되는 과정에서, 성매매 여성에게서 어떤 문제적 자질을 품은 심리적, 정신의학적 특징들을 찾으려는 노력이 지속되었다. 나아가 이러한 특징들은 서울시립부녀보호지도소 등의 시설에 성매매 여성을 감금하고 그들을 '선도'하기 위한 근거로 활용되었다. 즉 1960년대 들어 당대의 성매매 여성은 사회로부터 분리되어 시설에 수용되어 마땅한 존재로 만들어지고 있었다.

성적 타락을 불러일으킬 개인적인 특징이 적극적으로 탐구된 대상은 비단 성매매 여성뿐만이 아니었다. 성매매 여성에게서 심리적, 정신의학적 병증의 발견이 유도되었다면, 오늘날의 성소수자에 비견될 과거의 비규범적 성애·성별 실천 당사자들은 당시에 명실상부한 정신질환자로 분류되었다. 미국정신의학회의 DSM 기준으로는 1974년 이전, 세계보건기구의 ICD 기준으로는 1990년 이전까지 동성애는 정신장애 항목으로 분류되었고, 그전까지 정신의학계에 보고된 비규범적 성애·성별 실천 당사자들은 이른바 '증례', 즉 병증의 예시로 취급되어 분석되었다. 당대의 비규범적 성애·성별 실천 당사자들 중 정신의학계에 의뢰된 경우가 많지는 않았지만, 의뢰된 '증례' 가운데 적지 않은 수가 유흥업소에 종사하거나 성매매에 유입된 경우였다. 또한 그들에 대해서도 마찬가지로 '성도착'을 초래한 것으로 여겨진 가정환경을 비롯하여 성별 비순응 실천이나 동성간 성접촉이 처음 있게 된 계기, 그 이후의 성적 실천 등이 상세히 조사되어 학술논문으로 발표되었다.

이처럼 성적 타락으로 이어질 병리적 자질을 지닌 것으로 여겨진 당대의 존재들, 즉 성매매 여성과 비규범적 성애·성별 실천 당사자들은 앞서 보았듯 나란히 놓이는 때가 많았다. 1963년 당시 유명한 정신의학자 중 한 사람은 성매매 여성에 미숙하고 병적인 구석이 있으며, 그들의 성매매 행위는 흡사 동성애나 자위행위, 정신이상자, "성적공상자"의 '미성숙'한 성적 행태와 비슷하다고 언급하고, 그들에 대한 '개선'과 '계몽'을 위해 과학적인 정신건강운동이 필요하다고 역설하였다. 성매매 여성의 성매매 유입 원인을 오늘날 여성 개인의 성적 타락으로 온전히 해석하지 않고, 비규범적 성애·성별 실천 당사자의 성적 실천 또한 오늘날 그 자체로 정신질환으로 취급되지 않음을 생각할 때, 당대의 누군가를 노골적으로 병리화하는 과학의 기준이란 시대에 따라 달라지고, 나아가 그 변하거나 변하지 않는 기준들 속에서 누군가는 결국 집요하게 병리화되고 말았음을 차분히 상기하게 된다.

복지라는 이름의 처벌

미국은 소위 '성적 일탈자'로 취급된 존재들에 대한 법적 제재가 강력했던 편에 속한다. 성기 결합을 제외한 특정 성행위, 대표적으로 남성 간 항문성교를 처벌한 소도미법(Sodomy Law)이나, 인신매매 규제를 명분으로 하여 주경계를 넘나든 성매매 여성과 비규범적 성애·성별 실천 당사자들을 처벌한 맨법(Mann Act) 등이 그것이다. 그에 비해 한국의 경우 이들에 대한 형사적 처벌의 수위는 상대적으로 낮았던 편이다. 군형법을 제외하고는 동성애를 직접적으로 처벌하는 법률의 존재가 없었고, 성매매 여성의 경우 1961년 제정된 윤락행위등방지법이 있었지만 실제로 적용된 사례는 많지 않았고 이 법은 시간이 흘러 차츰 유명무실해졌다.

하지만 형사적 처벌이 약소하거나 드물었을 뿐, 과거 성적 낙인에 얽힌 사회적 소수자에 대해 한국 사회가 관대했던 것 같지는 않다. 가령 여장 남자의 얼굴을 신문지상에 아우팅하고 성병 예방을 목적으로 성매매 여성에게 주기적으로 검진을 강제하며, 그들에 대한 병리적 지식을 생산하고 과학의 이름으로 그것을 유포하는 것 모두, 당사자에게는 사회적 처벌과 다름없는 효과를 가져왔을 것이다. 나아가 그런 종류의 억압은 명목적인 형사법에 의한 것보다 한층 더 인지되고 가시화되기 힘든 채 사회 구성원들에게 내면화되기 쉬웠다.

예를 들어 한국은 성매매를 상위 법령에서는 불법으로 규정하였지만, 하위 법령인 조례·규칙을 통해서는 '위안부'나 '접객부' 등의 용어를 통해 성매매 여성을 명시적인 형태로 관리하였다. 이렇게 상위 법령을 통해 성매매 여성의 존재를 묵인하고, 하위 법령으로 그들을 실질적으로 관리한 결과, 성매매 여성은 검찰의 기소를 거치기보다는 즉결처분에 회부되거나, 경범죄처벌법을 근거로 경찰에 의해 약식 처벌되었고, 대신 성매매집결지를 묵인하는 공권력 아래 그곳의 업주와 포주의 사적 제재에 시달리는 여성들의 비중이 더 커지는 상황을 불러왔다.

또한 이 과정에서 지역의 조직폭력배나 업주와 결탁한 경찰에 대한 상납, 그리고 그들에 의한 사적 폭력이 성매매집결지에 횡행하였다. 이러한 원리를 통해 사회 말단의 폭력이 방조되고 조장되는 특징은, 종로3가 성매매집결지에 인접한 과거의 게이업소와 그곳의 비규범적 성애·성별 실천 당사자들도 부분적으로 경험한 사회적 조건이었다. 1980년대 게이업소들은 경범죄처벌법에 근거한 '복장도착' 등을 근거로 경찰의 간헐적인 단속에 내몰렸고, 아우팅을 두려워한 당사자들은 대체로 경찰의 사적인 폭력에 무방비로 노출되었다.

나아가 직업 알선 등 복지를 명분으로 건립된 서울시립부녀보호지도소 외에, 성매매 여성 직업보도를 명분으로 내건 사설 복지시설은 관립 시설에 비해 그 수가 압도적으로 많았다. 1950년대 이래 사회적 소수자에 대한 '복지'의 역할을 광범위하게 민간에 맡기고, 이들 시설에 대해 정부는 최소한의 형식적인 관리 감독을 맡는 한국의 관행은 1980년대까지 근본적으로 개선되지 못했다. 이러한 기관들을 통해 이들에게 가해진 처우는 형사적인 처벌의 강도를 가히 능가하는 것이었다. 나아가 이러한 형태의 억압은 종교계 복지 시설에서 청소년 성소수자에 대해 폭력을 동반한 '전환치료'가 실시되는 등, 최근에도 간혹 그 사례가 보고되고 있다. 정부의 입김이 좀처럼 드러나지 않는 곳에서, 복지를 명목으로 한 실질적인 처벌이 사회적 소수자에게 가해지는 과정은 곧 이러하였다.

과거 성매매 여성이나 성소수자들처럼 그 시대의 성적 낙인을 경험했던 이들은, 과거의 자료 속에 좀처럼 그 모습이 드러나지 않거나, 그들이 겪었던 억압 또한 뚜렷이 부각되기 어려운 때가 많다. 하지만 그럴수록 과거의 당사자들이 단순히 '수치'에 의해 스스로 고개를 들고 다니지 못했다고 설명하는 것 이상의 역사적 설명이 필요하다. 당사자에 대한 그런 식의 '심리적·정신의학적' 설명이야말로, 과거 그들을 둘러싼 성 관련 지식·제도가 그들에게 즐겨 강제했던 사회적 처벌의 일부로 기능했기 때문이다. 나아가 당대 '성적 일탈자'의 '수치'를 둘러싼 개개인의 역량과 사회 구조의 힘은 시대의 흐름에 따라 반드시 변화한다. 성매매가 어느 때부터 더는 '윤락'으로 불리지 않게 되었고, 동성애가 어느 순간부터 더 이상 정신질환으로 분류되지 않게 되었듯이.

김대현 _연세대학교 사학과 박사과정 수료

서양인이 본 한국과 한국인

손철배

자존심과 열등감 사이

우리나라 사람처럼 자존심이 강한 민족도 드물다. 어려서부터 우리는 세계 최초로 금속활자를 만들었으며, 세계에서 가장 과학적인 문자인 한글을 쓰고 있는 우수한 민족이라는 말을 귀에 못이 박히도록 들어 왔고 또한 그것을 뿌듯하게 여겨 왔다. 1997∼1998년의 금융위기 때는 박찬호, 박세리 등 외국에 나가서 능력을 떨치고 있는 우리 아들딸들의 모습을 텔레비전을 통해 밤을 새워 지켜보며 그것이 흡사 자신의 일인 양 기뻐하였다. '아시아의 네 마리 용' 중의 하나로 각광받으며 눈부신 성장을 이룩한 한국 경제가 하루아침에 국가부도의 위기에 몰린 상황에서, 국제 무대에서 활약하는 한국인들은 우리의 자존심을 지켜 주는 희망의 빛이었던 것이다. 최근 코로나19의 확산에는 검사 장비를 대량으로 확보하여 신속한 대규모의 검사로 확진자를 분리하고, IT 강국의 디지털 기술을 동원하여 감염경로를 상세히 파악하여 방역함으로써, 그 무서운 확산세를 세계 최단 시일 내 꺾어 버린 이른바 'K 방역'은 선진국을 포함한 세계인들의 찬사와 우리들 자부심의 또 하나의 원천이 되고 있다.

그러나 자존심도 너무 강하면 무언가 자연스럽지가 않다. 사람은 어디에선가 상처를 받으면 정반대되는 편향을 통해서 그것을 이겨 내려는 보상 심리를 갖는다. 지나치게 강렬한 자존심을 보이는 것은 뒤집어 말하면 그만큼 열등감을 갖고 있다는 뜻이다.

돌이켜 보면 고난에 찬 지난 100여 년의 역사가 열등감이라는 깊은 정신적 상처를 우리에게 남겨 주었다. 한때는 식민지 백성이라는 열등감을 가질 수밖에 없었고, 그 뒤에는 전쟁의 폐허 속에 내던져진 후진국 백성이라는 열등감에 시달릴 수밖에 없었다. 그리고 이러한 열등감이 우리로 하여금 그토록 민족적 자존심에 집착하게 한 것이다.

고난에 찼던 20세기도 지나고 이제 우리의 살림살이도 과거에 비해 현격히 나아졌으며 삶의 모습도 몰라보게 달라졌다. 따라서 이제는 강렬한 자존심과 심각한 열등감이라는 이분법적 사고방식을 넘어서 보다 온전한 자기정체성을 가져야 할 때이다. 이를 위한 방법 중의 하나는 타자의 눈에 비친 우리의 모습을 추적하여 대상화해 보는 것이 아닐까 한다.

특히 그간 우리에게 경원 또는 동경의 대상이 되었던 서양인의 눈에 비친 우리의 모습이 어떻게 변해 왔는가를 살펴보는 것도 유용할 것이다.

은자의 나라, 문을 열다

'은자의 나라'란 말이 있다. 이것은 19세기 서양인들이 우리나라에 붙인 이름이다. 물론 한국인들은 동아시아 문화와 정세로부터 고립되어 살아오지는 않았다. 그럼에도 제한적으로나마 서양과의 교역을 허용하였던 중국과 일본에 비해 조선의 쇄국정책이 더욱 철저하였기에 그렇게 부른 것이었다. 어쨌든 통상과 외교를 위해 한국에 찾아왔던 서양의 여러 나라들은 조선 정부의 거절로 말미암아 별 성과 없이 돌아갈 수밖에 없었다. 이 과정에서 서양인들은 한국인들이 자신들을 불신하고 배척한다는 생각을 갖게 되었다.

나라의 문호가 열리고 서구 열강들과 통상조약이 체결된 1880년대 중반

미지의 한국인
19세기 초 서양인이 최초로 그린 한국인 상상도. 조선의 풍물에 대해 전해 듣고 그린 것으로 갓을 묘사한 듯한 남자의 모자와 인삼으로 보이는 여자 손의 약초가 인상적이다. 한국과 직접 접촉하기 전부터 서양인들은 한국에 대한 관심을 보이고 있었다.(백성현·이한우,《파란 눈에 비친 하얀 조선》, 새날, 2006. 8. 17.)

이후 선교사, 외교관, 정부 고문 그리고 사업가 등의 서양인들이 한국에 찾아오기 시작하였다. 그러나 이들이 받은 한국과 한국인에 대한 인상은 전반적으로 매우 부정적인 것이었다. 무능하고 부패한 왕실과 정부 관리 그리고 백성을 착취하여 그들의 생산 의욕을 박탈하는 양반계층 등 주로 지배계층에 대한 비판이 그들 체험담의 주류를 이루었다.

당시 한국인의 국가 운영 능력에 대한 국제 사회의 회의적인 여론에 대하여 한국인의 오랜 자치정부 경험을 들어 반론을 제기한 외국인들도 없지는 않았다. 그러나 이들로는 서양 문명을 대변한 일본의 지도에 의해서만 한국인의 계몽과 한국의 근대화가

가능하다는 당시 국제 여론을 변화시키기에 역부족이었다.

　이러한 가운데 일각에서는 일본인들이 한국인들을 억압, 차별, 착취한다는 비판이 일찍부터 제기되었다. 멸망이 임박한 시기에 한국을 방문했던 서양인들 가운데 헐버트(Homer B. Hulbert)와 같이 한국인의 오랜 자치 정부 운영 경험과 근대적 개혁 노력을 긍정적으로 평가하거나, 영국 신문 《데일리 메일(Daily Mail)》의 기자 맥켄지(Frederick A. McKenzie)처럼 의병의 반일 투쟁을 정당한 애국 운동으로 이해하는 인사도 있었다.

　그러나 한국인의 근대사회 적응 능력에 대한 불신은 보편적인 것이어서 《강철군화(The Iron Heel)》의 저자로 잘 알려진 진보적 지식인 잭 런던도 그의 러일전쟁 종군 기록에서 우리를 "지구상의 그 어떤 민족 중에서도 의지와 진취성이 절대적으로 부족한 가장 비능률적인 민족이다."라고 단정하였다. 그는 우리에게는 근대적 변화에 대한 적응 능력이 결여되었는데 이것은 지배 계층의 오랜 부패와 착취에 시달린 나머지 형성된 무기력한 민족성에 기인한다고 보았다.

　이렇게 개항 이후 서양인이 본 조선인에 대한 인상은 대체적으로 부정적인 것이었다. 그것은 무기력과 나태, 정치 능력 부족으로 요약할 수 있다. 이러한 인식은 우리 문화에 대한 깊이 있는 이해에 기초한 것이 아니며 그들의 잣대, 즉 서구 시민사회의 가치 기준에 따른 것이었다.

일본의 식민지 지배, 혜택인가 비극인가

1910년 한일합병으로 한국의 주권 문제는 더 이상 서양인의 관심을 끌지 못하였다. 각각 자신의 식민지를 갖고 있던 서양인의 처지에서 한국의 문제에 대해 지나치게 나서는 것은 일본에게 내정간섭으로 비쳐질 우려가 있었기 때문이다. 따라서 우리나라에 대한 인식은 일본의 식민지 지배에 대한 인식으로 축소될 수밖에 없었다. 그리고 그것도 기본적으로 비판적인 것이 될 수는 없었다.

그러나 일본의 식민지 지배에 대한 인식이 마냥 우호적인 것만은 아니었다. 일본의 식민지 지배방식이 그들의 잣대, 즉 서양의 기준에 맞지 않을 때는 비판의 대상이 되었다. 3·1

한국인과 일본인
한일합방 전후 영국의 신문에 실린 삽화 중 일부이다. 거드름을 피우는 일본인과 그의 짐을 메고 가는 조선인의 모습이 당시 식민지화된 조선의 사정을 상징하고 있다. (《THE GRAPHIC》, 1910년 1월 29일자 삽화, 명지대 LG 연암문고 제공.)

운동 당시 미국인 선교사들이 제암리 학살 사건, 고문, 태형제도 같은 일본의 잔학 행위를 폭로한 것이 대표적인 예이다. 따라서 서구의 열강들은 일본의 식민정책이 한국인의 복지에 기여한다는 그간의 주장과는 달리 최소한 도덕적인 측면에서는 실패한 것으로 보았다.

그러나 서양인이 가진 일본 식민지 지배에 대한 인식을 바꿔 놓는 데 결정적인 영향을 미친 것은 국제관계의 변화였다. 1930년대 중반부터 일본이 전쟁을 통한 팽창의 길로 들어서자 영국, 미국과의 관계는 적대적인 것으로 변하였다. 그에 따라 영미인들은 일본제국 전쟁 수행의 희생물이 되어 민족 정체성을 말살당하고 강제 동원되는 한국인들에게 식민통치는 혜택이 아니라 비극이 되었다고 단정하였다.

식민지 시기 후반부에 이르면 일본의 식민통치는 일본군부의 이민족 지배 욕망에 비롯된 것으로 한국인에게 말할 수 없는 고통을 안겨 준 비극이라는 인식이 영미인들에게 보편화되었다. 그리하여 결국 1943년 연합국 수뇌들의 카이로선언에 나타나 있듯이 한국인은 '노예 상태(enslavement)'에 처해 있음이 국제적인 공인을 얻게 되었다.

잊혀진 전쟁

1945년 해방 이후 한국에 대한 미국의 관심은 부쩍 늘어났다. 그러나 이러한 관심은 한국 자체에 대한 것이라기보다는 전후 미국의 위상 변화와 그에 따른 미국 대외정책의 변화에서 비롯된 것이었다. 제2차 세계대전 이후 미국은 세계 최강대국으로 확고하게 자리잡았으며 그들의 군사전략이나 외교정책 가운데 한국의 비중이 크게 자리잡기 시작한 것이다.

더욱이 전후 냉전체제가 수립되자 한국의 비중은 무엇보다 높아졌다. 1949년 중국의 공산혁명이 성공하자 미국의 도미노 이론에 따라 아시아 지역이 공산화되는 것을 우려하였다. 아시아에 냉전시대가 도래한 것이었다. 미국의 입장에서 중국은 어쩔 수 없다 하더라도 한반도에까지 공산주의의가 팽창되는 것을 용납할 수는 없었다. 이제 한반도는 미국의 안보를 위한 세계 전략 입안에 중요한 고려 대상이 된 것이다.

그러나 이때만 하여도 미국인 가운데 한국을 직접 접해 본 사람은 외교관, 선교사, 기업가, 학자 및 극동정책 입안자 등 소수에 지나지 않았다. 미국인들이 대중적인 차원에서 한국과 접촉하고 한국에 대한 일정한 이미지를 갖게 된 중요한 계기는 한국전쟁이다. 한국전쟁으로 인해 수많은 미국인들이 전투 병력 혹은 민간 기술자로서 한국을 직접 경험할 기회를 갖게 되었기 때문이다. 미군 병사들은 포화 속에 파괴된 도시, 초토화된 산하, 그리고 전쟁이 가져다준 공포와 궁핍에 시달리는 피난민의 행렬을 직접 볼 수 있었다.

잘 알려진 대로 한국전쟁은 교전국 모두의 극심한 희생 속에서 수행되었다. 지금까지 전쟁에서 패배를 몰랐던 미국인들은 엄청난 희생을 치르고도 해결된 것이라고는 아무것도 없는 한국전쟁을 결코 영광스런 전쟁이라고 생각할 수 없었다. 중국군의 개입으로 인한 퇴각을 맥아더는 '질서 있는 후퇴'라고 했지만 사실상 패주나 다름이 없었다. 휴전회담이 시작된 뒤의 지루한 소모전은 미군 병사들을 지치게 했고 참전에 대한 회의마저 불러일으켰다.

1995년 미국의 수도 워싱턴에 세워진 한국전쟁 기념조각물은 비에 젖은

초콜릿을 꺼내는 아이
미군들이 보호하고 있던 한 고아가 레이션박스에서 허쉬 초콜릿을 꺼내고 있다. 미국인들이 한국에 대해 부정적인 인식을 갖게 된 중요한 계기는 한국전쟁이었다. 전쟁 고아나 한국인들의 비참한 생활상은 한국에 대해 깊이 이해하려는 시도를 아예 막아 버렸다.

판초를 뒤집어쓰고 퇴각하는 병사들의 고달픈 모습을 보여 주고 있어 그들의 참담했던 심정을 읽을 수 있다.

게다가 본국으로 돌아간 참전 병사들은 자국민들의 무관심까지 감수해야만 했다. 따라서 그들은 이제 별 의미가 없어진 전쟁과 그 전쟁의 참화로 얼룩진 한국이란 나라의 기억을 송두리째 잊고 싶었다. 결국 한국전쟁은 미국인들에게 '잊혀진 전쟁(Forgotten War)'이 되어 버렸다.

〈매쉬〉, 부정적 인식의 냉동고

이렇게 잊혀진 전쟁, 잊어버리고 싶은 전쟁의 경험을 통하여 얻은 한국에 대한 부정적 이미지는 이후 오랫동안 미국인들의 의식 속에 냉동고의 얼음처럼 차갑게 고정되어 있었다.

한국전쟁 당시 미국 당국은 한국인에 대한 이해를 돕고 불필요한 문화적 충돌을 피하기 위하여 상당수의 정훈 책자들을 제작, 보급하였다. 이러한 정훈 책자들에 한국인들은 가난하고 초라해 보이지만 문화와 전통에 대해 높은 자부심과 강한 애국심을 품고 있다고 하였다. 그러나 한국전쟁 참전 병사 또는 주둔 병사들은 이러한 한국 소개 매뉴얼들의 내용을 수긍하지 못하였다.

우선 겉으로 드러난 한국인들의 비참한 생활상은 한국을 보다 깊이 이해하려는 생각을 아예 꺾어 버렸다. 당시 제2차 세계대전의 전승국으로서 경제적 풍요의 절정에 달하였던 미국과 폐허가 된 한국은 그야말로 하늘과 땅의 차이였으므로 한국에 대한 부정적 인식은 더욱 심화될 수밖에 없었다.

한국인들은 자부심이 강하고 점잖다는 설명에 미군 병사들은 "우리가 지금까지 본 한국인들은 모두 추한 꼴의 거지이거나 짐승들도 살기 어려운 움막에 살고 있는 농민들뿐이다. 그들은 자부심과 예절은 고사하고 문명화되지도 못한 미개인에 불과하다." 하고 반박하기 일쑤였다. 실제로 미군들만 보면 "헤이 싸전(sergeant), 기브 미 초콜릿, 기브 미 캔디." 하면서 달려드는 고아 같은 어린이들과 틈만 나면 뭔가를 훔쳐 가는 한국인들을 많이 보아 좋은 인상을 가질 수 없었을 것이다.

특히 한국인들의 좀도둑질은 미국인들의 첫째가는 조롱거리였다. 당시의 유명한 코미디언 밥 호프는 한국 아이가 비행기의 랜딩 기어를 훔쳐 갔기 때문에 위문 공연에 늦었다고 '조크'하여 청중들이 폭소를 자아내기도 했다. 어느 미국인은 파카 만년필을 일부러 드러내 놓고 돌아다니자 하루 동안 네 번이나 소매치기 당할 뻔했다고 주장하였다.

한국전쟁 중 미군 PX로 이용된 지금의 신세계 백화점 본점
한국전쟁 중에 지금의 신세계백화점은 미군의 PX로 이용되고 있었다. 가운데의 PX라고 씌어진 간판이 유난히 선명하게 보인다. (명지전문대 백성현 교수 소장)

이 시기 참담했던 우리 삶의 모습은 〈아름다운 시절〉이라는 다소 역설적인 제목으로 개봉된 이광모 감독의 영화에서도 잘 그려져 있다. 전쟁이라는 것은 언제 어디서나 그렇게 비참한 것이지만 이제 막 식민지 지배를 끝낸 우리 민족에게는 더욱 비참하기 그지없는 것이었다. 그리고 그것이 동족상잔의 전쟁이었기 때문에 치욕스럽기 짝이 없었다.

지난 100년의 역사 가운데 식민지 시기 못지않게 수치스러운 시절이 아니었나 싶다. 한국과 한국인에 대한 서양인의 대중적인 첫인상이 이러한 시절에 형성되었다는 사실은 우리 입장에서 보면 매우 안타까운 일이었다.

전쟁 기간 중 형성된 한국에 대한 부정적 이미지는 미국인의 머릿속에 생각보다 오랫동안 남아 있었다. 여기에는 하나의 텔레비전 프로그램에 불과한 〈매쉬(MASH. Mobile Army Surgical Hospital. 야전이동외과병원)〉가 지대한 영향을 미쳤다. 〈매쉬〉는 원래 1968년 반전 작가 리처드 후커의 소설을 영화화한 것이다. 이 영화는 그 후 한국전 당시 한 야전병원에서 벌어지는 각종 에피소드를 261개의 시트콤 형식으로 각색하여 텔레비전을 통해 1972년부터 83년까지 장기간 방영되었다.

배경은 한국전쟁 후반기의 어수선한 야전이동병원과 낙후한 한국의 농촌이다. 방영 기간 동안 한국은 경공업단계를 넘어 중화학공업 중심의 경제발전을 이루고 있었는데 미국의 안방에는 빛바랜 한국의 모습만이 전달되고 있었던 것이다. 더구나 〈매쉬〉는 전쟁으로 왜곡된 인간 군상들의 모순된 행동을 부상자의 냉소적인 눈을 통해 바라보기 때문에 여기에 등장하는 한국인들은 대개 어리석고 우스꽝스러운 행동을 하거나 필요하다면 무슨 일이라도 할 수 있는 무모한 인물들로 묘사되어 있다.

〈매쉬〉는 원래 베트남전에 대한 미국인들의 냉소적인 분위기를 배경으로 제작된 것이었다. 그런데 엉뚱하게도 여기에 한국과 한국인이 걸려들어 이로 말미암아 전쟁기의 부정적인 한국 인상이 매우 오래도록 미국 대중의 인식을 지배하였다.

위험한 나라에서 매력 있는 나라로

휴전 후 한반도에는 이른바 '저강도의 위기(Low-intensity crisis)'가 상존하였다. 물론 이러한 위기는 그 근원을 따지자면 미국 스스로 조성한 측면이 강하지만 그동안 한반도에 제한전의 위험이 있었던 것은 사실이다. 실제로 1968년 프에블로호 사건과 1976년의 판문점 충돌사건 당시에는 주한 미군이 전투태세에 돌입하였으며 1990년대 중반 북한 핵시설에 대한 미국의 '예방폭격(surgical strike)'계획에서 보여 주듯이 남북한과 미국이 제한전을 계획하였거나 준비한 예는 여러 번 있었다.

그럴 때마다 한반도의 위기 상황은 미국 텔레비전 국제뉴스의 헤드라인으로 등장하여 한반도에서의 전쟁 가능성을 미국인들에게 상기시켰다. 어느덧 미국 대중들은 한국이 매우 위험한 나라라고 인식하게 되었다. 주한 미군들에게 가족 동반이 허용되지 않는 것도 한국을 위험한 나라로 보는 한 예이다.

한국은 미국인에게 언제나 위험한 지역으로 인식되었으며 특히 북한은 무모하고 예측하기 힘들며 따라서 협상보다는 무력으로 대응해야 할 대상으로 간주되었다. 미국은 아직도 북한을 테러지원국가로 분류하고 있다. 이에 따라 북미 간 모든 교역과 인적 교류를 금지하고 있다.

그런데 북한은 무모하고 공격적인 나라로 보는 미국인들의 인식은 단지 여기에만 그치지 않는다. 한국인은 모두 외양이 동일하므로 어느 한 집단의 한국인을 공격적이라고 여기게 되면 그것은 전체 한국인에게 그러한 속성이 잠재하고 있다는 생각으로 이어진다.

더욱이 그간 각종 영상매체를 통해 전달되었던 남한 군부 강경파의 일전

불사 태도, 과격한 시위와 진압, 인권탄압, 광주 학살 등의 장면은 한국인 전체가 과격하다는 인상을 심어 주었다.

1992년 LA 폭동 때 대부분의 미국인들은 가게를 지키기 위해 총을 들고 나서는 한국인들의 행동을 보고 무모하고 과격하다고 생각하였다. 물론 이것은 교포들에게 생활터전으로서의 가게가 어떤 의미를 갖는지 미국인들이 잘 이해하지 못하고 있으며 한흑 갈등을 부각시키려는 미국 언론에 의해 유도된 측면도 있다. 하지만 이 사건은 공격적이라는 단순 정형화된 한국인의 이미지를 미국인에게 다시 한 번 각인시키는 계기였다.

지금까지 미국의 일반 대중들에게 한국과 한국인에 대한 정보와 지식을 제공하는 역할은 누구보다도 뉴스 미디어가 담당하였다. 미국의 시청자들은 전국 네트워크를 가진 ABC, NBC, CBS 등 대형 언론사의 저녁 뉴스 시간에 주로 한국에 대한 소식을 듣는다. 그런데 미국의 뉴스 보도는 대개 학생·노동자의 시위, 정치권과 기업 간의 스캔들, 비무장지대(DMZ)에서의 긴장 등 주로 센세이셔널한 위기나 혼란에 편중되어 있었다. 뉴스 보도의 한계상 배경 설명이나 원인 규명에는 소홀할 수밖에 없어 대개는 자극적인 텔레비전 영상의 전달에 그칠 뿐이고 한국 전문가와 인터뷰를 통하여 심층분석을 시도하는 경우는 매우 드물었다.

이러한 위기 중심의 텔레비전 뉴스 보도는 대부분의 미국인들에게 한국이 정치적으로 불안하고 따라서 미숙하여 위험한 나라라는 인식을 갖게 하였다. 그간 한국의 정치 상황이 불안하였고 냉전의 긴장감이 감돌고 있었던 것 또한 객관적 사실이다. 하지만 그들의 한국에 대한 이해가 지나치게 정치·군사 분야의 현상적 사실에 편중되었다는 점은 문제였다. 더구나 냉전의 서슬을 우리에게 드리운 것이 그들인데 도리어 그들이 우리에게서 냉전의 험상궂은 얼굴을 발견하고 놀라는 것은 사뭇 아이러니컬한 일이라 아니할 수 없었다.

1980년대 후반부터 한국(남한)에 대한 이미지는 북한의 그것과 확연하게 달라진다. 우선 그전 두 차례의 반조각의 올림픽(1980년 모스크바, 1984년 로스앤젤레스)에서 남한과 미수교 사회주의 국가들까지 대거 참가한 역대 최대 규모의 1988년 서울올림픽 대회는 동서의 이념분쟁 및 인종차별로 인한 갈등과 불화를 해소시키면서 세계평화의 새로운 계기를 마련했다는 평가를 받으며, 한국의 국제적 지위를 크게 격상시켰다. 완벽한 경기장 시설과 빈틈없는 경기 진행은 참가자들의 찬사를 받았으며, 동시에 한국의 역동적인 산업화 현장이 세계 주요 방송사들의 영상매체를 통하여 세계인의 안방에까지 전달되었다.

1987년의 민주화 운동과 이어 직선제 개헌은 그간 한국인들이 스스로의 힘으로 민주주의를 쟁취할 수 있을지 회의하던 서구의 많은 민주인사들의 우려를 불식시켰다. 1990년대 초 김영삼정부의 세계화 선언에 따라 외국과의 인적교류가 활발해져 많은 외국인 대중들이 한국을 찾기 시작하였다. 현재 외국인 방문객의 수는 연간 1,100만에 달한다고 한다. 한국을 찾는 외국인들은 깨끗하고 안전한 거리, 세계 최고의 교통·통신 인프라, 그리고 한국인들의 신속한 ('빨리빨리') 서비스 문화에 감동한다. 2000년대 '한류'의 열풍으로 한국의 대중문화(팝 뮤직, TV 드라마, 영화 등)가 저 멀리 서유럽까지 진출하고 있는데, 최근 국내 대학의 외국인 유학생 증가는 이러한 '한류'의 확산과 관계가 있다. 서구의 지도자들은 한국형 경제발전 모델에 그다지 큰 관심을 보이고 있지는 않지만, 오바마 전 대통령처럼 한국의 교육 실적(고등교육 이수율, 학력수준 등)을 높이 평가하거나, 한국의 보편적 의료보장 체제, IT 인프라 등 한국이 세계 최고의 수준에 이른 분야에 관심을 갖고 있는 서구의 지도자들은 적지 않다. 한국(남한)은 과거에 가난하고 위험해서 별로 찾고 싶지 않은 나라에서 관심을 갖게 하는 매력 있는 나라가 된 것이다.

부지런한 한국인

1970년대 미국의 시사주간지 《뉴스위크》는 '한국인들이 몰려오고 있다'란 제목으로 한국의 경제성장을 표지 기사로 다룬 바 있다. 이후 한국의 경제발전은 미국인들에게 주요 관심사였다. 그리고 이를 통해 한국에 대한 기존의 이미지가 상당히 바뀌게 되었다.

한국 경제발전의 원인에 대해서는 서구에서도 많은 연구가 축적되었다. 한두 가지의 비결을 지적하는 대신 많은 요인들이 복합적으로 작용한 결과로 보려고 한다. 우선 일제강점기 철도·도로·항만·통신 시설 등 사회간접자본의 건설, 그리고 근대적 자본가와 공장 노동자의 출현을 들어 한국의 근대화는 일제강점기에 이미 시작되었다고 보기도 한다.

또한 한국의 경제발전에 미국의 기여가 매우 컸음을 지적하기도 한다. 즉 미국이 한국전쟁에 개입하여 위기에 처한 자본주의 체제와 자본가들을 보호하였고 게다가 막대한 자금(1945년부터 1965년까지 120억 달러)을 지원하여 전후복구가 가능하였다는 것이다.

그렇다고 내부적 요인을 전혀 배제하는 것은 아니다. 내부 요인으로는 국가 주도에 의한 계획경제, 높은 교육수준, 잘 훈련된 근로자집단, 노동운동 통제로 인한 저임금 유지, 대통령의 리더십 등을 들고 있다.

또한 한국경제의 가장 큰 특징을 국가 주도에 의한 계획경제로 보는 데 합의하고 있다. 그것은 서구의 자본가, 기업가 주도의 시장경제와 대비되는 개념으로서 이제 하나의 경제발전 모델로 정착되었다. 그러나 이러한 국가 계획, 통제경제는 일본의 경제발전 경험을 바탕으로 성립된 개념이므로 서구에서는 한국과 일본 경제에 어떤 근본적인 차이를 두지 않으려는 경향이 강하다. 한국은 경제 면에서는 제2의 일본이라는 생각이 지배적이다.

일반 소비자들은 한국 대기업들의 제품과 브랜드, 예를 들면 현대 자동차, 삼성 TV·VCR·전자레인지·스마트폰, LG가전제품 등을 통하여 한국의 경제발전을 피부로 느끼고 있다. 30년 남짓한 기간에 세계 11대 경제대국으로 급성장한 한국의 경제발전 과정을 지켜보면서 외국인들은 한국인이 근면하고 적극적이라는 인식을 갖게 되었다. 그런데 한국인이 부지런하다는 말은 어떻게 받아들여야 할까? 100여 년 전 서양인들의 관찰 기록에서 한국인들이 현재와 같은 경제성장을 이룩하리라는 예견을 찾아보는 일은 무의미하다. 그렇다면 우리나라 사람의 인격이 100여 년 사이에 전면적으로 개조된 것일까? 여기서 1970년대 한국경제를 관찰한 경제학자 구스타프 래니스(Gustav Ranis)의 이야기를 들어 보기로 하자.

트랜지스터 조립공정의 여공들은 동일한 공정에서 일하는 미국 노동자의 10분의 1에 불과한 임금을 받고 있다. 그러나 그 조립 공정은 3교대의 방식으로 6일간 작동되어 미국의 공정보다 생산량이 20퍼센트 높다. 막대한

경제성장의 주역 노동자
한국 노동자들이 세계로 수출할 의류제품을 손질하고 있다. 급속한
경제성장은 외국인들에게 한국인들이 매우 근면하고 적극적이라는
인식을 심어 주었다. 그러나 그 이면에는 저임금과 노동 통제가 있
었다.

노동량의 투입에도 불구하고 1인당 노동생산성은 매우 높은데 이는 신속한 기술 습득 능력과 무엇보다도 노동자들의 규율에 기인하는 것 같다.

지적한 대로 경제성장의 배후에는 저임금과 노동통제가 깔려 있었다. 열악하기 짝이 없는 노동조건에서도 가난을 극복하려고 분투하는 대중들의 활력이 이제는 근면함으로 인식된 것이다.

1997년의 외환위기 때 한국경제에 대한 긍정적 평가는 퇴색하였다. 1970 ~1980년대의 고도 성장기에 쌓인 막대한 외채와 국제 이동 자본의 이탈로 빚어진 국가부도 위기로 말미암아 정부의 특혜로 성장한 재벌체제, 정치권과 기업간의 부패한 거래, 금융통제 등 국가주도형 경제체제에 대한 문제 제기가 집중적으로 이루어졌다. 그리하여 IMF의 주문에 따라 김대중정부는 기업 구조조정이라는 큰 수술을 추진하였는데, 마치 한국이 다시금 문제 국가가 된 느낌마저 들 지경이었다.

당시 서구의 많은 경제학자들은 그간의 고도성장을 주도한 '개발국가' 모델이 국제적 이동자본에 취약함을 드러내어 더이상 유효하지 않다는 진단을 내렸다. 그래도 김대중정부가 노사정위원회의 국가위기 극복을 위한 대타협을 이끌어 내고, 이자율을 낮추어 수출이 회복되어 IMF 빚을 조기에 갚자, 한국 경제에 대한 국가의 역할을 다시 평가해 주었다.

최근에는 '개발국가'의 제도와 관행은 고정적인 것이 아니라 국제적 경제 환경에 따라 변할 수 있으며, 보다 지속적인 요인은 대통령을 포함한 고위 정책결정권자의 개발지향 멘탈리티인데, 한국 정부·재개의 지도자들은 보수, 진보를 넘어 이러한 성향을 지속적으로 보이고 있다고 한다. 그래서 노무현 정부의 IT 산업, 이명박정부의 그린에너지, 박근혜정부의 창조경제, 그리고 문재인정부의 한국판 뉴딜정책은 국가가 적극적인 공공 금융정책을 통하여 지속적인 성장동력을 모색하는 개발지향성의 산물로 보고 있다.

정치적 민주화와 한국인

1980년 주한 미군 사령관 위컴은 "한국인은 들쥐와 같아서 누가 권력을 잡든 그 앞에 줄을 설 것이다."라는 요지의 발언을 하여 문제를 일으킨 바 있다. 이 말은 한국인의 정치 능력에 대한 미국인의 인식이 어떠한가를 잘 보여 주는 말이다. 이러한 생각은 100년 전부터 그러하였고 이 무렵까지도 유지되고 있었다.

그런데 1980년대 후반 민주화운동으로 말미암아 직선제, 노동조합 허가, 양심수 석방, 지자제 도입 등 가시적인 민주화 조치들이 취해지면서 이러한 생각에도 변화가 나타났다. 특히 1987년 민주화운동은 미국 정치가들과 대중들에게 한국의 민주화는 미국의 압력보다 한국인 자신들의 노력에 의해 달성될 수 있음을 알려 준 사건이었다.

미국은 한국의 민주화운동 세력과 권위주의 세력이 충돌하여 야기된 위기 때마다 이른바 반공의 보루라는 명목하에 한반도의 안보를 우선시함으로써 권위주의 체제의 유지를 묵인한 바 있다. 그럼에도 이러한 권위주의적 정치질서가 자신의 대의제 민주주의와 어긋난다는 이유로 한국의 정치후진성을 비판하는 양면적 태도를 취해 온 것 또한 사실이다.

따라서 카터의 인권외교에서 볼 수 있듯이 미국이 한국의 민주화와 인권신장에 어느 정도 관심을 표명하였고 일정하게 영향력을 미친 부분도 없지 않지만 궁극적으로 한국의 민주화는 한국 사람 스스로 달성해야 할 과제였다. 그래야만 미국인들의 한국을 보는 시각도 바뀔 수 있었다.

　1980년대 후반기의 민주화운동을 지켜보면서 미국인들은 그간에 회의적이었던 한국인들의 정치적 개혁 능력에 대한 신뢰감을 갖게 되었다. 한국의 민주주의가 다른 곳이 아닌 한국인의 손안에 있음을 확인한 것이다. 한미관계사를 연구하고 있는 맥도널드(Donald S.Macdonald)는 한국의 정치 발전에 미국의 역할이 미미했음을 《한국의 인권(Human Rights in Korea, 1991)》에서 다음과 같이 자인하고 있다.

　　한국의 인권 유린에 대한 그간 보고서들의 가치를 인정하며 또한 한국의 인권상황이 미국의 기준에 훨씬 미치지 못하는 것도 동의하지만 한국의 문화와 역사를 고려하지 않거나 개선에 대한 미국의 능력을 과대 평가함은 비현실적이라 생각한다. 그리고 한국인들은 그들의 지도자들이 인식했던 것 이상으로 정치적 발전을 실현시킬 능력을 가지고 있다고 믿는다. 한국인들 스스로 그들이 해야 될 일의 우선순위를 다시 조정한다면 평화적 절차 혹은 격동에 의해서 변화는 오게 마련이다.

　그런데 미국이 한국의 민주화를 반기는 데에는 한 가지 전제가 필요했다. 그것은 그들이 한국의 민주화 과정에서 이른바 중산층을 발견한 것이다. 그러므로 미국의 정계와 학계에서는 한국 민주화운동의 성공을 민중의 대두가 아니라 경제발전에 의한 중산층의 성장과 그들의 정치세력화에서 찾고

싫어하는 것이다. 한국인의 정치 참여에 대한 경제협력개발기구(OECD)의 최근 보고에 따르면, 그 하나의 잣대인 유권자 투표율은 최근에 치러진 투표들에서 77퍼센트로 OECD 평균 68퍼센트보다 상당히 높다고 한다. 그래도 우리 사회의 고질병 중의 하나인 사회경제적 계층 간의 차이는 여기서도 여실해서 상위 20퍼센트는 92퍼센트인 반면, 하위 20퍼센트는 겨우 60퍼센트에 그쳤다고 한다. 이는 우리 사회가 사회경제적으로 낮은 계층의 사람들의 정치 참여를 잘 유도하지 못하고 있음을 지적하고 있는 것이다.

그들과 우리

이와 같이 지난 100여 년간 한국과 한국인에 대한 서양인의 평가는 시기에 따라 부정과 긍정의 편차가 매우 심하였다. 게으르고 무기력하기 짝이 없던 백성이 치열한 근로 시간을 자랑하는 노동자로 탈바꿈하였으며 부정부패와 전제정치에 순응하던 백성이 자신의 권리를 스스로 쟁취하는 시민으로 변신하였다. 솔직히 말하자면 우리의 지난 100여 년은 그들을 따라가기 위해 허겁지겁 달려온 100여 년이 아니었는가? 그들에게서 인정을 받으면 자부심을 갖게 되고, 비난을 받으면 실망하고 화를 내게 되었다.

우리 한국인들은 지난 100여 년 동안 은연중에 서구인이 한국인을 보는 시각에 따라 자부심과 열등감을 느끼게 되는 이분법적 의식구조를 만든 것은 아닌지 돌아볼 때가 된 것 같다. 한국과 한국인에 대한 긍정적인 시각에 기뻐하고 비판적 시각에 실망하는 태도를 지양하고, 우리 미래의 정체성과 이상을 향해 나아가는 과정에서 적응해야 할 대상으로 보는 편이 더 현명하

6·29선언에 기뻐하는 시민들
서양인들은 1980년대 후반의 민주화운동을 지켜보면서 그간 회의하
였던 한국인들의 정치적 개혁 능력에 대해 찬사를 보냈다.

지 않을까 한다. 비근한 예를 들면서 이 글을 마치고자 한다.

　최근에 빌 게이츠 재단의 회장은 문재인 대통령에게 서한을 보내 한국의
코로나 19 대응에 감명을 받았고 한국이 민간 분야 백신 개발 등에 있어서
선두에 있다고 하였다. 최첨단 글로벌 기업 마이크로소프트사의 창업자이
자 미국의 진보적 지식인을 대표하는 한 사람인 빌 게이츠로부터 이런 찬사
를 듣게 된다는 것은 매우 자랑스런 일이 아닐 수 없다. 그런데 그가 한국
정부에 보내는 진정한 메시지는 그의 재단 설립 목적인 세계 공중보건 확

대, 빈곤 퇴치, 교육 기회 증진 등임을 보면 자명해진다. 실제로 그는 그 재단의 (코로나) 백신 개발과 보급에 한국 정부가 더욱 적극적으로 동참해 줄 것을 피력하였다. 이제 서구 선진국의 지도자들도 한국이 국제사회에서 더 많은 역할을 해 주기를 바라고 있는 것이다. 우리 미래의 정체성과 이상을 위해 이러한 부름에 어떻게 대답하는가는 우리의 과제가 아닐 수 없다.

손철배 _연세대 강사

서울 사람의 출현 그리고 그들의 자의식

정숭교

'서울에 사는 사람'은 있어도 '서울 사람'은 없다

지난 20세기 동안 서울은 엄청난 변화를 겪어야 하였다. 이른바 근대화라고 하는 역사의 격랑은 서울의 모습을 과거와 전혀 딴판으로 만들어 버렸다. 이러한 변화는 서울에 사는 사람의 경우에도 마찬가지였다. 지금 서울에 거주하고 있는 1,000만 명 가까이 되는 사람은 과연 100여 년 전 '한양 사람'들과 어떠한 관계일까?

20세기가 시작될 무렵 서울 인구가 약 20만 명 정도였으니까 지난 100여 년간 대략 50배 늘어난 셈이다. 이렇게 서울 인구가 급격하게 늘어난 것은 자연증가의 결과가 아니라 지방으로부터 모여든 사람들 때문이었다. 따라서 오늘날 서울에 살고 있는 주민 대부분은 100여 년 전 '한양'에 살고 있던 사람들과는 별로 상관이 없는 사람이다.

이러한 급격한 인구 이동은 서울 주민의 정체성과 자의식이라는 측면에도 상당한 영향을 미쳤을 가능성이 크다. 파리와 뉴욕의 경우 그곳 주민들은 '파리지앵'과 '뉴요커'라는 고유명사를 통하여 그들만의 독특한 이미지와 정체성을 드러내고 있다. 이러한 점은 과거 '한양 사람'들도 마찬가지였다. '서울내기'나 '서울깍쟁이'란 말에서 볼 수 있듯이 전통적인 서울 토박이, 즉 과거 '한양 사람'들은 그들만의 독특한 이미지와 정체성을 갖고 있었다.

표준국어대사전을 찾아보면 '깍쟁이'에 대해서 '매우 인색한 사람 혹은 약삭빠른 사람'이라고 설명하고 있다. '서울내기'와 대비되는 용어로 '시골뜨기'란 말이 있다. '깍쟁이'나 '서울내기'라는 말을 통해서 과거 '한양 사람'의 이미지를 떠올릴 수 있다. 그런데 오늘날 서울 주민 가운데 스스로를 '서울내기' 혹은 '서울깍쟁이'라고 생각하는 사람은 얼마나 될까? 전체 인구의 절반 이상이 서울과 그 주변에 모여 살고 있는 오늘날 과거 '한양 사람'의 이미지와 정체성이 그대로 이어지고 있는지 의문이다.

또한 현재 서울에 사는 사람들 가운데 상당수는 현재 거주하고 있고 앞으로도 결코 떠날 생각이 없는 서울에 대한 귀속감보다는 오히려 그들이 이미 떠나 왔고 앞으로도 돌아갈 생각이 없는 출신지에 대한 귀속감을 더 강하게 느끼고 있는지도 모른다. 서울에 거주하면서 서울시에 지방세를 납부하고 있는 주민들 가운데에서도 상당수가 아직도 스스로 서울 사람이라는 자의식을 갖고 있지 않은 것이 현실이다.

이렇게 과거 '한양' 사람의 이미지와 정체성이 이어지지 못하고 있는 반면에 새로운 서울 사람의 정체성과 자의식은 아직 제대로 자리 잡지 못하고 있다. 이러한 측면에서 20세기의 서울은 '서울에 사는 사람'은 있어도 '서울 사람'은 없는 도시였다. 그러면 왜 이런 일이 벌어지게 되었는지 20세기에 들어서 시작된 서울과 서울 사람의 변화부터 살펴보도록 하자.

경성, 식민지라는 바다 위의 외로운 섬

1909년 현재 서울의 인구는 23만 명에 불과하였다. 이것은 조선 후기의 인구 규모와 그리 차이 나지 않는다. 1863년 서울 인구 규모가 20만 4,000명이었으니 말이다. 서울의 인구는 1925년까지 완만한 증가세를 보이다가 이후 증가세가 커져서 1935년에는 30만 명 선을 넘어섰다. 일제강점기 인구 증가는 1935년 이후 보다 본격화되었다. 1936년 서울 인구가 67만 명으로 폭증하더니 이후 계속 증가하여 1942년에는 드디어 100만 명 선을 돌파하였다. 따라서 1930년대는 서울이 20세기에 들어서 첫 번째로 맞이한 인구 팽창기라고 할 수 있다. 서울의 인구는 일제강점기, 그 가운데에서도 특히 1930년대에 들어서 왜 이리도 크게 증가하게 되었을까? 그리고 이렇게 팽창한 서울은 무엇을 담고 있었을까?

당초 일본의 식민지정책은 조선을 자신을 위한 식량공급지와 상품시장으로 묶어 두는 것이었다. 따라서 일제 강점 이후 우리나라는 산업화와 도시화가 가로막히고 저들 제국을 위한 농업지대이기를 강요당했다. 이러한 가운데도 예외인 곳이 하나 있었으니 그것이 바로 서울이다. 저들은 서울의 이름을 '경성'으로 바꾸어 식민지 지배를 위한 전초기지 혹은 수탈을 위한 거점으로 삼았다.

수많은 일본인들이 '경성'에 들어와 혼마찌(本町: 현재의 충무로)와 메이지마찌(明治町: 현재의 명동) 등 이른바 남촌을 중심으로 모여 살면서 일찍부터 이곳에 상하수도 시설과 전기 시설 등을 설치하는 등 자신들의 아성을 쌓아나갔다. 이전에는 한낱 골목길에 지나지 않던 퇴계로가 지금과 같이 대로로 말끔하게 닦여진 것도 이 무렵의 일이다. 이렇듯 일제강점기 근대 도시 '경성'의 발전은 남촌의 일본인들이 주도하였다.

1930년대에 일본이 대륙 침략에 본격적으로 나서게 되면서 저들에게 '경성'의 의미가 새삼스러워지게 되었다. 이 무렵 '경성'에서 간행된 책으로《경성천도론(京城遷都論)》이란 것이 있다. 이 책은 제목 그대로 일본의 수도를 도쿄에서 '경성'으로 옮기자는 주장을 담고 있었다. 이 책은 1934년 '경성'에서 살고 있던 도요가와 젠요(豊川善曄)라고 하는 일본 사람이 쓴 것이다. 그는 당시 만주를 집어삼키고 한창 대륙으로 뻗어 나가고 있던 저들 제국의 판도로 볼 때 도쿄는 수도로서 너무 동쪽이 치우쳐 있으므로, 저들 제국의 중심부에 위치한 '경성'으로 수도를 옮기자고 주장하였다. 물론 이 주장대로 이루어지지는 않았다. 하지만 이를 통해 당시 저들에게 '경성'의 의미가 어떠했는지를 잘 알 수 있다. 이렇게 일제강점기 근대 도시 '경성'은 우리의 것이 아니라 저들의 것이었다. 당시 북촌에 살고 있던 조선인은 도둑에게 안방을 내주고 뒷방으로 밀려난 불쌍한 주인에 지나지 않았다.

그러나 일제강점기 '경성'의 팽창이 반드시 일본인들에 의해서만 이루어진 것은 아니었다. 이 무렵 많은 조선 사람들이 지방에서 '경성'으로 몰려들기 시작했다. 대공황의 타격과 일제의 식민지 수탈에 뿌리 뽑힌 사람들이 남부여대하고 '경성'으로 올라왔다. 빌어먹기 위해서도 대처가 낫다는 생각에서였을까? 그들은 청계천변이나 도성 주변 산등성이에 토막을 짓고 모여 살았다. 토막이란 땅에 움을 파고 벽과 지붕을 가마니로 둘러친 움막을 가리키는 말이다. 일제 당국은 토막민을 '시내나 교외를 불문하고 제방, 강바닥, 다리 밑 등 관유지를 무단 점거하여 집단적으로 거주하는 빈민층'이라고 정의하면서 이들을 관리하는 데 부심하였다. 이제는 재개발되어 대규모

아파트 단지로 탈바꿈을 한 판자촌들의 원형이 이 시기에 형성되고 있었던 것이다.

그러나 '경성'의 인구가 팽창한 것은 이들 토막민 때문만은 아니다. 이 무렵 조선인 거주 지역이던 북촌도 팽창하고 있었다. 계동과 명륜동과 혜화동 등 성벽 밑까지 집들이 빼곡히 들어차기 시작했다. 성벽을 넘어서 성북동과 돈암동과 삼선동이 신개발지로 조성되기도 했다. 이곳에는 이른바 '집장사 집'이라 불리던 새로운 도시형 한옥들이 들어서기 시작했다. 새로 지은 도시형 한옥들은 방을 넓히느라 벽을 터서 처마 밑으로 옮겨 세웠으며 그 벽 바깥에는 색색의 타일을 발라 놓았다. 성북동의 비둘기가 채석장에서 금방 따낸 돌 온기에 입을 닦게 된 것도 아마 이 무렵부터의 일이 아니었을까?

이러한 신개발지를 발판으로 새롭게 '경성'의 주민으로 편입된 사람들은 누구였을까? 집 한 칸이라도 제대로 마련하고 '경성'으로 올라온 사람이라면 모르긴 몰라도 경제적으로 상당한 여유가 있는 사람이었음이 분명하다. 그런데 일제강점기 이렇게 여유 있는 사람이라고는 지방에서 올라온 지주들밖에 없었다. 그들은 식민지 경제체제 아래에서 상당한 혜택을 입으며 잘 나가고 있었으니 말이다. 지방의 자산가들이 대거 '경성'에 진출하는 일은 이 무렵부터 시작되었다. 그 결과 전통적인 한양의 토박이들이 도리어 지방에서 올라온 신흥 자산가들의 기세에 밀릴 정도가 되었다. 그리고 바로 이 무렵부터 출신 지역 사이의 갈등 문제가 지방열(地方熱)이란 이름으로 신문 지상에 등장하기 시작하였다.

지방의 자산가들은 왜 '경성'으로 옮겨 왔을까? 여러 가지 이유가 있겠지만 지금과 마찬가지로 2세 교육이 가장 큰 이유였을 것이다. 그들은 새로운 세상에서 자신의 지위를 굳히기 위해서라도 2세에게 신교육을 받게 하여 근대사회에 적응할 수 있도록 해야만 했다. 나아가 내친 김에 생활 근거의 일부를 '경성'으로 옮겨서 앞으로 전국을 무대로 활동하겠다는 포부를 가지고 있었던 것은 아니었을까?

우리 민족이 근대와 제일 먼저 만나게 되는 창구는 바로 교육이었다. 1920년대부터 불어 닥치기 시작한 '교육열'이란 바람은 극히 고지식한 몇몇 선비님들을 제외하고는 대부분의 사람들로 하여금 어떠한 저항도 포기하고 근대를 받아들이게 하였다. '경성'은 바로 이러한 신교육의 중심지였다.

'경성 속의 일본'
1930년대 초 충무로 2가 모습이다. 강점 이후 총독부의 시구개정(市區改正) 사업으로 조선인들이 청계천 이북 지역으로 옮겨 가면서 이 지역은 '일본인 독무대'가 되었다.

남산에서 본 1930년대 서울
지금은 헐리고 없는 조선총독부 청사와 시청 청사로 쓰이고 있는 경
성부청. 남산 밑의 일본인 지역인 '남촌'의 도시적 면모가 뚜렷하다.

'경성'에는 경성제국대학은 물론 보성전문학교와 연희전문학교를 비롯한 거의 모든 전문학교가 몰려 있었다. 고등보통학교들도 대부분 경성에 있었다. 보통학교는 지방에서 마치더라도 그 이상의 교육을 받으려면 반드시 '경성'으로 올라와야만 하였다. 이들은 '경성'에 올라와 안국동·송현동·사간동 일대에 모여 있던 수많은 하숙집들 가운데 하나에 짐을 풀었다. 당시 '경성'은 학생들의 도시, 청년들의 도시, 지식인의 도시가 되었다.

교육을 통해 근대적 가치와 근대적 이상에 맛을 들인 지식인들에게 당시 봉건적 인습에서 자유로울 수 있는 공간은 '경성'밖에 없었는지 모른다. 당시 이렇게 근대문화라고 하는 새로운 옷으로 갈아입은 젊은이들을 모던보이 혹은 모던걸이라고 불렀다. 《별건곤》이라고 하는 시중의 통속잡지에는 '내가 만약 모던걸과 결혼한다면'이란 기사가 실리기도 하였다. 이들은 모더니즘이라는 이름 아래 자신들의 근대를 구가하고 있었다. 그러면 당시 발표된 모더니즘 계열의 시를 통해 그들 눈에 비친 도시의 모습을 살펴보기로 하자.

비인 방에 호올로
대낮에 거울을 대하여 앉다

슬픈 도시에 일몰이 오고
시계점 지붕 위에 청동 비둘기
바람이 부는 날은 구구 울었다.

늘어선 고층 위에 서걱이는 갈대밭
열없는 표목이 되어 조는 가로등
소리도 없이 저녁 빛에 젖어

엷은 베옷에 바람이 차다.
마음 한 구석에 벌레가 운다.

황혼을 쫓아 네거리에 달음질치다.
모자도 없이 광장에 서다.

　김광균 시인이 쓴 〈광장〉이라는 시의 일부이다. 문학 평론가들은 이 시에서 도시적 감수성을 읽고 있다. 지지리도 궁상맞은 농촌 그리고 그것으로 상징되는 봉건적 인습에서 해방되고자 하는 사람들에게 새롭고 산뜻한 도시의 면모는 그들이 바라마지 않는 근대를 뜻하는 것이다. 따라서 얼마간 낯설고 생소한 것까지도 그들에게는 추구해야 할 대상이었다.
　하지만 이 시에서 그리고 있는 도시의 이미지는 왜 이리도 슬프고 쓸쓸한 것일까? 조선의 지식인들은 신교육을 통해 근대를 배웠지만 일제의 식민지라고 하는 현실에서는 그들이 배운 근대 학문을 맘껏 펼쳐볼 수가 없었다. 소설가 채만식은 그들이 배운 근대 학문을 써먹을 데 없어서 방황하는 지식인의 모습을 '레디메이드 인생'이라고 풍자한 바 있다. 우리 '레디메이드 인생'들이 구가한 모더니즘은 식민지라는 시대적 상황 속에서 민족의 현실과 제대로 결합하지 못하고 따로 놀 수밖에 없었다. 그래서 그들이 그린 도시의 모습은 이다지도 쓸쓸했던 것이다.

이러한 점은 지식인의 도시인 '경성'과 식민지 조선의 관계에도 마찬가지였다. 이 무렵 근대 도시 '경성'은 한 나라의 중심 도시로서 지방 사회를 제대로 이끌지 못하고 단지 식민통치의 거점으로서 물에 기름 뜨듯 따로 놀고 있었다. 이러한 측면에서 본다면 당시 '경성'은 식민지라는 바다 위에 떠 있는 한 점 외로운 섬이었는지도 모른다.

서울은 항상 공사중

서울은 해방 후 본디 이름을 되찾았으며 1960년대에 들어서 제2의 팽창기를 맞이한다. 1959년 200만 명 선에 도달한 서울 인구는 이후 급속도로 증가하기 시작하였다 1972년에는 600만 명 선을 돌파하여 13년 만에 3배로 껑충 뛰었다. 이 시기 인구 증가가 얼마나 격렬했는지는 1959년 이후 100만 명씩 인구를 더해 가는 데 걸린 기간이 5년, 4년, 2년으로 줄어들고 있는 것에서도 알 수 있다. 1973년 이후 인구 증가세가 약간 누그러지기는 하지만 인구의 증가 자체는 여전하여 1988년에는 드디어 1,000만 명 선을 돌파하였다.

서울의 팽창은 인구라는 측면에서만 나타난 것이 아니다. 서울은 끊임없이 자신의 몸집을 불려 나갔다. 야금야금 주변지역을 먹어 나가다가 나중에는 행정적인 경계를 넘어서 주변 도시들마저 자신의 배후지로 만들어 버렸다. 그 결과 이제 서울과 그 주변 즉 수도권에 살고 있는 인구가 전체 인구의 절반 이상을 차지하게 되었다. 그러한 와중에 서울의 경관도 몰라보게

청계천의 변화
위 사진은 복개공사 이후,
아래 사진은 1963년 판잣집이 들어섰
을 때의 청계천 모습이다.

달라졌다. 그래서 '서울은 항상 공사중'이란 말이 나올 정도였다.

그러면 이러한 서울의 팽창과 인구의 증가는 어떠한 이유 때문에 일어난 것이며 그 과정에서 서울은 어떠한 일을 겪었을까? 이 시기 서울의 팽창은 두말 할 나위 없이 1960년대부터 추진된 근대화 정책의 산물이다. 전국 각지의 사람들이 '잘살아보세'를 외치며 서울로 서울로 꾸역꾸역 몰려들기 시작하였다.

이 무렵 심심치 않게 신문 사회면을 장식한 말 가운데 하나가 바로 '무작정 상경'이란 말이다. 1970년에는 이 제목으로 영화가 만들어지기도 하였다. '무작정 상경'이란 말은 지방 사람들이 아무 대책도 없이 무턱대고 서울로 올라오려 한다고 걱정하는 뜻을 담고 있었다. 이 말은 1960년대와 1970년대의 시대상을 아주 잘 보여 주고 있다고 할 수 있다.

이 무렵 조금이라도 여유가 있는 집이라면 허리띠를 졸라매서라도 아들들을 공부시키러 서울로 보냈다. 그것이 자신의 집안을 일으킬 유일한 방도라고 믿었기 때문이다. 그런 여유가 없었던 집은 그저 먹고 살기 위해서 온가족이 통째로 서울로 옮겨 왔다. 이 무렵 농촌의 딸들도 집안을 위해서 혹은 오빠나 남동생의 공부를 위해서 홀홀단신 서울로 올라왔다. 이들은 혹은 남의 집에서 '식모살이'를 하거나 혹은 버스차장을 하거나 혹은 공장에서 일하면서 시대의 어려움을 겪어 냈다. 간혹 잘못 풀린 사람도 있었지만 대부분 꿋꿋한 생명력으로 자그마한 기적들을 만들어 나갔다.

전국 각지의 사람들이 서울로 몰린 것은 정부가 추진한 근대화 정책의 덕택으로 서울에만 올라오면 만족스럽지는 않지만 일자리를 구할 수 있었기 때문이다. 이들이 서울에 올라와 처음 몸담았던 곳은 당시 '닭장'이나 '벌집'

이라고 불리던 공단 부근의 단칸방들이나 '달동네'라고 불리던 산동네의 열악한 주거지역이 고작이었다.

> "달을 안고 옹기종기
> 모여 사는 우리들
> 근심 잘 날 없어도
> 마음만은 부자라네
> 우리 동네 달동네"

1980년 인기 있었던 텔레비전 드라마 〈달동네〉의 주제가 노랫말이다. 이 드라마는 달동네 사람들이 어려운 여건 속에서도 서로 도우면서 꿋꿋이 살아가는 모습을 잘 그려서 사람들을 감동시켰다. 사람들의 불행과 고통마저도 밝고 긍정적으로 그리는 게 텔레비전 드라마의 기본적인 속성이기는 하지만 사실과 전혀 동떨어진 것만은 아니었다. 달동네 사람들은 서울로 옮겨 오면서 시골 마을의 정서와 유대관계를 모두 싸 가지고 왔다. 이들은 서울에 올라와서도 출신 지역별로 모여서 서로 도와 가면서 살았다. '마음만은 부자'라는 노랫말은 이러한 농촌적 유대관계의 안정성을 표현한 것이다.

사회학자들은 미국의 슬럼과 우리의 달동네를 비교하기도 한다. 빈민들의 집단주거지라는 측면에서는 두 곳이 마찬가지이지만 슬럼의 경우 도시의 삶에 패배한 사람들이 모여 사는 침체된 지역임에 비해서 우리의 달동네의 경우 농촌공동체적인 응집력이 강하며 활력이 넘치는 곳이라는 것이다. 달동네 주민들은 꿋꿋한 생활력으로 기반을 닦아서 형편이 좋아지면 보다 나은 동네로 옮겨 갔다. 그러면 지방에서 새로 상경한 사람이 그 빈 자리를 대신 채웠다. 어쩌면 달동네는 지방 사람이 서울로 들어오기 위해서 거쳐야만 하는 중간역이었는지도 모른다.

이렇게 많은 사람들이 서울로 몰려들게 만든 동인은 근대화 정책이었다. 그러나 근대화라고 해서 반드시 서울로의 인구 집중을 초래해야만 하는 것이었을까? 여기에서 짚어 볼 수 있는 것은 우리의 근대화 방식일 것이다. 우리나라는 군사정권 주도로 중앙집권적인 방식으로 근대화를 이루었다. 이에 따라 모든 권력이 서울로 모였고 그 결과 모든 돈도 서울로 모였다. 그러니 사람들도 권력과 돈을 찾아 서울로 서울로 꾸역꾸역 모여들지 않을 수 없었던 것이다. 끊임없는 탐욕으로 이 나라의 모든 것을 사정없이 먹어 치우면서 한없이 비대해 가는 거대한 공룡 그것이 바로 고도성장 시기의 서울의 모습이 아닐까?

새로운 서울 문화의 출현

앞에서 살펴보았듯이 고도성장 시기 서울에는 수많은 지방 사람들이 모여들었기 때문에 서울은 누가 서울 사람이고 누가 지방 사람인지 모를 도시로 변해 갔다. 서울로 몰려든 사람들 가운데는 가족 전체가 옮겨 온 경우도 있었지만, 가족과 친지를 고향에 남긴 채 혼자 올라온 사람도 많았다. 이들은 출신 지역과의 유대관계를 여전히 유지하고 있었다. 그 결과 서울에서는 전국 각지의 문화가 모여서 서로 뒤섞이는 일종의 문화적 혼합 현상이 발생하였다.

이러한 문화적 혼합이 처음 시작된 시기는 해방과 전쟁의 혼란기였다. 북한의 주민이 대거 월남하고 전국에서 모여든 '팔도사나이'들이 군대에서 함께 생활했던 경험은 폭넓은 문화적 혼합을 불러일으켰다. 하지만 문화적 혼합이 보다 본격적으로 이루어지기 시작한 것은 역시 1960년대 이후 이른바 고도성장의 시기였다. 그리고 그러한 문화적 혼합이 일어난 주된 공간이 바로 서울이었다.

국어학자들은 대개 1960년대부터 서울의 언어가 전통적인 토박이말에서 벗어나 변화하기 시작한 것으로 보고 있다. 그 결과 현재 서울에서는 팔도 강산 방언들의 다양한 어휘와 독특한 억양들이 서울의 토박이말과 공존하면서 서로 영향을 미치고 있다고 한다. 고도성장의 시기 여러 분야에서 큰 성공을 거두어 사회적으로 크게 영향력을 미친 영남 지방 출신자들의 말씨의 영향이 특히 컸으며 그 결과 과거 여러 사회 규범의 제약을 받아 순하고 매끄러웠던 서울의 말씨가 상대적으로 거칠어졌다고 한다.

서울은 경제력의 집중으로 말미암아 전국 최대의 소비시장이 되었다. 서울 사람들의 수요에 부응하기 위해 전국의 물산이 서울로 모여들었다. 다양한 생선회를 먹기 위해서는 애써 어느 바닷가 외로운 포구로 찾아가는 것보다는 가락동 수산시장에 가는 것이 낫다는 말까지 나올 정도이다. 전국에서 몰려드는 물산은 그것이 담고 있는 문화까지도 서울에 전해 주었다.

이렇게 서울에서는 전국 각지의 문화가 뒤섞인 잡탕문화가 만들어졌는데 그것은 고향을 향한 미련을 여전히 놓지 않고 있던 지방 출신 서울 주민들에게는 이른바 '서울내기'의 토박이문화와는 다르게 거부감 없이 수용할 수 있는 새로운 서울문화였을 것이다. 즉 자본주의적인 상품경제가 새로운 소비문화를 통해서 전국 각지에서 올라온 잡다한 서울의 주민들을 하나로 묶어 주었다.

'서울 사람'의 탄생

급격한 인구이동의 결과 서울이 한때 '서울에 사는 사람'은 있어도 '서울 사람'은 없는 지경에 이르렀지만 그렇다고 앞으로도 영영 '서울 사람' 없는 도시로 남게 될 것 같지는 않다. 그것은 21세기에 들어서 서울 사람으로서의 자의식을 가진 새로운 세대가 등장하기 시작했기 때문이다. 고도성장의 시기에 서울에서 태어나 아스팔트 위에서 뛰놀며 자라난 신세대들이 21세기가 되면서 비로소 성인이 되어 사회로 진출하기 시작한 것이다.

이들은 애당초 서울에서 태어난 만큼 지방에서 올라온 부모 세대와는 달리 고향이라고 표현되는 출신지로부터 자유로울 수 있었다. 이들의 부모들 가운데는 해방 이후 보편화된 연애결혼의 결과 다른 지역 출신과 맺어진 경우가 많았다. 따라서 새로운 세대 가운데 상당수는 어머니와 아버지의 출신지가 서로 다르다. 이들이 고향에 대한 향수를 여전히 버리지 못하고 있는 부모 세대와는 다른 정체성과 자의식을 갖게 되는 것은 지극히 당연한 일이다. 이러한 새로운 세대들 가운데에서 비로소 서울 사람으로서의 정체성과 자의식을 가진 '서울 사람'이 생겨나게 되는 것이다.

그러면 이렇게 서울에서 태어나 아스팔트 위에서 자라난 새로운 세대가 만들어 가고 있는 새로운 서울 사람의 정체성과 자의식의 내용은 무엇일까? 현재 서울의 문화는 고도의 소비문화라고 할 수 있다. 지난 100년 동안 그토록 열렬히 추구했던 자본주의 물질문명이 가장 잘 구현된 곳이 바로 서울이다. 자본주의 물질문명의 가장 중요한 지표는 인간의 욕망에 대한 긍정이며 이것은 결국 소비문화로 표현된다. 서울에서 태어나고 자라난 '도시의 아이'들은 이전 세대에 비해서 이러한 물질문명을 보다 풍족하게 누릴 수 있었으며 이것이 그들의 정체성과 자의식 형성에 크게 영향을 미친 것으로 생각된다.

하지만 이러한 물질문명에 대한 바람은 비단 서울 사람에게만 국한되는 것은 아니다. 그것은 지방 사람들도 마찬가지이다. 자본주의적 소비문화는 국경조차 뛰어넘는 것이라고 하였을 때 서울과 지방의 간격은 매우 미미한 것이라고 할 수 있다. 따라서 서울의 신세대가 지향하고 누리고 있는 소비문화는 서울만의 고유한 것이 아니다. 서울이 단지 그 우두머리 자리에 있을 뿐이다. 시골 구석구석까지 들어서고 있는 대규모 아파트 단지와 대형 마트들은 서울에서 시작된 도시적 삶과 도시문화가 전국으로 확산되고 있는 것을 잘 보여 주고 있다고 하겠다.

이렇게 서울의 소비문화는 지역적인 울타리를 넘어 전국으로 확산되고 있다. 여기에는 매스미디어가 큰 역할을 하였다. 어떠한 경계도 뛰어넘는 전파의 파급력과 천연색 영상의 엄청난 호소력은 우리의 시공간을 근본적으로 바꾸었으며 어떠한 정치적 슬로건보다도 강력하게 우리의 정서를 통합해 놓았다. 이를 통해 서울의 소비문화는 지방으로 확산되어 전국을 지배하게 되었다. 자본주의 소비문화는 보편적인 속성을 갖고 있기 때문에 지역적 경계를 넘어설 수 있었다

그런데 여기서 주의해야 할 점이 하나 있다. 서울 사람들이 자본주의 소

비문화를 통해 지역에 따른 분열은 넘어섰지만 거기에서 만들어지는 자의식의 내용은 단지 '소비자'로서의 자의식일 뿐이라는 점이다. 소비자라고 하는 것은 개별적으로 해체되어 있는 존재이며 그들이 집단을 이룰 때는 단지 자본에 의해서 동원되었을 때뿐이다. 그 집단도 연대의식을 가진 공동체가 아니라 유명 가수의 콘서트에 모여든 관중들이 그러하듯이 단지 개별적인 개인의 집합 즉 군중(群衆)일 따름이다.

따라서 자본주의 소비문화만으로는 서울 사람으로서의 정체성과 자의식을 온전히 채울 수는 없다. 그러면 서울 사람의 정체성과 자의식을 온전하게 확립하기 위해 필요한 것은 무엇일까? 상식적인 이야기가 되겠지만 그것은 자기 고장에 대한 주인의식 그리고 관용에 기초한 이웃에 대한 관심과 연대의식일 것이다. 이를 통해서 건전한 주민공동체, 즉 시민사회를 이루는 것이야말로 온전한 자의식을 확립하기 위한 기초일 것이다. 그리고 이를 위해서는 자신이 사는 곳을 단지 '돈을 불리기 위한 수단'이 아니라 '온전한 삶을 영위하기 위한 터전'으로 생각하고 함께 협력하면서 가꾸어 나가는 자세가 무엇보다 필요하지 않을까?

정숭교 _ 사회평론 연구위원

장기근대(장기20세기)의 인구변동

정연태

인구변동과 사회변화의 상관관계

1955~1963년생은 베이비 붐 세대이다. 이들이 태어날 때 한국 사회는 한국전쟁의 휴전으로 일상을 되찾고 보통 상태보다 10퍼센트가량 훨씬 높은 출산 수준을 보였다. 반면 한국전쟁 기간에 도입되기 시작한 항생물질이 전후에 대량 보급됨에 따라 사망률은 현저히 감소했다. 그 결과 베이비 붐 세대는 한국 역사상 최고의 자연증가율을 기록한 세대가 되었다.

베이비 붐 세대는 생애주기별로 정치사회적·경제적 파장을 일으켰다. 이들이 각급 학교에 입학할 무렵에는 교육시설의 부족으로 입시경쟁이 가열되었다. 그 해결방안으로 연이은 교육개혁이 시도되었다. 1969년 중학교 입학 무시험제, 1974년 고교 평준화, 1981년 대학졸업정원제의 실시가 그것이다. 이들이 사회에 진출하고 결혼할 무렵에는 주택문제가 사회적 현안으로 부상했다. 1987년 제13대 대통령 선거 때 모 후보가 100만 호 건설을 공약으로 내세우고, 집권하자마자 4대 신도시 건설을 추진한 것도 이들의 사회 진출 및 결혼과 무관하지 않았다. 또한 베이비 붐 세대의 초입에 있던 여성들은 결혼 상대를 구하는 데 어려움을 겪었다. 당시의 결혼 관습에 따르면, 이들의 결혼 상대가 출산력은 상대적으로 낮은 반면 영유아 사망률이 오히려 높았던 한국전쟁 세대의 남성들이었기 때문이다. 한편 베이비 붐 세대는 해방 후 최초로 경제 성장과 풍요를 맛보며 자라난 세대로서, 이들의 정치사회적 정서와 의식은 식민지 지배와 분단, 그리고 전쟁을 경험한 부모 세대의 그것과 달랐다. 이에 베이비 붐 세대는 군사독재체제를 청산하고 한국 사회 민주화를 성취하는 데 앞장섰다.

여기서 보듯, 베이비 붐 세대의 출현이라는 인구변동을 빼고는 1970~1980년대의 정치, 경제, 문화, 교육 등 제반 사회변화를 설명하기 어렵다.

만원 버스
1960년대 후반 서울 시민들의 출퇴근 모습. '베이비 붐' 세대의 출현으로 만원 버스는 일상적인 도시 풍경이 되었다.

인구변동과 사회변화 사이에 밀접한 상관관계가 있었기 때문이다. 이런 상관관계는 근대 세계에 일반적으로 발견되는 양상이었다. 산업혁명 이후 생활수준이 향상되고 의학은 급속히 발달했다. 그 결과 인구는 급증했다. 1650년경 5억 명에 불과하던 세계 인구는 1830년경에 10억 명, 1930년경에 20억 명, 1980년대 말에 40억 명을 넘어서는 등 그야말로 폭발적인 증가세를 보였다. 반면 식량·주택·자원·일자리 공급은 기하급수적인 인구 증가세를 따르지 못했다. 이런 양상은 분배를 둘러싼 개인 간, 계급 간, 민족 간 경쟁과 갈등이 한층 고조하는 데 영향을 미쳤다. 사회변화의 결과로 인구변동이 나타났지만, 거꾸로 인구변동이 사회변화를 일으키기도 했던 것이다.

인구변동과 사회변화 사이의 이 같은 상관관계가 한국 근대의 전개과정에서는 어떻게 나타났을까. 피식민지배, 분단, 전쟁, 독재라는 참담하고 불행한 역사에 굴하지 않고 민족해방, 산업화와 민주화를 성취해 낸 역동적인 근대의 집단적 체험은 인구변동과 사회변화의 관계에 어떻게 작용했을까. 출산율 급감, 급격한 고령화, 인구감소 등과 같은 오늘날 인구문제는 어떻게 발생했고, 어떤 정치·사회·경제적 문제를 야기하고 있고, 한국 사회에 어떤 혁신을 요구하고 있는 것일까. 이 점에 대한 이해야말로 19세기 후반부터 현재까지 장기근대(장기20세기)라는 역사적 흐름을 거시적으로 파악하는 첫걸음이라고 하겠다.

'4천 년 역사, 3천리 강토, 2천만 동포'

인구변동 양상을 살펴보기 위해서는 먼저 정확한 인구조사 자료를 확보

하는 것이 필요하다. 이에 부응하는 자료가 국세조사(인구센서스)이다. 국세
조사는 조사원들이 일정 기간 내 전국 가가호호를 방문하여 인구실태를 조
사한 것으로, 조사의 완전성이 높아 인구변동을 이해하는 데 중요하게 활용
되고 있다. 한국에서는 1925년부터 국세조사가 시작됐으며 그 후 대체로 5
년마다 시행됐다.

국세조사에 비해 조사의 완전성은 높지 않으나 보완자료로 활용할 수 있
는 것이 1910년 이후 실시된 연말 상주(常住) 인구조사와 동태(動態) 인구조
사이다. 전자는 국세조사가 시행되지 않은 해의 연말에 주로 연령과 성(性)
의 실태를 조사한 것이고, 후자는 출생·사망·혼인·이혼 등의 사건이 발생할

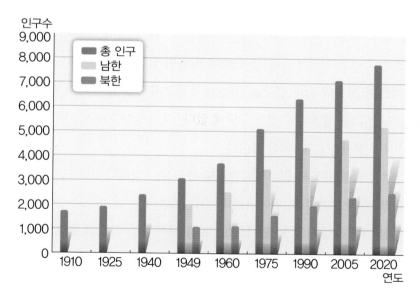

인구 추이
*남한 인구: 통계청 통계에서 내국인 수만을 집계한 것임.
*북한 인구: 유엔 추계치 이용. 1949년 수치는 1950년 수치로 대체함.
*단위: 만

때마다 신고한 결과를 집계한 것이다.

반면 조선정부의 전국적인 인구조사 자료는 원칙상 3년마다 집계하도록 되어 있는 호구통계이다. 이 통계는 자연인(自然人)을 조사한 결과가 아니라 부세(賦稅) 징수를 위해 장정(壯丁) 파악에 주력한 것이었다. 그런 까닭에 호적대장의 신뢰성은 40~60퍼센트 이하라 할 만큼 낮은 편이다. 그 결과 조선왕조실록과 일성록에 기재된 호구통계에 따르면, 개항 전후의 인구는 기껏해야 700만도 되지 않았다.

조선정부의 호구통계는 말할 것도 없고 일제의 연말 상주 인구조사나 동태 인구조사도 불완전하기는 마찬가지였다. 국망 직후 자연인을 조사한 1910년의 조사에 따르면, 한국 인구는 1,312만여 명이었다. 조선정부의 호구통계와 비교하면 2배가량 많은 것이다. 그러나 조사의 신빙성이 높은 1925년 국세조사 결과(1,854만여 명)에 비하면 턱없이 적은 편이었다. 따라서 1925년 이전의 한국 인구는 1925년 국세조사 결과를 토대로 하고 그 이전 조사 결과를 참조해 추정할 수밖에 없다. 그 추정에 따르면, 1910년 한국 인구의 추정치는 1,700만여 명이다.

이런 추정치는 동시대인의 짐작과도 상응하는 것이다. 1905년 을사늑약 직후 쓰인, 장지연의 〈시일야방성대곡〉을 보면 "4천 년 강토와 5백 년 종사(宗社)를 남에게 바치고 2천만 생령(生靈)을 몰아 다른 사람의 노예로 만들었으니" 하는 대목이 나온다. 또한 1907년 정미 7조약 이후 의병의 격문에도 '4천 년 역사, 3천 리 강토, 2천만 동포'라는 표현이 자주 발견된다. 여기서 보듯, 국망 직전 인구는 대략 2,000만여 명 선에 이른 것으로 간주됐다.

다산다사형 사회에서 다산소사형 사회로

국망 전후 0.2퍼센트에 지나지 않던 인구증가 속도는 그 이후 빨라지기 시작해 일제강점기 후반에 이르러서는 1.2~1.4퍼센트에 달했다. 그에 따라 1910년에 대략 1,700만여 명이던 국내 인구는 해방 직전에 2,500만 명으로 늘어났다. 여기에 해외 동포 400만여 명까지 합치면, 해방 당시 총인구는 2,900만여 명이나 된다. 일제강점 35년간 약 1,200만여 명이나 증가한 셈이다. 국망 무렵 2,000만 동포가 해방 후에는 3,000만 동포가 된 것이다. 인구구조 측면에서 본다면, 일제강점기 후반의 한국은 전통적 저성장 인구구조인 다산다사형(多産多死型) 사회에서 벗어나 산업화 초기에 나타나는 다산소사형(多産少死型) 사회로 이행하기 시작했다고 할 수 있다.

일제강점기 인구증가는 출생률이 점증하는 가운데 사망률이 급속히 감소한 데 따른 것이다. 1910~1940년간 출생률은 3.7퍼센트에서 4.4퍼센트로 증가한 반면, 사망률은 3.5퍼센트에서 2.4퍼센트로 떨어졌다. 특히 영유아 사망률이 감소함에 따라 평균수명은 급증했다. 1910~1915년간 남자 24.0세, 여자 26.0세에 불과하던 평균수명은 1940~1945년간 남자 43.0세, 여자 47.7세가 됐다. 이 같은 수치 변화는, 2018년 현재 평균수명이 남자 79.7세, 여자 85.7세에 달해, 환갑잔치는 말할 것도 없고 칠순잔치조차 옛말이 되어 버린 오늘의 현실에 비추어 보면 형편없이 낮은 것이었지만, 분명 엄청난 것이었다.

평균수명 상승의 일등공신인 사망률 저하에는 보건위생 제도 개선 및 방역 사업이 영향을 미쳤다. 이런 사업은 지석영의 천연두 예방접종의 시도에서 볼 수 있듯 조선 말기부터 시작됐다. 그러나 이때까지만 해도 극히 단편적이고 실험적인 수준에 불과하여 그 효과는 미미했다. 그 사업이 전국에 걸쳐 본격적으로 추진되기 시작한 것은 국망 이후였다. 조선총독부의 이런 사업은 식민지 관공리와 군인, 그리고 재한(在韓) 일본인의 생명, 건강을 보호, 유지하기 위해서나, 식민지 지배와 수탈에 필요한 인력을 안정적으로 공급, 관리하기 위해서도 필요했기 때문이다.

총독부는 전국적으로 종두 접종을 실시했으며, 전염병 예방령을 공포하고 항구 검역제도를 도입했다. 그 과정에서 경찰력과 지방행정망을 동원했다. 특히 법보다 무서운 순사(경찰)는 강압적인 방식으로 위생행정 전반을 단속했으며, 지시를 어겼을 경우에는 가차 없이 처벌했다. 그리고 각급 학교를 통해 전개했던 위생교육도 사망률 저하에 한몫했다. 그에 따라 법정 전염병, 특히 천연두와 콜레라에 의한 사망률은 현저히 감소했다.

의료인력과 의약 보급의 증가도 사망률 저하에 커다란 영향을 미쳤다. 양방(洋方) 의료인력은 일제강점기에 계속 증가했다. 1915~1919년간 의사는 954명에서 3,660명, 간호원은 215명에서 2,098명, 약사는 63명에서 598명으로 증가했다. 그 외 치과의사, 공중보건의, 조산원 등도 증가했다. 특히 한국인 의료인력이 증가해 일반 한국인의 의료 접근성도 개선됐다.

그러나 양방 의료시설이 주로 도회지에 집중된 까닭에 인구의 대다수를 점했던 농촌 주민에게는 그림의 떡이었다. 농촌 주민이 그나마 이용할 수 있던 것은 한약방 등 전통적인 의료시설이었다. 그러나 총독부는 한의(韓醫)에 대해 '의생(醫生)'이라는 명칭을 붙여 의사 취급도 하지 않았으며, 그 자격도 제한했다. 이 같은 한방(韓方) 억제정책에 의하여 한의사 수는 계속 감소했다. 그럼에도 1940년 현재 약 3,600여 명의 한의사가 의료 업무에 종사하고 있었다.

의료인력 증가보다 사망률 저하에 더 큰 영향을 미친 것은 의약품 수입·
생산 및 보급의 증대였다. 지금도 그렇듯, 일제강점기에도 결핵·천식·감기·
폐렴·성병·소화제·자양강장제 등 각종 의약품 광고가 신문지상을 연일 메
웠다. "감기도 신열도 대번에 도망가는 저울표의 헤부린환", "효력이 신속
한 임질약 리베-루"와 같은 과장 광고는 의약품의 소비를 자극했지만, 사
회적 수요를 반영한 것이기도 했다. 이 같은 의약품은 대부분 일본에서 수
입, 판매됐다. 그러나 이명래 고약처럼 얼마 전까지만 해도 종기 치료용으
로 유명했던 한국인의 개발약품이 널리 애용되기도 했다.

도시로 몰려드는 농민, 해외로 떠나는 동포

사망률 저하에 따른 인구의 급속한 증가는 영세농으로 가득 찬 농촌문제
를 증폭하는 데 영향을 미쳤다. 경지면적의 미미한 증가와 대비되는 농업인
구의 빠른 증가세가 농지에 대한 인구 압력을 더욱 증대시켰기 때문이다.
그로 인해 소작지 획득 경쟁은 치열해졌고 소작 조건은 더욱 악화됐다. 소
작쟁의와 같은 사회적 갈등도 심해졌다. 이는 농민들이 농촌에서 떠나 버리
게 하는 배출 요인들(push factors) 중 하나가 됐다.

그러나 몰락 농민 대다수는 농촌에 계속 머무를 수밖에 없었다. 도시 상
공업이 저조했던 탓에 도시의 인구 흡인력이 약했기 때문이다. 그리하여 몰
락 농민은 주로 지주나 부농의 집에서 머슴살이를 하거나 농번기에 날품을
팔아 끼니를 연명할 수밖에 없었다. 그조차 힘든 몰락 농민들은 농촌을 떠

날 수밖에 없었다. 그중 일부는 산 속으로 들어가 화전민이 됐다. 다른 일부는 대도시로 몰려들었다. 이들은 대부분 날품팔이 막노동 등에 종사하는 도시 빈민층이 됐다. 그 상징적 존재가 토막민으로, 1960년대 이후 도시빈민 주거지역이던 달동네 주민의 전신이라 할 수 있다.

1930년대 이후 일제의 만주 침략이 개시되고, 식민지 공업화가 진행되면서 사정은 변했다. 공업화에 의하여 도시의 노동력 수요가 증대했던 것이다. 예컨대 공장·광업·토건 노동자의 수만 1932년 21만여 명에서 1940년에는 83만여 명으로 증가했다. 그만큼 농민의 이농과 도시화는 촉진됐다고 할 수 있다. 행정구역상 도시인 부(府)의 수는 1925년 12개에서 1940년 20개로 늘어났다. 이들 지역의 인구 비율도 4.4퍼센트에서 11.6퍼센트로 증가했다. 특히 서울 인구는 1925년 34만여 명에서 해방 직전에 100만여 명에 달했다.

도시는 대체로 식민 지배와 교역의 거점이었다. 따라서 일본인의 거주 비율이 상대적으로 높았다. 재한 일본인 중 절반가량이 도시에 거주했고, 도시인구 중 5분의 1가량이 일본인이었다. 이들 대다수는 상업, 공업, 공무자유업에 종사하여 도시의 부를 지배했다. 1937년 현재 도시인구의 18퍼센트를 차지한 일본인이 도시 조세액의 58퍼센트를 부담했다. 반면 도시인구 중 80퍼센트나 됐던 한국인은 도시 조세액의 40퍼센트만 부담할 수밖에 없었을 만큼 한국인의 경제력은 빈약했다.

국내에서 삶터를 찾지 못한 한국인들은 남부여대(男負女戴)하여 이역만리 해외로 떠나갔다. 그 숫자는 일제강점기 35년간 국내 총 증가 인구 1,130만여 명의 30퍼센트에 근접한 327만여 명이나 됐다. 해외 출생 인구까지 포함하면 1945년 현재 해외동포는 일본 210만여 명, 만주 160만여 명, 중국 본토 10만여 명, 구소련 20만여 명, 미주 및 기타 2만여 명으로, 합계 402만여 명이나 됐다. 이는 당시 국내 거주 인구의 약 6분의 1에 해당하는 엄청난 수치였다. 세계 최대 이민국인 인도나 중국의 경우 이민자의 절대 수는 많았지만 그 비율은 국내 인구의 1~2퍼센트에 불과했던 점과 비교하면, 한국의 민족이산(Diaspora)은 세계적으로도 격렬한 것이었다. 해외동포 수가 2019년 말 현재 약 750만여 명에 이르게 된 것도 이 같은 역사적 배경과 무관치 않다.

해외동포들 다수는 고향을 떠난 이주농민들이었다. 특히 토지에 비해 인구가 많은 삼남지방의 농민들 상당수가 해외로 이주했다. 예컨대, 해방 후 재일동포의 94퍼센트가 남한 출신이었던 것이다. 이들은 막노동자, 짐꾼, 광부, 하급직공 등이 되어 민족적 차별과 멸시를 받으면서 살아갔다. 만주지역에는 당초 북한지방 농민들이 주로 이주했으나 1930년대부터는 삼남지방 농민의 이주도 증가했다. 여기에는 만주 침략과 개척의 첨병으로 한국농민을 이용하려는 일제의 이주정책도 한몫했다. 재만(在滿) 동포들은 대부분 중국 및 일본 관헌의 간섭과 중국인 지주의 지배라는 이중, 삼중의 통제를 받으면서 살아갔다. 한편 해외동포들 가운데 일부는 일제에 의해 강제동원된 사람들이었다. 이들은 중일전쟁 이후 징용 노무자, 징병 군인, 군위안부 등으로 강제 동원되어 일본이나 중국, 만주, 사할린, 남태평양 등지로 건너가게 됐다. 1945년 현재 이들 숫자는 100만여 명을 상회했다. 이런 점에서 본다면 오늘날 해외동포의 40퍼센트 이상을 차지하는 재중(在中) 조선족·재일동포(328만 6,000여 명)의 뿌리는 일제의 식민지배가 초래한 부정적 유산의 상징이라 할 수 있다.

해방 직후의 귀환동포
귀환동포들이 배 위에서 식사하는 모습. 1945년 8월부터 12월까지는
매달 수십만의 동포들이 해외에서 귀환하였다.

귀환동포, 월남민, '베이비 붐'과 도시인구의 폭증

1945년 8월 15일, 조국이 해방되자 해외동포들은 대거 귀환했다. 재일동포 150만여 명, 재만동포 60만여 명, 중국 기타 지역 거주 동포 10만여 명이 돌아왔다. 해외 거주 402만여 동포 중 절반 이상인 220만여 명이 귀환한 셈이다.

문제는 해외동포 중 상당수가 남한으로 돌아왔다는 점이다. 1945~1949년간 재일동포 약 138만여 명, 만주 및 기타지역 동포 약 42만여 명이 남한으로 돌아온 것으로 추정된다. 여기에다가 해방 전 북한에 거주하던 남한 출신 사람들, 소련과 북한 정권에 반대하던 우익들, 토지개혁을 반대하고 친일파 처벌을 기피하려던 세력 등을 포함한 월남민은 74만여 명으로 추정된다. 해방 후 남한 인구는 사회적 이동으로만 약 254만 명 이상 증가했다. 1945년 당시 남한 인구 1,614만여 명의 15.7퍼센트에 이를 정도로 큰 규모인 것이다. 이 같은 사회적 인구 증가분에다가 자연적 인구 증가분까지 겹쳐, 남한 인구는 1949년 현재 2,017만여 명에 달했다. 그 결과 1945~1949년간 연평균 인구증가율은 6.1퍼센트나 됐다. 국망 전후의 30배, 일제강점 말기 4배가 넘는 인구증가율로서, 한국 역사상 전무후무한 기록을 보인 것이다.

한국전쟁은 또 한 차례의 인구변동을 초래했다. 전쟁으로 인하여 인구가 일시적으로 감소한 것이다. 전쟁 관련 사망자(전사자 포함) 52만여 명, 행방불명자 43만여 명, 월북자·납북자 최대 29만여 명 등 124만여 명이 감소한 반면, 북한에서 내려온 월남민은 65만여 명에 달했다. 그 결과 전쟁에 의한 사회적 인구 감소는 59만여 명에 달했다. 게다가 전쟁으로 인한 출생률의 저하와 사망률의 증가까지 겹쳐, 해방 직후 고공행진을 보이던 인구증가율은 1955년에 1.5퍼센트로 급감했다.

그러나 전쟁 이후 남한 인구는 다시 급증했다. 기적의 신약이라고 불리던 항생물질(마이신, 페니실린)이 전쟁 중에 들어와 전후에 대량 보급됨으로써 사망률이 현저히 줄어들었기 때문이다. 반면 전쟁으로 헤어진 부부들이 재결합하고 연기됐던 결혼이 집중적으로 이루어짐으로써 '베이비 붐'이 일어났기 때문이다. 그로 인해 1955~1960년의 연평균 인구증가율은 2.9퍼센트로, 사회적 인구이동의 영향을 받은 해방 직후를 제외하면 최고의 증가치를 기록했다.

환국과 월남, '베이비 붐'으로 해방 직후 1,614만여 명이던 인구는 1960년에 2,499만여 명으로 급증했다. 인구의 폭증으로 농촌에서는 토지에 대한 인구 압력이 또다시 증대했다. 1호당 경지면적은 해방 전 1.2정보(1정보=3,000평)에서 1949년에는 0.8정보로 줄어들었고, 가구당 세대원은 5.6명에서 6.0명으로 늘어났다. 분단으로 인해 북한에서 생산되던 비료의 공급은 단절되고 전쟁으로 농업생산기반이 파괴된 까닭에 농촌의 인구 부양력은 한계에 달했다. 그 결과 이농은 촉진됐다.

귀환동포, 월남민, 이농민들은 구호의 혜택과 고용의 기회를 찾아 대도시로 몰려들었다. 영호남의 소백산맥 등 빨치산 활동지역 주민들도 이데올로기적 대립이 첨예한 공간을 피해 도시로 밀려 들어왔다. 여기에다가 식민지적 유통망을 통해 발전했던 호남지방과 서남해안의 중소도시 주민들도 그 유통망의 단절로 지역경제가 침체하자 인근 도시나 서울 등지로 몰려들었다. 그 결과 해방 후 도시인구는 폭발적으로 증가했다. 1949~1960년 사이

도시인구는 347만여 명에서 700만여 명으로 늘어났고, 특히 서울 인구는 144만여 명에서 245만여 명으로 급증했다. 그 결과 도시인구의 비중은 17.2 퍼센트에서 28.0퍼센트로 올라갔다.

도시인구의 폭증은 경제발전의 산물이라기보다는 망국, 해방과 분단, 전쟁이라는 굴절된 근대가 초래한 사회적 변동의 산물이었다. 해방 후 도시는 귀환동포, 월남민, 이농민, 이념 대립의 피해자 등이 구호와 고용의 기회에 실낱같은 희망을 걸고 찾아드는 불안한 안식처였다. 그러나 도시에는 증가된 인구와 실업자를 수용할 여지는 별로 없었다. 해방과 함께 일본인 자본이 썰물처럼 철수하고, 분단 이후에는 남북한의 분업구조가 붕괴된 데다가, 전쟁으로 인해 도시의 생산기반은 철저히 파괴됐기 때문이다. 그 결과 도시는 생존경쟁의 처절한 공간으로 변했다.

해방 후부터 4·19혁명 사이에 몰아쳤던 일련의 정치사회적 소용돌이의 이면에는 경제적 부양력을 넘어서는 인구 폭증이 사회적 긴장과 갈등의 주요한 원인 중 하나로 작용했다. 이런 점에서 해방 후 남한의 인구 폭증과 급속한 도시화, 그리고 사회적 갈등의 첨예화는 굴절된 근대의 산물이자 투영이었다.

다산소사형 사회에서 소산소사형 사회로

해방과 귀환동포, 분단·전쟁과 월남민, 베이비 붐 등은 인구 압력을 유례없이 증가시키고 생계 터전을 대거 파괴했다. 그 결과는 가난이었다. 1960년대 이후 한국 사회는 가난에서 벗어나기 위해 몸부림쳤다. 이는 1960년대 이후 경제발전과 생활수준 향상을 이끌어 가는 주요 동력 중 하나가 됐다.

1960년대 이후 출산력과 사망력은 동시에 떨어졌다. 출산력의 주요 지표 인 출산율은 1960년 6.10명에서 1980년 2.82명, 1990년 1.57명으로 급격 히 하락했다. 그 요인은 복합적이었다. 그중 하나는 경제적 압박 때문이든 여성의 교육 기회 확대나 사회·경제적 활동의 증대 때문이든 여성의 초혼연 령이 상승하고(1960년 21.5세→1980년 24.1세→1990년 24.8세), 피임 등 인공 유산이 늘어난 것이다. 다른 하나는 인구 증가를 경제성장의 저해요인 으로 보고 1962년부터 세계 세 번째 로 실시한 출산억제정책, 곧 가족계 획사업이었다. 당시 정부는 '덮어놓 고 낳다보면 거지꼴을 못 면한 다'(1964), '딸·아들 구별 말고 둘만 낳아 잘 기르자'(1974) 등의 산아제 한 구호를 내걸고 각종 혜택을 주면 서 피임이나 불임을 장려했다.

가족계획 포스터
1962년부터 경제개발계획의 일환으로 시작된 가족계획으로 약 3퍼센트에 달하던 인구증가율 이 1970년대 초반에 2퍼센트 이하로 줄었다. (국가기록원)

반면 1950년대 항생물질의 보급 과 함께 급락했던 사망력은 경제발 전과 생활수준의 향상으로 더욱더 낮아졌다. 사망력의 지표 중 하나인 1,000명당 영아사망자 수는 1965년 73.4명에서 1980년 33.6명, 1990년

15.6명으로 가파르게 줄어들었다. 그리고 남녀의 평균수명도 1965년 52.6, 60.5세에서 1980년 61.0, 69.3세, 1990년 66.1, 74.6세로 증가했다. 이 과정에서 의료·보건 인력과 제도의 확충이 큰 기여를 했음은 말할 필요도 없다. 특히 의료보험(현 국민건강보험) 제도의 역할은 주목할 만하다. 1977년에 500인 이상 사업장에 적용되기 시작한 의료보험제도는 1979년에는 300인 이상 사업장, 1983년에는 16인 이상 사업장으로, 마침내 1989년에는 전국민 대상으로 확대 적용됐다. 이로써 국민 일반의 의료 접근성은 획기적으로 개선됐다.

이상과 같은 출산력과 사망력이 낮아진 결과 1980년대 한국 사회는 다산소사형 사회에서 벗어나 소산소사형(少産少死型) 사회가 되어 선진국형 인구 안정기를 맞이하는 듯했다. 이러한 예상과 달리 현재 한국 사회는 심각한 인구문제를 맞이하고 있다.

초저출산과 최고령사회, 그리고 다문화시대

오늘날 인구문제는 출산율의 급락 추세에서 촉발되기 시작했다. 일반인의 추측과는 달리 한국 사회는 1984년부터 이미 자신의 인구 규모를 장기적으로 유지하는 데 필요한 대체 출산율(선진사회 2.1명) 이하인 저출산 사회가 돼 버렸다. 1983년의 산아제한 구호(하나씩만 낳아도 삼천리는 초만원)에 부응이라도 하듯, 출산율은 1982년 2.39명에서 1984년 1.74명으로 급락한 것이다. 그리고 출산율은 2002년 1.17명으로, 초저출산(超低出産) 기준인 1.3명 아래로 하락했으며, 2018년부터는 1.0명 이하로까지 떨어지고 말았다. 마침내 한국 사회는 출산율 세계 최저의 초저출산 사회로 전락했다. 이런 추세가 유지된다면, 2020년 현재 5,178만여 명인 한국 인구는 2066년에 이르면 4,000만 명 이하로 감소할 전망이다. 특히, 2020년에는 출생자 수가 사망자 수보다 2만 838명이나 적어, 대한민국 정부 수립 이후 처음으로 인구가 자연 감소하는 인구 데드크로스(dead cross) 현상이 나타났다.

출산율의 급락은 사망력 저하, 특히 평균수명의 증대와 맞물려 고령화를 촉진하고 있다. 한국 사회는 2001년에 65세 이상 고령자 비율이 7퍼센트 이상인 고령화사회가 됐으며, 2017년에는 고령사회(14퍼센트 이상)로 진입했다. 그리고 2025년에는 초고령사회(20퍼센트 이상)로 진입할 것으로 예측되고 있다. 급격한 고령화로 인해 유소년(0~14세) 100명 대비 고령 인구의 비율인 고령화지수는 1990년 20.0에서 2020년에는 129.0으로 폭증했다. 또한 생산가능인구(15~64세) 100명당 고령 인구의 비율인 노년부양비도 같은 기간 중 7.4에서 60.1로 급증했다. 그에 따라 노인 일자리·부양·건강·간병 문제, 건강보험·연금 문제 등이 중대한 개인적, 사회적, 국가적 난제로 부상하고 있다.

한편 다문화 가정의 증가와 이주 노동자 등 외국인 이주민의 증가는 출산율 급감과 급격한 고령화의 충격을 완충해 주고 있다. 다문화가구와 가구원의 수도 2015년 29만 9,000여 가구, 88만 8,000여 명에서 2019년 35만 4,000여 가구, 106만 2,000여 명으로 늘어났다. 다문화가정 출신 초중등 학생 수도 2020년 현재 14만 7,000여 명으로, 전체 학생 가운데 2.8퍼센트를 차지하고 있다. 그중 다문화가정 출신 초등학생이 전체 초등학생 중 4.0퍼센트를 차지한 것으로 볼 때, 다문화가정 출신 학생의 비중은 점차 증가할 것으로 본다. 또한 3개월 이상 체류하기 위해 등록한 외국인도 2003년 43만 7,000여 명에서 2019년 127만 2,000여 명으로 증가했다. 특히 외국인 이주노동자들은 전국 각지의 중소 공장, 토목 건설 현장, 식당, 농장, 어장 등에서 한국인이 기피하는 작업을 수행하고 있다. 이들은 이제 한국 사회에서 노동시장의 일부분을 담당하는 소중한 구성원이 됐다. 반면 한국 사회는 다문화시대를 맞이해 이들의 신분 불안정성과 차별 대우를 해소해 공생의 길을 마련해 갈 책임과 의무를 지게 됐다.

'헬조선', '지방 소멸'과 수도권 초집중

오늘날 한국 인구문제의 핵심은 저출산, 고령화, 인구 감소 그 자체에 있지 않다. 세계 최고 수준의 인구밀도를 고려하면, 적절한 저출산과 인구감소는 오히려 한국 사회의 건강한 발전에 유리한 환경을 조성할 수도 있기 때문이다. 문제의 핵심은 그 속도가 세계적으로 유례를 찾기 힘들 만큼 너무 가파른 나머지 한국 사회가 감당하기 쉽지 않다는 데 있다.

한국 사회가 초저출산 사회, 고령사회, 인구감소 사회로 이처럼 빠르게 진입한 데에는 여러 요인이 영향을 미쳤다. 그 요인들 중 주목할 만한 것은 1997년 외환위기 이후에도 고도성장 시기의 경제성장 지상주의적 의식·구조·시스템에서 벗어나지 못한 점이다. 오히려 외환위기 이후 불어닥친 신자유주의적 조류 속에서 사회와 경제의 양극화는 더욱 심해지고 구시대의 부정적 유물인 특권과 반칙은 여전히 활개를 치고 있는 점이다. 그 결과 심화되는 취업난, 치솟는 집값, 감당할 수 없는 육아와 교육비 부담, 열악한 조

건의 비정규직 확대, 사회경제적 불평등과 불공정의 지속, 경쟁 만능의 각자
도생 풍토, 세계 최고 수준의 자살율과 산재사망율 등으로 인해 한국 사회의
많은 구성원들은 참기 힘든 고통을 겪고 있다. '헬조선, 삼포세대, N포세대'
등의 신조어는 이와 같은 한국 사회의 어두운 현실과, 연애·결혼·출산·집·경
력·희망·취미·인간관계 등 인생의 거의 모든 것을 사실상 포기하면서 살아
가는 젊은 세대의 분노를 상징적, 압축적으로 표출한 시대적 상징어가 됐다.

　한편, 인구증가는 경제개발 전략과 맞물려 인구의 대도시 집중, 특히 수
도권 집중을 초래했다. 인구의 도시 집중, 특히 수도권 집중은 교육, 주거,
교통, 환경 등 각종 문제를 악화시키고 있다. 농촌사회는 인구가 급감하고
폐교와 빈집이 늘어나 공동화하고 있고, 비수도권 지역의 시군에서는 지방
소멸의 위기가 고조되고 있다. 반면에 수도권 도시는 인구가 몰려들어 집값
은 천정부지로 치솟고 교통 체증, 도시공해, 그리고 쓰레기문제로 몸살을
앓고 있다. 정부는 2003년에 국가균형발전위원회를 출범한 이후 혁신도시
10개를 지방에 건설해 2018년 현재 153개의 공공기관을 지방으로 이전했
다. 그리고 2012년에는 행정중심복합도시인 세종특별자치시까지 건설했
다. 그러나 인구의 수도권 집중 현상은 여전히 진행 중이고 심지어 심화되
고 있다. 현재 전국민의 약 5분의 1은 서울에서 살고 있고, 2020년에는 마
침내 수도권 인구수가 비수도권 인구수를 추월했다.

격동의 장기근대(장기20세기)를 넘어

한국 사회가 격동의 장기근대를 넘어 새로운 근대를 설계하고자 할 때 인

구변동은 중요하게 고려해야 할 변수이다. 먼저 굴절된 지난 세기가 남긴 최대의 부정적 유산인 민족 분단과 갈등을 극복하고자 할 때 인구변동의 추이는 주목해야 한다. 해방 이후 태어난 분단세대가 급증해 90퍼센트를 넘어선 반면, 분단과 전쟁 등의 민족적 비극이 산출한 이산가족은 급속히 줄어들고 있다. 2020년 말 현재 통일부 〈이산가족정보 통합시스템〉에 기록된 이산가족 등록 현황에 따르면, 현재 생존자는 5만 명이 채 안 된다. 이들은 고향 방문과 가족 상봉 행사를 통해 분단과 전쟁의 비극을 상징적으로 보여주었다. 그리하여 시민들 사이에 민족적·인도주의적 공감대를 확장하고 한반도 평화, 남북 교류, 그리고 민족 재통합의 필요성을 각인하는 데 큰 역할을 해 왔다. 이런 점에서 특히 연로한 이산가족 1세대의 생존 기간 내에 한반도 평화체제를 구축하고 나아가 평화통일을 촉진하려는 노력을 배가하지 않으면 안 된다고 본다.

그리고 한국 사회의 대전환 측면에서도 인구 변동은 주목할 필요가 있다. 현재 초저출산, 고령화, '헬조선', '지방 소멸'과 수도권 초집중 등 인구문제의 상당 부분은 성장 지상주의적 의식과 발전 전략, 불평등한 사회경제 구조, 각자도생의 불공정한 경쟁 시스템에 기인한 바가 적지 않다. 그렇기에 이러한 의식·전략·구조·시스템을 그대로 두고서는 당면한 인구문제를 제대로 해결할 수 없다.

오늘날 한국 사회의 인구문제는 '지금까지의 성장과 발전은 누구를 위한, 무엇을 위한, 어디로 향한 것인가' 라는 근본적인 질문을 계속 던지고 있다. 그리고 이 질문에 대한 해법은 다양하게 모색, 제시되고 있다. 그 해법의 차이에도 주목할 점은 한국 사회가 성장·효율·경쟁 중시 사회에서 인권·복지·

생명·환경 중시 사회로, 불평등하고 불공정하고 불의한 사회에서 평등하고 공정하고 정의로운 사회로, 각자도생과 인간 본위 사회에서 만인공생, 만물 공생 사회로 대전환하지 않으면 안 된다는 공감대가 조금씩 확산되고 있다는 사실이다. 이러한 공감대의 확산은 한국 사회가 세계사적으로 유례없는 대격동의 장기근대(장기20세기)를 일단락하고 새로운 근대를 열어 가는, 고통스럽지만 대단히 의미 있는 역사적 도정에 나서도록 추동하는 동력이 될 것이다.

정연태 _가톨릭대 교수

'아이'에서 '어린이'로

김보영

우리는 흔히 '어린이는 나라의 보배'라고 말한다. 어린이가 소중한 존재이고 앞으로 이 나라를 짊어지고 나갈 막중한 책임을 지고 있다는 의미를 담고 있다. 그런데 언제부터 어린이는 '나라의 보배'가 되었을까? 어린이라는 용어는 언제부터 사용되었을까? 지금으로부터 100년 전 어린이는 가정이나 사회에서 어떤 대접을 받았을까?

오늘날 어린이는 어른과 다른 특별한 이해와 권리를 가지며 특별한 보호를 필요로 한다는 점을 인정받고 있다. 어린이는 어떤 존재인가를 규정하는 것을 '어린이관(觀)'이라 부르는데, 어린이의 본질이나 존재적 당위성에 대해 사람들이 일반적으로 가지고 있는 견해를 말한다. 어린이관은 문화나 시대에 따라 변화하며, 직간접적으로 어린이의 양육과 교육, 처우 등을 결정하는 기초가 된다.

어린이를 일컫는 아동의 연령 범위는 국내·국제법상 만 18세 미만인 자로 규정하고 있다. 아동의 신체적·심리적 발달을 과학적으로 연구하는 발달심리학에서는 일반적으로 0~2세까지를 영아기, 3~5세까지를 유아기, 6~12,

일하는 아이들
아동 중심의 사고는 1920년대에 와서야 싹이 텄다. 그 이전의 아이들
은 '불완전한 존재', '어른에게 복종하는 존재'였으며 가난한 집 아이
는 남의 집에 품을 팔기도 하였다.

13세까지, 즉 사춘기가 시작되는 시기까지를 아동기라 부르고 있다. 우리는
흔히 사춘기 이전의 시기, 즉 12, 13세 미만의 연령층을 통틀어 어린이라 칭
하는 경우가 많다. 그 때문에 12,3세 미만의 어린이와 청소년을 구분하여
사용하기도 하지만, 엄밀한 의미에서 어린이는 18세 미만인 자를 통칭하는
것으로 쓰인다. 현재 어린이와 아동은 거의 같은 개념으로 사용되고 있으
나, 법적 제도적 개념상 혼란이 있는 경우 어린이와 청소년을 합하여 '아동'
으로 칭하기도 한다.

한편 서구에서 17세기 이전 어린이는 단지 작은 인간, 축소된 어른으로
묘사되었을 뿐 어린이시기의 독자성에 대한 관념이 없었다. 그런데 부르주
아 계급의 형성과 더불어 도시 사회에서 새로운 소가족이 등장하면서 어린
이시기에 대한 관념이 바뀌었다. 중세의 절대 권력인 교회와 군주로부터 자

유로워진 '개인'들을 다시 사회 속으로 규율화하기 위한 공간으로서 가족이 등장하면서, 그 가족 안에서 어린이는 바로 한가운데 존재하기 시작했던 것이다.

장유유서에 갇힌 아이들

우리의 경우 본래 전통사회의 아이들은 소중한 존재로 인식되었다. 한국식 나이 계산법이 태아시기까지를 포함하고 있는 것은 그러한 인식을 반영한 예로서, 우리의 오랜 역사에 뿌리박힌 생명존중 사상과 그에 바탕한 아동관에 근거한 것으로 볼 수 있다. 그러던 것이 충효를 강조하는 조선시대 유학 사상이 사회 전반을 규정하면서 '장유유서'가 어른과 아이와의 관계에 있어 기본원리가 되었다. 장유유서에 기초한 어린이관은 어른에 대한 복종과 예의를 절대 덕목으로 삼는다. 조선시대 대표적 아동교재의 하나인《동몽선습》에서는 어른과 아이의 인간관계가 사랑과 공경의 도리로 나타나야 한다고 말하고 있는데, 여기서 제시하는 바람직한 아동이란 어른을 공경하고 어른에게 복종하는 예의바른 어린이를 가리킨다. 조선 후기로 들어와 장유유서의 원리가 점차 고착화되면서 아이들에게는 무조건적인 복종만을 강요하는 사회 질서가 더 강화되었다. 개화기 지식인들은 이러한 실상을 비판하면서, "조선 천 년간 우리의 장자(長者)들은 유년(幼年)의 인격을 말살하여 자유를 박탈한 역사적 큰 죄인이었으며 악행자였다."고까지 한탄했다.

어린이와 관련된 전래 속담에서도 옛 사람들의 일반적인 아동관을 엿볼 수 있다. '어린아이와 술 취한 사람은 바른말만 한다', '어린아이 우물가에

둔 것 같다', '어린아이는 괴는 데로 간다', '애들 보는 데는 찬물도 못 먹는다', '어린아이는 기를 탓이다', '어린아이 예뻐 말고 겨드랑 밑이나 잡아 주랬다' 등 어린이를 다룬 속담에는 어린아이에 대한 인식의 단면들이 담겨 있다. 즉 어린아이들의 순진성과 단순성, 미숙함과 위태로움, 순응성, 호기심과 모방성, 조력지도의 필요성 등의 관념이 은연중에 내포되어 있는데, 그 핵심에는 '어린아이는 불완전한 존재'라는 생각이 깔려 있다.

그런데 언제부터인가 어린이는 '나라의 기둥'으로 인식되기 시작했고, 가정에서뿐만 아니라 사회에서도 존중받는 대상이 되었다. 이러한 인식의 변화는 언제, 어디서 비롯된 것일까. 세계 최초로 '어린이날'을 만들어 어린이 인권을 선언하는 등, 어린이 운동을 주도한 소파 방정환이 유언으로 남긴 말이 바로 '어린이는 나라의 보배'였다.

'아이'에서 '어린이'로

우리의 어린이관이 변화하는 데 중요한 역할을 한 인물이 바로 소파 방정환이다. 그는 일제하의 암울한 시대상황 속에서 독립운동의 일환이자 인식 전환 운동으로 '어린이운동'을 시작했다. 처음으로 '어린이'라는 용어를 만들어 사용한 방정환은, 하나의 용어를 바꿈으로써 많은 것이 달라질 수 있다고 믿었다. '아이, 아이들' 하고 부르면 그 아동이 귀찮고, 천해 보이고 아무렇게나 대해도 괜찮을 것 같은 생각이 들지만, '어린이, 어린이들' 하고 불러 보면 왠지 그들이 존귀하고 앞으로 큰사람이 될 가능성을 느끼게 된다는 것이다. 방정환은 이것이 바로 언어의 힘이고 언어의 힘은 총칼보다 더 강하다고 확신했다.

어린아이를 일컫는 말은 지방마다 약간씩 다른데, 예를 들면 함경도 지방에서는 '어린아', '얼라' 등으로, 전라북도에서는 '어린놈', '어린애', '어린애기', '어린앳들' 등으로 부른다. 원래 우리나라 고유한 말에서 '이'라는 글자는 늙은이, 높은이, 착한이라고 하는 낱말들에서 볼 수 있는 바와 같이, '높은 사람'이라는 뜻을 지니고 있는 '~분'과 같은 의미를 지니고 있다. 그래서 오늘날 국어대사전에서도 '어린이란 어린아이를 높여서 부르는 말로서 나이가 어린 아이란 뜻이다'라고 적혀 있다. '어린이'라는 용어를 사용하여 '아이'를 '늙은이' '젊은이'와 대등하게 격상시킨 것이다. 방정환이 시작한 어린이운동이 '어린이'라는 용어의 사용으로, 나아가 어린이에 대한 존중으로 나아가는 시초가 되었던 것이다.

잡지 《어린이》 표지
1929년 5월의 어린이날 기념호이다. 방정환은 '어린이의 날'을 제정하고 잡지 《어린이》를 발간하여 어린이 해방사상을 선전하였다.

방정환이 발간한 잡지 《어린이》에는 그의 교육사상이 집약된 다음과 같은 글이 실려 있다.

꽃과 같이 곱고 비둘기와 같이 착하고 어여쁜 그네 소년들을 우리는 어떻게 지도해 가랴. 세상에 이보다 어려운 문제가 없을 것입니다. 지금의 그네의 가정의 부모와 같이 할까. 그것은 무지한 위압입니다. 지금의 그네의 학교 교사와 같이 할까. 그것은 잘못된 그릇의 인형제조입니다. 지금의 그네의 부모 그 대개는 무지한 사랑을 가졌을 뿐이며 친권만 휘두르는 권위일 뿐입니다. 화초 기르듯 물건 취급하듯 자기 의사에 꼭 맞는 인물을 만들려는 욕심밖에 있지 아니합니다.

'무지한 위압'과 '친권만 휘두르는 권위', '인형제조' 등의 표현은 오늘날에도 그대로 적용될 만한 비판이다. 그는 어린사람을 터줏대감으로 믿고 어린이를 중심으로 삼아야 한다고 역설했다.

호주를 바꾸어야 한다. 터주를 바꾸어야 한다. 옛날에 터줏대감을 위하여야 잘산다고 믿고 정성을 바치듯, 어린 사람을 터줏대감으로 믿고 거기다 정성을 바쳐야 새 운수가 온다. 늙은이 중심의 살림을 고쳐서 어린이 중심의 살림으로 만들어야 우리에게도 새 살림이 온다. 늙은이 중심의 생활이었던 까닭에 이때까지는 어린이가 말썽꾼이요, 귀찮은 것이었고, 좋게 보아야 심부름꾼이었다. 그것이 어린이 중심으로 변하고, 어른의 존재가 어린이의 성장에 방해가 되지 말아야 하고 어린이의 심부름꾼이 되어야 한다. 낡고 묵은 것으로 새것을 누르지 말자! 어른이 어린이를 내리누르지 말자!

모든 것이 성인 중심으로 되어 어린이를 억압하고 있는 당시의 사회 가치관을 비판하면서, 어린이를 '터줏대감'으로 믿고 거기다 정성을 바치라고 외친 것이다. 이러한 주장은 암울한 식민지하에서 무한한 가능성을 가진 어린이를 바르게 교육하고 성장시켜 그들을 통해 독립을 이루려는 의지의 표현이자, 순수한 '아동중심적' 사고라고 볼 수 있다. 이러한 방정환의 어린이관은 봉건적 잔재가 남아 있던 당시로는 선구적인 인식 변화라 할 것이다.

방정환의 어린이운동

방정환은 '어린이의 날'을 제정하고 《어린이》 잡지를 발간하였고, 독립운동의 일환으로 다양한 소년운동을 벌였다. 어린이의 날은 그가 관여했던 '천도교소년회'가 1922년 5월 1일을 어린이의 날로 선포한 데서 비롯되었다. 어린이날 선포는 봉건사상에서 어린이를 해방시켜 존중하고 바르게 돌보아야 한다는 어린 해방사상의 표현이자 일제에게 빼앗긴 주권을 되찾자는 구국사상의 표현이기도 했다. 1923년 5월 1일 《동아일보》에 실린 제1회 어린이날 행사의 '소년운동 선언'의 내용은 다음과 같다.

> 첫째, 어린이를 재래의 압박으로부터 해방하여 그들에 대한 완전한 인격적 대우를 허하게 하라.
> 둘째, 어린이를 재래의 경제적 압박으로부터 해방하여 만 14세 이하의 그들에 대한 무상 또는 유상의 노동을 폐하게 하라.
> 셋째, 어린이 그들이 고요히 배우고 즐거이 놀기에 족한 각양의 가정, 사회적 시설을 행하게 하라.

어린이날 소년 척후단 행사
소년척후단 조선총연맹은 어린이들에게 민족의식을 고취하기 위해
결성되었다. 소년척후단은 보이스카우트의 전신이다.(독립기념관 한
국독립운동사연구소 제공)

이 선언이 갖는 역사적 의미는, 첫째 어린이를 봉건적 속박으로부터 해방
해 하나의 독립된 개체로 대우해 줄 것을 요청하였다는 점이다. 이런 의미
에서 이 선언은 어린이들의 근대적 해방 선언이라고 할 수 있다. 둘째 이 선
언은 어린이들을 봉건제도의 속박으로부터 해방할 것을 요청하고 있을 뿐
만 아니라, 일제의 식민통치하에서 자본제적 착취를 당하고 있던 어린이들
의 보호를 요청하고 나아가 이 문제가 사회적 책임이라는 것을 지적하고 있
다는 점이다.

당시 일제의 통치는 어린이들에게서 교육받을 권리 등의 제반 권리를 박
탈하고, 노동력 수탈의 대상으로 전락시켰다. 1920년대 이후 아동노동자
수는 급증하였으며, 아동노동자는 장시간 노동과 노동재해, 질병, 저임금

등에 시달려야 했다. 조선의 공장 아동노동자는 1920년대 방직공장을 중심으로 형성되기 시작하여, 1930년대 일제의 식민지 '공업화'정책 이후 증가했다. 특히 '국가총동원법'이 조선에 적용되는 1938년 이후 전시파쇼체제기(1938~1945년)에는 일제의 전시노동력 동원정책으로 이전 시기에 비해 아동노동자가 급증하였다. 조선상공회의소의 공식 통계에 따르면, 1943년 6월 현재 노동자 30인 이상을 고용하는 공장에서 아동노동자의 비율은 무려 약 24.1퍼센트에 달했다. 실제로는 절대다수의 어린이가 '교육받고 즐거이 노는' 대신에 각종 노동에 시달려야만 했던 것이 당시의 현실이었던 것이다. 이와 같은 상황에서 어린이날 제정과 '소년운동'은 어린이의 최소한의 권리선언이라는 의미를 갖는다.

방정환은 1923년 4월 17일 '색동회 회원들', '천도교소년회'의 협력으로 '불교소년회', '조선소년군' 등 경성 40여 단체를 망라하여 '소년운동협회'를 조직하였으며 매년 5월 1일을 어린이날로 제정하였다. 1927년에는 그 날짜가 5월 첫 일요일로 변경되었으며 1945년 해방 이후에는 5월 5일로 고정되었다. 1961년 제정, 공포된 아동복지법에서는 '어린이날'이 5월 5일로 정해져 법제화되었으며 1973년에는 기념일로 지정되었다가 1975년부터는 공휴일로 정해졌다.

조기교육 열풍과 경쟁사회

근대적 어린이관의 핵심은 어린이의 개성 인정, 아동보호, 아동교육에 대한 사회적 책임의 문제이다. 식민지 시대에는 민족적 억압과 차별, 제국주의적 착취 때문에 이를 제대로 실현할 수 없었다. 해방은 이런 측면에서 근대적 어린이관의 실현에 일대 전기가 되었고, 이제 단순히 근대적 어린이관의 확립뿐만 아니라 미래의 우리 사회를 책임질 후세 교육의 대상으로서 어린이 문제가 중요해졌다. 특히 어린이 교육 문제는 우리 사회의 남다른 교육열, 해방 이후의 급속한 산업화 등과 맞물리면서 어린이들의 생활에 가장 큰 영향을 미쳤다.

우리나라에서 취학 전 교육에 대한 관심이 고조되기 시작한 것은 1960년대 들어서면서부터이다. 1969년 문교부령으로 '유치원 교육과정'이 제정되면서 유치원 교육의 체계가 잡혔다. 보육시설에 대해서는 1961년 12월 '아동복리법'을 제정하여 탁아소에 관한 사항을 포함함으로써 비로소 탁아소가 법정시설로서 보건사회부 관할하에 정부의 지도, 감독을 받게 되었다. 특히 1960년대 후반 정부의 경제개발정책에 따라 여성노동 의존도가 높아지면서 자녀양육이 사회적 문제로 대두되기 시작했다.

1970년대에는 국내외적 요인들로 취학 전 교육에 대한 정부와 사회의 인

제1회 우량아 선발대회
1925년 서울 태화 사회관에서 열렸던 우량아 선발대회이다. '내 아이'에 대한 부모의 관심은 지나친 기대와 교육열을 몰고 왔다.

식이 전반적으로 높아졌다. 국내적으로는 국가의 경제발전에 의한 국민 생활안정과 사회구조 및 가족기능의 변화로 취학 전 교육에 대해 관심을 갖게 되었다. 또한 당시 북한이 1972년부터 11년제 의무교육을 표방하였고, 1976년 모든 어린이를 탁아소와 유치원에서 국가와 사회의 부담으로 키우도록 한 '어린이 보육 교양법'을 제정한 것도 어느 정도 영향을 미쳤다. 1980년대는 우리나라 취학 전 교육이 본격적인 발전을 이룩한 시기였다. 1982년 12월 '유아교육진흥법'이 공포되었으며, 영유아의 탁아 문제를 해결하고 가정의 복지를 증진한다는 취지를 담은 영유아보육법이 1991년 1월 제정, 공포되었다. 여성의 사회참여는 취학 전 유아의 보호, 교육문제와 직결되는 요인이다. 1960년대 이후 여성 경제활동인구가 꾸준히 증가해 왔으며, 1980년대 이후에는 특히 기혼 여성의 경제활동 참여가 크게 증가했다. 이에 따라 보육시설이 전국적으로 급격히 증가했던 것이다.

1990년대 이후 어린이교육에서는 특히 조기교육에 대한 과열 현상이 심했다. 이 시기 부모들은 자신의 아이들이 경쟁사회에서 이기려면 무엇이든지 남보다 빨리 가르치지 않으면 안 된다는 강박관념을 갖고 있었다. 이로인해 각종 유아대상 학원과 학습지 산업이 번창했고, 조기교육·영재교육·특기교육이 성행했다. 이에 따라 부모들의 사교육비 지출은 급증했다.

이러한 현대 어린이교육의 특징을 잘 드러내는 용어로 '입시지옥'과 '치맛바람'을 들 수 있다. 어린이들을 경쟁 위주의 교육으로 내몬 데에는 부모들의 비뚤어진 과잉 교육열과 가족이기주의가 한몫했지만, 급속한 산업화와 도시화 등 사회변동의 와중에서 계층상승의 효과적인 수단으로 '학벌'이 중시된 점도 빼놓을 수 없다. 1990년대 후반 경제위기와 IMF체제를 거치며 어느 정도 거품이 빠졌지만, 1980년대 들어 고도성장의 과실을 어느 정도 향유할 수 있게 되고 산업이 한층 고도화되고 상품경제가 확대되면서 경쟁심을 조장하는 교육, 치맛바람은 취학 전 아동들에게까지 확산되었고, 이것이 교육의 상품화 및 어린이들을 상대로 한 '키즈산업'과 밀접히 결합했다. 당시 취학 전 교육열의 배경에는 경쟁의식이 자리 잡고 있는데, 이러한 교육경쟁은 학력지향의 사회구조와 맞물려 있다. 우리 사회에서 학력은 개인의 중요한 평가 기준이 되어 왔기 때문이다.

1990년대의 '조기교육 열풍'은 비단 우리나라만의 문제가 아니라 세계적 추세였다. 근대산업사회 이후 조기교육에 대한 세계적 관심이 고조되고, 어린이의 권리 인식이 높아지면서 유치원교육이 보편화되었다. 학문적으로도 아동심리학을 비롯한 분과 학문이 발달했다. 여기에 가족구조의 변화에 따른 자녀수의 감소, 교육수준 향상과 의식구조 변화에 따른 여성의 사회참여 증대 등도 복합적으로 작용했다. 우리나라에서도 산업발전과 국민소득 향상에 따른 개인의 경제적 여유, 부의 축적을 위한 자본과 국가의 여성 노동력 동원 혹은 더 풍요로운 생활을 추구하기 위한 여성 경제활동 인구의 증가에 따라 어린이 조기교육이 성행했던 것이다. 여기에 학력 지향 사회구조가 학부모의 교육열을 부추기는 교육 경쟁적 요인으로 작용하기도 했다.

핵가족화 현상도 이러한 교육열을 부추긴 한 요인이었다. 1960년대 산아제한을 위한 가족계획 표어는 "아들 딸 구별 말고 둘만 낳아 잘 기르자."였다. "자기 먹을 것은 타고 난다."는 속담대로, 생기는 대로 낳아 기르던 우리 어머니들의 세대가 막을 내리고 새로운 '가족계획세대'가 생겨나기 시작한 것이다. 도시화와 산업화 그리고 핵가족화 심화라는 가족구조의 변화에 따라 아이들의 교육문제가 가정에서 가장 중요한 사안이 되었다. 여기에 국민소득의 향상은 그 경제적 뒷받침을 가능하게 하는 요인이 되었다.

1990년대 이후 경제적 수준의 향상과 함께 대가족 제도에서 핵가족 제도로의 변화, 산아제한이 상대적으로 어린이에 대한 소유욕을 강화시켰다. '내 아이'에 대한 부모의 관심이 지나친 기대와 교육열을 몰고 왔던 것이다. 이전에 비해 어린이를 위한 보호시설과 복지시설, 부모의 관심 등 어린이를 위한 배려가 여러 측면에서 향상되었지만, 지나친 교육열은 유아기부터 어린이들을 경쟁으로 내모는 결과를 초래하기도 했다. 빈부 격차는 교육 여건의 차이를 가져오며, 조기교육과 사교육비 지출의 증가는 빈부격차로 인한 상대적 박탈감을 사회문제로 만드는 요인이 되기도 한다. 그 때문에 유아교육의 공교육화를 통해 국가가 교육기회의 차별을 없애는 방향으로 나아갈 필요가 있다.

아동권리선언과 유엔아동권리협약

소파 방정환의 어린이운동은 유럽에서 1920년대 초 일어난 '아동권리옹호운동'과 맥을 같이 한다. 1924년 국제연맹 총회에서는 채택된 아동권리선언문에서는 "굶주린 아동에게는 먹을 것을, 병든 아동에게는 의료혜택을, 장애가 있는 아동에게는 도움을, 부적응 아동에게는 감화를 주고, 고아나 기아는 수용되어야 한다."고 천명했다. 아동에게 최선의 것을 주는 것은 인류의 의무라는 정신은 '아동의 권리 선언(1959)', '유엔아동권리협약(1989)'으로 계승되었다.

1989년 11월 20일 유엔이 채택한 아동의 권리에 관한 국제협약인 '유엔아동권리협약(CRC: Convention on the Rights of the Child)'은 건강하게 자랄 권리, 교육받을 권리, 놀 권리 등 아동이 누려야 할 권리를 모두 담고 있다. 현재 전 세계 195개국이 이 협약을 지킬 것을 약속했으며, 각 나라에서 유엔아동권리협약은 아동을 위한 정책을 만들고 실천하는 밑바탕이 되고 있다. 협약은 아동을 단순한 보호의 대상이 아니라 독립된 인격체이자 권리의 주체자임을 천명하며, 아동권리 보장에 대한 국가의 법적 의무를 규정한 최초의 국제법이다.

우리나라는 이 협약을 1990년 서명하고 1991년 비준했는데, 협약에 가입한 나라는 해당 국가의 아동 인권 상황을 주기적으로 '유엔 아동권리위원회'에 보고하여야 하고, 이 위원회는 해당 국가에 인권상황을 개선하도록 권고할 수 있도록 했다. 이러한 제도를 통해 협약은 전 세계적으로 아동권리 증진을 위한 주요한 동력으로 작용했다. 이 협약에서 정하고 있는 아동의 4대 권리는 생존권(건강·기본생활 보장), 보호권(안전·유해환경·학대), 발달권(보육·교육·인성), 참여권(인권·표현 및 결사의 자유) 등으로 구분할 수 있다. 이 네 가지 권리는 분리되는 개념이 아니라 상호 보완적이다. 생존·보호·발달권을 지키기 위해서는 참여권이 보장되어 스스로 필요한 부분을 이야기할 수 있어야 한다. 참여권이 존중되어야 아동에 가장 적합한 나머지 권리가 같이 충족될 수 있으며, 그들이 원하는 정책이 만들어질 수 있기 때문이다.

그런데 우리는 이 협약에 가입한 이래 유엔아동권리위원회로부터 아동의 견 존중과 관련한 개선 권고를 반복적으로 받아 왔다. 아동의 의견 표명과 참여권을 보장할 수 있는 제도를 마련해야 한다는 권고를 반복적으로 받았다는 것은, 우리 사회에서 아동의 참여권이 제한되었을 뿐만 아니라 개선이 되지 않고 있다는 점을 보여 준다. 참여권에는 인권 증진 교육, 학교 자치활동 활성화, 어린이 참여기구 설립 등의 정책이 포함된다. 아동의 참여권이 보장되기 위해서는 그들을 단순히 '보호의 대상'이 아니라 '권리의 능동적 주체'로 보는 사회적 인식의 전환이 우선되어야 한다. 즉 학대로부터의 자유와 보살핌의 권리를 넘어 '사회구성원으로서의 권리'를 보장해야 하는 것이다.

우리나라에서 처음 아동의 권리를 선언한 것은 국제연맹의 선언보다 한 해 앞선 1923년 소파 방정환이 발표한 '소년권리선언'이었다. 이 선언을 이어받아 1957년 정부에서 '어린이헌장'을 제정했다. 어린이헌장은 아동의 복지 증진을 위하여 국가와 사회, 가정이 책임져야 할 기본적인 요건을 조문화한 선언서로, 전문에 "어린이는 나라와 겨레의 앞날을 이어 나갈 새사람이므로 그들의 몸과 마음을 귀히 여겨 옳고 아름답고 씩씩하게 자라도록 힘써야 한다."고 적었다. 본문은 모두 9개항으로, 어린이는 한 사람의 인간으로서 존중받아야 하고, 튼튼하게 낳아 참된 애정으로 교육하여야 하고, 마음껏 놀고 공부할 수 있는 시설과 환경을 마련해 주어야 하고, 공부나 일이 몸과 마음에 짐이 되지 않아야 하고, 위험할 때 맨 먼저 구출되어야 하고, 어떤 경우에도 악용의 대상이 되어서는 안 되고, 굶주리거나 병들거나 결함이 있거나 보호가 필요한 어린이는 적절한 대처가 있어야 하고, 자연과 예술을 사랑하고 과학을 탐구하며 도의를 존중하도록 이끌고, 인류의 자유와 평화와 문화 발전에 공헌할 수 있도록 키워야 한다는 등의 내용을 담고 있다. 1988년 보건복지부가 개정하여 조항이 11개항으로 늘었고, 어린이의 권리를 명문화했다.

그 연장선에서 2016년 보건복지부는 전문과 9개 조항으로 구성된 '아동 권리헌장'을 선포했다. 유엔아동권리협약의 조항들을 함축적으로 모아 간결하게 정리한 것으로, 아동들이 학대 등으로부터 보호받을 권리, 놀 권리, 표현의 자유와 참여, 상상과 도전, 창의적 활동 등을 비중 있게 다루고 있다. 기존의 어린이헌장과 내용은 크게 다르지 않지만, 달라진 시대상을 반영하고 어린이의 처지에서 기술한 사실상의 첫 헌장으로 평가된다. 그 내용은 다음과 같다.

"모든 아동은 독립된 인격체로 존중받고 차별받지 않아야 한다. 또한 생명을 존중받고 보호받으며 발달하고 참여할 수 있는 고유한 권리가 있다. 부모와 사회, 국가와 지방자치단체는 아동의 이익을 최우선적으로 고려해야 하며 다음과 같은 아동의 권리를 확인하고 실현할 책임이 있다.

1. 아동은 생명을 존중받아야 하며 부모와 가족의 보살핌을 받을 권리가 있다.
2. 아동은 모든 형태의 학대와 방임, 폭력과 착취로부터 보호받을 권리가 있다.
3. 아동은 출신, 성별, 언어, 인종, 종교, 사회 경제적 배경, 학력, 생애 등의 이유로 차별받지 않을 권리가 있다.
4. 아동은 개인적인 생활이 부당하게 공개되지 않고 보호받을 권리가 있다.
5. 아동은 신체적, 정신적, 사회적으로 건강하게 성장하고 발달하는 데 필

요한 기본적인 영양, 주거, 의료 등을 지원받을 권리가 있다.

6. 아동은 자신이 살아가는 데 필요한 지식과 정보를 알 권리가 있다.

7. 아동은 자유롭게 상상하고 도전하며 창의적으로 활동하고 자신의 능력과 소질에 따라 교육받을 권리가 있다.

8. 아동은 휴식과 더불어 여가를 누리며 다양한 놀이와 오락, 문화, 예술 활동에 자유롭고 즐겁게 참여할 권리가 있다.

9. 아동은 자신의 생각이나 느낌을 자유롭게 표현할 수 있으며, 자신에게 영향을 주는 결정에 대해 의견을 말하고 이를 존중받을 권리가 있다.

그러나 선언문이나 헌장에 아무리 좋은 내용을 담는다고 해도, 그것이 자동적으로 어린이들의 권리와 지위를 개선해 주는 것은 아니다. 오늘날 우리 어린이들이 맞닥뜨린 현실은 그리 밝지 않다. 우리나라 아동의 '삶의 만족도'와 '행복도'는 경제협력개발기구(OECD)에 속한 국가 중 가장 낮다고 알려져 있다. 최근까지도 학대받는 아동들은 1만 명이 넘고(2014), 실종 아동이 3만 6,000명(2015), 아동 급식 대상자 40만여 명(2014), 복지사각지대에 방치된 빈곤 아동의 수는 최대 68만여 명(2011)이나 된다고 한다. 아동권리헌장이 단지 선언에만 그치지 않고, 실제 삶과 현실에서 제대로 지켜지기 위해서는, 인류의 역사가 인권을 존중하는 방향으로 점진적으로 발전해 온 것과 같이 우리 사회의 인식과 제도를 개선하려는 다양한 노력이 이루어져야 할 것이다.

오늘날 우리 어린이는 방정환의 시대와는 다른 세상을 살고 있는가. 물론 그렇다. 경제적 풍요와 교육기회의 확대, 부모의 관심, 사회적 인식의 제고

등에서 본다면. 그러나 인격적 대우라는 측면에서 본다면 아직 그렇지 않다. 어린이에 대한 인식 전환은 단지 구호로서만이 아니라 그들도 '인간'이라는 점을 인정하고 하나의 '인격체'로서 존중할 때 가능하다. 어린이는 앞으로 우리 사회를 이끌어 갈 후세대이기도 하지만, 현재 우리 사회의 구성원들이다. 이 시기에 바람직한 인생관과 세계관, 공동체 의식 및 민주적 질서 등을 포함한 인성교육이 그들에 대한 교육의 토대이자 핵심이 되어야 할 것이며, 나아가 사회 구성원으로서 이들을 '권리 행사의 주체'로 인정해야 한다.

김보영 _인천가톨릭대학교 강사

2부 전쟁과 군대

전쟁에 동원된 사람들

조선인민군 군인들의 삶

한국 징병제의 탄생

전쟁에 동원된 사람들

김미정

일본의 침략 전쟁과 식민지 조선

필연적으로 인간을 살상할 수밖에 없는 전쟁터에서 인간의 존엄성과 인권은 쉽게 경시되기 마련이다. 굳이 설명하지 않더라도 역사의 경험을 통해 그리고 세계사적으로 다른 국가의 역사 등을 통해 전쟁이 폭력, 잔인함, 통제, 죽음 등과 같은 용어들과 밀접하다는 것을 우리는 익히 알고 있다. 생(生)보다는 사(死)가, 평화보다는 갈등이, 자유보다는 통제가 일상화되는 상황, 전쟁은 그런 것이다. 그러한 전쟁이 시작되고, 식민지 조선인들은 원하지 않는 전쟁에 동원되기 시작했다. 일본의 침략 전쟁은 식민지였던 조선뿐 아니라 일본이 점령하고 있던 다른 국가까지 끔찍한 전쟁의 소용돌이로 내몰았다.

아시아태평양전쟁은 1931년 만주 침략과 1937년 중일전쟁, 1941년 아시아태평양전쟁으로 이어진 침략전쟁을 말하는데, 일제는 침략전쟁을 위해 일본 본토와 조선, 그리고 식민지 및 점령지 등에서 자원과 물자, 인력 등을 동원하였다. 식민지 조선의 상황은 일제의 침략전쟁으로 인해 더 피폐해졌을 뿐 아니라 남녀노소 할 것 없이 수많은 조선인들이 전쟁의 광기에 희생되었다.

전쟁 동원의 근거를 마련하다

전쟁을 하기 위해서는 병사와 무기만 필요한 것이 아니다. 전쟁 수행에는 이를 뒷받침할 수 있는 자원과 인력 그리고 자본 등이 필요하다. 전쟁에 참가하는 병사, 병사들을 지원하기 위한 군수물자가 필요하며 싸울 수 있는 각종 무기도 제작해야 한다. 이러한 물자를 생산하기 위해서는 전쟁을 지원할 인력이 반드시 필요하다.

전쟁이 본격화되면서 일제는 전쟁을 위한 일련의 체제 준비에 돌입해야 했고 전쟁 준비는 가장 시급하고도 당면한 문제가 되었다. 먼저 일제는 전쟁 수행을 원활히 하기 위해 〈국가총동원법〉(1938.4.1. 법률 제55호)을 공포·시행하였다. 〈국가총동원법〉은 1938년 4월에 일제가 인적·물적 자원의 총동원을 위해 제정·공포한 전시통제의 기본법을 말한다. 이는 전쟁 동원을 위한 법적 근거를 마련하여 본격적인 총동원 정책을 수행하기 위한 것이었다.

1938년 4월에 공포된 〈국가총동원법〉은 전쟁 수행을 위한 총동원을 규정한 법으로 이를 모법으로 하여 각종 하위 법령 등이 마련되었다. 법의 제1조를 보면 이 법이 인적·물적 자원을 통제하고 운영할 수 있는 '총동원 체제'의 기본 법률이라는 것을 알 수 있다.

"(제1조) 본 법에서 국가총동원이란 전시(전쟁에 준하는 사변의 경우도 포함)

국가총동원법 시행을 알리는 기사
《매일신보》1938년 5월 10일 기사

　에 국방 목적 달성을 위해 국가의 전력을 가장 유효하게 발휘하도록 인적·
물적 자원을 통제 운용하는 것을 가리킨다."

　일제는 〈국가총동원법〉 공포, 시행을 통해 본격적으로 인적·물적 자원,
자금 등을 동원하고자 하였다. 〈국가총동원법〉의 적용을 통해 조선 내에도
인적 동원을 위한 법적인 근거가 마련된 셈이다. 여기서 말하는 '총동원'은
인적 동원뿐 아니라 각종 물자, 운수, 통신, 위생, 금융 등 모두를 포함하는
것이었다.

　필요하면 칙령에 의해 국민을 징용할 수 있고, 국민·법인 기타 단체를 총
동원 업무에 종사, 협력하게 할 수 있으며, 종업자의 사용·고입(雇入)·해고,

기타 노동조건에 관한 필요 명령을 할 수 있게 된 것이다. 이와 같이 조선에서는 각종 통제 법령 등이 공포되면서 전쟁을 위한 강력한 통제체제가 구축되기 시작하였다.

끌려간 사람들

'총동원' 정책을 통해 본격화된 인적 동원은 크게 노무동원, 군인·군무원 동원 등으로 구분할 수 있다. 일제는 물자동원을 위해 제사에 사용될 놋그릇까지 공출해 갔을 뿐 아니라 수많은 사람들을 노무자로, 군인으로, 일본군 '위안부' 등으로 동원하였다. 남성뿐 아니라 여성과 아동도 그 대상이 되었다.

그렇다면 정부는 강제동원의 피해 범주를 어떻게 규정하고 있는가. 강제동원 피해의 범주에 대해서는 〈대일항쟁기 강제동원피해조사 및 국외강제동원희생자 등 지원에 관한 특별법〉에 제시되어 있다. 특별법 제2조 제1항에 따르면 '만주사변 이후 태평양전쟁에 이르는 시기에 일제에 의하여 강제동원되어 군인·군무원·노무자·위안부 등의 생활을 강요당한 자가 입은 생명·신체·재산 등의 피해'를 강제동원 피해로 규정하고 있다.

그렇다면 조선인은 도대체 얼마나 끌려간 것일까. 한국 정부의 '국무총리 소속 대일항쟁기 강제동원 피해조사 및 국외강제동원 희생자 등 지원위원회'(2015.12. 폐지)가 산출한 공식 인력동원 통계는 780만 명이다. 이것은 일본군 '위안부' 피해자와 같은 성 동원 피해자는 제외된 수치이다. 780만 명은 중복동원(피해자 가운데 동원지역과 유형에 따라 여러 번 동원된 사례가 있음)을 포함한 연인원으로 현재 한국 정부는 정확한 수를 파악하지 못하고 대략 추산(200만 명 정도)만 하고 있을 뿐이다.

노무동원

일제강점기 강제동원 가운데 가장 많은 인원을 차지하는 유형은 노무동원이다. 1939년 7월 8일 국민징용령이 공포(1939.10.1. 조선 시행)되고 남성과 여성, 국내외 가릴 것 없이 전시 노무동원이 진행되었다. 이들은 군수공장, 토목공사장, 광산, 산업현장 등에 동원되었으며 한반도뿐 아니라 일본, 남양군도 등 국외로 동원되었다.

일반적으로 강제동원, 징용이라고 하면 국외로 동원되는 것을 떠올리기 쉬운데 국외뿐 아니라 국내로 동원된 다수의 피해자들이 있었다는 사실도 상기할 필요가 있다. 국내동원 역시 관련 법률에 의한 일제의 강력한 통제와 관리 속에서 동원이 이루어졌다. 국내동원 피해자들은 국외동원 피해자들과 동원된 지역의 차이만 있을 뿐이다.

일제는 제주도, 해남, 거문도 등 노무자가 필요한 전국 곳곳으로 조선인을 동원하였다. 제주도의 경우 진지동굴이나 해안동굴 등과 같은 군사시설 구축이나 해남의 옥매광산 경우처럼 광산 작업 등을 위해 조선인을 노무동원하였다. 거문도는 군사시설을 구축하기 위한 동원이 이루어졌는데, 거문도 주민들을 동원하는 도내동원(道內動員)과 다른 지역 사람들을 동원한 도외동원(道外動員)이 병행되었다.

제주도는 일제가 침략전쟁 수행과정에서 연합군과의 전투를 대비하기 위

군함도 전경(2017. 11.)
군함도로 알려진 하시마(端島)는 일본 나가사키현(長崎県)에 위치한
작은 섬으로 하시마탄광은 많은 조선인들이 강제동원되어 혹사당한
곳이다.

하여 수많은 군사시설을 만든 곳이다. 제주도 군사시설물에 대한 구축은 일본군의 작전계획에 따라 정해졌다고 할 수 있는데 특히 진지동굴과 비행장 공사장 등과 같은 군사시설물 구축을 위해 일제는 제주도민은 물론이고 제주 외 지역 주민들까지 동원하였다. 다음의 사례를 보자.

제주도 구좌읍 한동리에서 출생한 부신봉(1928년생)은 1944년 봄부터 시작해서 정뜨르비행장, 진드르비행장 조성작업에 수차례 동원되었고, 전남 광양 출신의 장한종(1922년생)은 1940년에 광양광산에서 일을 하다 1945년 1월경 현원징용되어 제주도 성산포 해안동굴 구축작업에 동원되었다. 피해 사례를 보면 조선인들은 도내 동원, 도외 동원 할 것 없이 조선 내 광산과 각종 산업현장 등에 동원되었음을 알 수 있다.

국외의 경우 일본, 남양군도, 사할린, 만주 등으로 동원되었다. 그 가운데 일반적으로 우리에게 가장 익숙한 강제동원의 장소는 아마도 일본의 탄광산일 것이다. 배우 송중기가 주연을 맡았던 영화 〈군함도〉는 일본 나가사키에 있는 하시마(端島)탄광을 배경으로 한다. 이곳은 실제 조선인들이 강제동원되었던 곳 중 하나이다. 하시마탄광은 '지옥섬'이라고 불리던 곳이었다. 그만큼 위험하고 노동환경이 열악하였기 때문이다. 하시마탄광은 지하 1킬로미터가 넘는 해저탄광으로 유독가스가 수시로 분출되어 가스폭발 사고가 일어나기 쉬운 곳이었다. 이 말은 탄광이 무너지는 사고 발생 위험이 높은 곳이라는 뜻이다. 탄광 내부의 습도는 90퍼센트가 넘고 온도는 45도로, 그러한 곳에서 사람이 노동을 한다는 것은 웬만큼 건강한 사람이라 할지라도 견디기 어려운 일이었다. 하시마탄광에 동원된 조선인들은 특히 사고와 부상의 위험이 높은 탄광 안에서 강제노동에 시달렸다. 목숨을 담보로 한 노동이었다.

이러한 장소를 일본은 2015년 7월 일본 근대화의 상징으로 유네스코 세계문화유산으로 등재했다. 일본 정부는 등재 당시 '수많은 한국인 등이 본인 의사에 반해 동원되어 가혹한 조건하에서 강제 노역한 사실을 이해할 수 있도록 하겠다.'라고 약속하였지만 일본은 이 약속을 명확히 이행하고 있지 않다. 오히려 강제노역과 수탈의 현장이었던 하시마탄광의 역사적 사실에 대해 왜곡하고 있다. 그뿐만 아니라 강제동원되었던 피해자들의 존재에 대해서도 인정하려고 하지 않는 모습을 보이고 있다.

전시체제기 조선인 남성들이 일본의 탄광산 등에 강제동원되었던 것과 같이 조선 여성들도 일본의 공장 등으로 동원되고 있었다. 여성 노무동원의 대표적인 사례는 조선여자근로정신대를 들 수 있다. 동원된 여성들은 일본의 군수공장에서 전쟁에 필요한 각종 군수물품 등을 생산하는 일에 투입되었다. 이들의 역할은 단순히 남성의 보조적 역할이 아닌 남성을 대체할 노동력으로 이용되었다. 조선여자근로정신대에 대한 동원은 1940년대 이후부터 시작되었는데 이와 관련한 법령은 1944년 '여자정신근로령'으로 공포·시행되었다.

조선여자근로정신대의 경우 이들의 동원에는 학교의 교사, 교장 등이 관여하였다. 일본에 가면 공부도 계속할 수 있고, 돈도 벌 수 있다는 등의 이야기로 여학생들을 회유하였고, 이를 따르지 않는 경우 가족을 상대로 협박을 하기도 하였다. 교사의 말을 전적으로 신뢰하였던 어린 학생들의 마음까지 이용하는 기만적 방식으로 학생을 동원하였던 것이다.

군수공장으로 동원된 여성들은 강력한 통제와 규율 속에서 공장생활을 하였고 배고픔에 시달리며 중노동을 해야 했다. 미쓰비시 나고야(名古屋) 항공기 제작소와 같은 공장에서의 작업들은 성인 남성들에게도 중노동에 해당하는 일이었다. 군수공장에서 이루어진 노동 자체가 여성들에게는 버거운 작업들이었다. 그러다 보니 사고가 일어나는 일도 빈번했다. 키가 작아 높은 선반 위에 올라가 작업을 하거나, 신나 등과 같은 화학약품 등에 노출된 채 일을 하였다. 부상을 당하거나 아프더라도 제대로 된 치료를 받기도 어려웠다. 일상적인 위험이 산재해 있는 공간에서 작업이 이루어졌다. 지진으로 인해 목숨을 잃은 여성도 있었다. 전쟁 말기가 되면서 공습도 잦아져 안전을 담보할 수 없는 상황이었다.

조선여자근로정신대는 노무동원이라는 점에서 일본군 '위안부'와는 달랐지만, 정신대라는 용어는 당시 사람들에게 '처녀공출'로 받아들여지고 있었다. 이에 근로정신대로 동원되었던 여성들은 성 동원으로 오해받을 것이 두려워 돌아온 후에도 그들의 피해 사실을 쉽게 말할 수 없었다.

이들 피해 여성 가운데는 13세 여성도 있었다. 지금의 기준으로 보면 초등학생에 해당하는 연령이다. 이들에게는 여성이라는 표현보다 아동 혹은 어린이라는 표현이 적당하다고 생각된다. 당시 국제노동기구(ILO)에 가입해 있던 일본은 18세 이하 강제노동을 금지하는 국제조약을 비준하였다. 그러므로 당시 일제가 아동을 대상으로 한 강제노동은 그들이 비준한 조약조차 위반하는 일이었다. 일제는 침략전쟁 수행을 위해 강제노동을 금지한 아동까지도 노무에 동원하고 있었다.

군인·군무원(군속)동원

조선인에 대한 군인동원은 1938년 육군특별지원병제도를 시작으로 하여 1943년 해군지원병제도, 학도지원병제도, 1944년 해군징병제도, 1944년부터 1945년까지 시행된 징병제도에 기반해 이루어진 인적동원을 말한다.

1937년 12월 조선인특별지원병제와 1938년 2월 〈육군특별지원병령〉 공포 후 지원이라는 명분을 내세운 군인동원이 시작되었다. 1944년 4월부터는 본격적으로 징병제를 시행하여 20만 9,000여 명을 동원하였다. 징병제를 통해 본인의 의사와 상관없이 강제적으로 조선인 청년들을 전쟁터의 총알받이로 내몰았다.

일제는 징병제의 실시에 대해 조선인들의 완전한 일본인화 없이는 불가

| 조선징병제실시1주년 기념광고《매일신보》 1944년 8월 1일 1면. 징병제 실시 1년을 맞아 결의를 굳게 하라는 내용의 광고이다.

능한 것으로 생각하였다. 〈육군특별지원병령〉을 공포하여 만 17세 이상의 소학교 졸업자 이상의 학력 소지자를 대상으로 한 지원병제를 실시할 때만 해도 조선에서 징병제의 실시는 몇 십 년 뒤에나 가능할 것으로 보았다. 조선인을 징병할 경우 징병의 대가로 일본 국민으로서의 권리를 요구할 수 있는 빌미가 될 것이라고 판단했던 일제는 전쟁 초기에는 조선인을 징병제도에 포함시키지 않고자 했다. 그러나 1941년 아시아태평양전쟁 전후 전장이 확대되어 병력 부족이 시급해지면서 징병제의 필요성이 제기되었고, 결국 1942년 5월 내각에서는 1944년부터 징병제를 실시하는 것으로 결정하였다. 이로 인해 1945년 일제가 패망할 때까지 조선의 청년들이 전장으로 끌려가게 되었다.

《소국민》 아동잡지
표지에 '日本徵兵'이 씌어 있고, 군복을 입은 남자 그림이 그려져 있다. 본문에는 사진, 만화, 소설 등을 통해 일본의 침략전쟁을 옹호하고 전쟁지원을 독려하는 내용이 수록되어 있다. 일제는 아동잡지에까지 전쟁 선전을 했다.
(1944.6. 제2권 제6호, 국립민속박물관 소장)

징병으로 동원된 주석봉(1924년생)은 노무자로 동원되었다가 이후 징병 대상이 되어 군인으로 동원된 다중피해자이다. 주석봉은 1943년 9월경 징용되어 야하타제철소(八幡製鐵所)에서 쇳물 녹이는 작업을 하였다. 이후 1945년 영장을 받고 징병 제1기생으로 13541부대(육상근무 제137중대)에 편입되어 일본 메이노하마(姪の浜)에서 진지구축과 각종 사역에 동원되었다. 주석봉의 의사와는 상관없이 진행되는 일이었고, 그는 이러한 동원을 거부할 수 없었다. 동원 대상이 된 사람들은 그것을 따라야만 했다.

그러면 군무원 동원은 어떠했는가. 군무원은 육해군에 소속된 민간 인력을 말하는 것으로 '군속', '군부', '군요원' 등으로 불렸다. 이들은 대개 〈국민 징용령〉 이후 동원된 경우가 많았다. 그들은 한반도, 일본, 동남아시아, 중서부 태평양제도의 군 기지와 전선 등에 동원되었다. 포로 감시 업무 등도

▌1945년 2월경 훈련소 단체사진(김홍식 제공)

군무원(군속)이 수행하는 업무 중 하나였다. 군속으로 동원되어 포로감시 업무를 수행한 이들 중에는 일본 패전 후 전후 전범재판소에서 유죄판결을 받은 이도 있었다.

그 가운데 한 명이 이학래(1925년생)이다. 그는 17세에 육군 군속·포로수용소 감시원에 지원했다. 이학래는 시험을 보라는 면사무소의 권유를 거절하지 못했다. 말단의 군무원이었던 이학래가 했던 일은 포로관리 업무였다. 그는 포로학대 혐의로 사형을 받았다가 1947년 징역 20년으로 감형되었다.

전범재판에서는 일본 도조 히데키(東條英機) 등 극소수를 제외하고 침략전쟁을 기획하고 수행하였던 기시 노부스케(岸信介) 등 A급 전범 19명이 석방되었다. 전범 세력을 철저하게 단죄하지 않은 이 재판이 어쩌면 일본이 침략전쟁에 대한 책임을 회피하고 지금까지 반성하지 않는 국가로 만드는 데 일조한 것인지도 모른다.

일제에 의해 강제동원되어 참전할 수밖에 없었던 많은 조선인들은 '일본인'으로서 B, C급 전범으로 처벌을 받아 징역을 받거나 사형판결을 받고 세상을 떠났다. 전범이라는 굴레를 쓰고 잊혔던 그들은 2006년 '일제강점하 강제동원 피해진상 규명위원회'에서 강제동원 피해자로 인정되었다.

일본군 '위안부'

일본군 '위안부' 존재에 대해 알려지기 시작한 것은 1991년 피해 여성인 김학순이 '위안부' 피해에 대한 경험을 증언하면서부터이다. '위안부'라는 용어는 당시 일제가 공식적으로 사용했다는 점에서 역사적인 용어로 자리

잡았고, '성노예'라는 용어는 이 문제의 본질을 표현한다는 점에서 사용되기 시작했다. 1990년대 후반에는 '정신대'라는 용어와 혼재되어 사용되기도 하였으나 현재 학계와 국제활동의 장에서는 일본군 '위안부', '일본군 성노예(Japanese Military Sexual Slavery)'라는 표현이 사용되고 있다.

〈일제하 일본군위안부 피해자에 대한 보호·지원 및 기념사업 등에 관한 법률〉(약칭: 위안부피해자법, 법률 제17440호) 제2조 정의에 따르면 "일본군위안부 피해자"란 일제에 의하여 강제로 동원되어 성적(性的) 학대를 받으며 위안부로서의 생활을 강요당한 피해자를 말한다. 대한민국 법령에서는 '일본군위안부 피해자'라고 용어를 정의하고 있다.

일본은 1932년 상하이사변을 시작으로 1945년 8월 패전할 때까지 일본군이 주둔했던 아시아 태평양 각지(중국, 타이완, 인도네시아, 필리핀, 미크로네시아 등)에 위안소를 설치하여 여성들을 '위안부'로 동원하였다. 위안소의 운영 목적은 일본군이 주둔하는 지역의 현지 여성들에 대한 성폭력을 방지하고 성적 '위안'을 통해 병사들의 사기를 진작시키기 위함이었다. 위안소는 일본군이 주둔하거나 전쟁을 하는 거의 모든 곳마다 설치되었다.

일본군과 일본 정부는 위안소를 설치하고, 이들을 전장 곳곳으로 이송하는 일을 하였을 뿐 아니라, '위안부'를 대상으로 정기적인 성병 검진을 하는 등 위안소 운영에 대한 전반적인 관리와 통제를 하였다. 일본 정부와 일본군이 적극적으로 관여하고 협조하여 이루어진 일이었다.

가난한 농촌지역의 여성들은 간호사, 여공 등을 모집한다는 말에 속아 가기도 하였고, 유괴나 인신매매 등과 같은 방식으로 끌려가기도 하였다. 위안소에서는 성적 학대뿐 아니라 폭력, 협박과 배고픔 등에 시달렸고 전쟁

지역이라는 극한 상황에서 벌어지는 온갖 위험 등에 노출되었다. 동원 지역에 따라 전장의 한복판에 놓이기도 한 여성들은 공습과 같은 전쟁 공포와도 싸워야 했다. 도망가다가 잡히면 심한 폭력을 당하거나 죽임을 당하기도 하였다. 여성들은 자유를 구속당하였고 그곳을 벗어나거나 떠날 수 없었다. 일본이 패전한 후에는 학살되거나 버려지기도 하였다.

살아 돌아온 이들도 육체적, 정신적으로 피폐해진 상태였다. 특히 여성의 몸은 육체적, 정신적 학대로 심각한 후유증을 겪어야 했다. 몸에 남아 있는 보이는 상처만이 아니라 그들에게 쏟아지는 시선까지, 보이지 않지만 그들에게 남겨진 깊은 상처들을 감내해야 했다. 그들은 마치 죄인처럼 자신의 고통조차 말하지 못한 채 살아 내야 했다.

이것은 한 인간의 육체와 정신을 철저히 파괴한 전쟁범죄였다. 일본은 이러한 전시성 폭력, 즉 전쟁범죄를 저지른 국가이다. 전쟁범죄의 가해국 일본의 입장은 무엇인가.

위안부의 강제성을 인정하고 사과와 반성을 표명한 1993년 고노담화가 있었지만, 고노담화의 경우 '정부의 관여'는 인정하지 않고 '군의 관여'만 일부 인정하였다. 그리고 위안부 동원의 강제성과 위안소에서의 생활이 강제적인 상황에 놓여 있었다는 사실 등을 처음으로 인정하였다. 그러나 고노담화 이후 오히려 일본의 입장은 계속 후퇴중이다. 여전히 일본의 극우정치인들은 위안부 강제동원 사실과 고노담화가 인정했던 일본군의 관여조차 부정하고 있다. 한국과 북한을 비롯한 필리핀, 네덜란드, 인도네시아, 중국 등 수많은 피해자의 증언들과 연합국 문서 등 다양한 자료에서 일본군의 관여 사실이 확인되고 있음에도 여전히 일본군이 관여한 직접적인 증거가 없다고 주장하고 있다. 일본은 자신들이 저지른 잘못된 행위에 대해 반성과 사죄보다는 이를 부정하고 비난하는 방법을 택하였다.

고통과 마주하며 지켜야 할 가치

노무동원, 군인·군무원동원, 일본군 '위안부' 동원에 이르기까지 전쟁에 동원된 사람들은 남성과 여성, 아동 등 남녀노소를 가리지 않고 그 대상이 되었다. 자기가 살고 있는 지역뿐으로의 동원뿐 아니라 본인의 의사와 상관없이 타지역으로, 일본, 남양군도 등과 같은 국외로 보내졌다.

강제동원, 강제노무 등의 문제에서 말하는 '강제성'은 본인의 의사와 상관없이, 즉 '본인의 의사에 반한 행위'를 의미하는 것이다.

'신체적인 구속이나 협박, '법적 강제에 의한 동원, 취업사기, 황민화 교육에 따른 정신적 구속·회유, 속아서 간 경우' 등이 모두 포함되는 것이다. 또한 본인이 동의했다 하더라도 적정한 정보를 제공한 것이 아니라면 '본인의 의사에 반한 행위'에 해당된다.

'본인의 의사에 반해' 끌려간 사람들은 강제노무에 시달렸으며, 일본 침략 전쟁의 총알받이가 되었고, 일본군에게 성폭력을 당하는 등의 고초를 겪었다. 그 과정에서 영구적인 장애를 얻기도 하였으며 어떤 이들은 결국 살아 돌아오지 못하였다. 생존한 피해자들의 고통도 아직 끝나지 않았다. 돌아오지 못한 이들에 대한 슬픔조차 마음껏 드러낼 수 없었다. 유해라도 찾아 달라 요구할 수 없었다. 돌아온 사람들은 살아왔다는 것만으로도 다행으로 여기고 살아야 했다. 잔인하고 엄혹한 시절이었다.

일본의 침략전쟁으로 인해 낯선 곳에 끌려가 돌아오지도 못한 채 타국에서 생을 마감한 수많은 조선인들이 있다. 어떤 이의 아버지였고, 어떤 이의 소중한 아들과 딸이었으며, 또 어떤 이의 따뜻한 남편과 오누이였던, 전쟁에 동원된 사람들. 한 사람의 일생과 한 가족의 평화가 부서진 것은 사소하지 않다. 그런데 수많은 사람의 일생과 수많은 가족의 평화를 파괴한 것은 어떠한가.

©김미정

평화의 소녀상
일본군 '위안부' 피해자를 상징하는 조형물
(경기도 의왕시 소재)

강제징용 노동자를 상징하는 조형물
(서울시 용산역 소재)

우리는 가해자가 본인의 편의대로, 선택적으로 자신의 입장을 변명하기 위해 던지는 말을 사죄라 하지 않는다. 피해자가 받아들일 때까지 진정한 용서를 구하는 행위를 사죄라 한다. 진정한 사죄를 하지 않는다는 것은 그들이 한 행위에 대한 반성과 성찰을 하지 않는다는 것이며, 이는 언제고 이전과 같은 행위를 되풀이할 수 있다는 것을 의미한다.

　우리가 이 문제를 포기할 수 없는 것은 이것이 전쟁 책임의 문제이자, 정의와 평화 그리고 인권에 대한 문제이기 때문이다. 그리고 그것은 과거의 문제이자, 현재의 문제이며 우리가 반드시 지켜 내야 할 가치에 대한 문제이기도 하다. 때로는 피해자가 겪었던 경험들을 마주하는 것이 고통스럽고 힘들기도 하지만 다시는 이러한 역사가 반복되지 않도록 하기 위해서 우리는 이 문제에 끝까지 관심을 가져야 한다. 그리고 기억해야 한다.

김미정 _국가기록원 학예연구사

조선인민군 군인들의 삶

김선호

성장 과정

1950년 6월 25일에 한국전쟁이 발발했을 때, 조선인민군(朝鮮人民軍)의 군인들은 대부분 우리나이로 18~30살이었다. 이들은 불과 1~3년 전만 해도 도시의 공장에서 일하거나 농촌에서 농사를 짓던 평범한 노동자와 농민이었다. 물론 군인 중에는 일제강점기에 고등보통학교나 대학교를 졸업한 지식인도 있었지만, 이 같은 사람들은 극히 일부였다. 주로 20대 청년이었던 이들은 식민지가 된 조선에서 태어났기 때문에 한 번도 자신의 조국을 가져본 적이 없었다.

이들의 부모는 주로 지주나 동양척식주식회사로부터 땅을 빌려 농사짓는 소작농이거나 가난한 농민이었다. 북한은 남한에 비해 논이 적었기 때문에, 일제강점기에 북한 지역에는 3,000평 정도의 땅을 가진 소농(小農)조차 많지 않았다. 군인들은 1924~1931년 사이에 태어났다. 가난은 대물림되어 이들은 소학교(小學校)를 갈 나이가 되었을 때부터 농사일을 했고, 소학교에 가서도 월사금이 없어 쫓겨나기 일쑤였다. 가까스로 소학교를 졸업한 사람

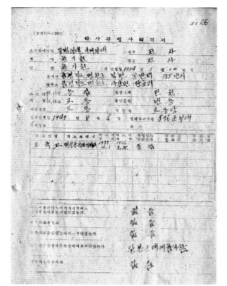
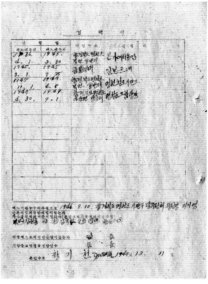

일본군 출신 조선인민군 병사(갑자생)의 이력서
민족보위성 직속 공병연대 전사 황기천은 1924년에 태어난 갑자생
이다. 그는 1945년에 징병되어 3월 1일부터 9월 25일까지 일본군 함
흥부대에서 근무했다.
(출처: 전기중대, 《전사·하사관 리력서철》, 민족보위성 직속 공병연대,
1949. 12., 미국 국립문서기록관리청, 문서군 242, 선적번호 2009, 상자번호 4,
문서번호 74.)

들은 중학교에 지원했지만, 입학금을 내지 못해 입학을 포기하거나 농사일
때문에 학교생활을 중도에 포기하는 사람도 많았다. 학교를 못 간 사람들은
어릴 때부터 집에서 부모를 도와 농사를 짓거나 운이 좋으면 공장의 보조직
원으로 들어갔다.

　일제가 1943년부터 조선에서 징병제를 실시했을 때, 이들의 나이는
13~20살이었다. 1927~1931년생은 1944년부터 일제가 예비병력에게 군
사훈련을 시키기 위해 설립한 청년훈련소에 의무적으로 입소해야 했다. 그

리고 1924년생(갑자생, 甲子生)과 1925년생(을축생, 乙丑生)은 일본군으로 징병되어 중국전선과 동남아전선, 멀리는 태평양의 남양군도까지 파병되었다. 이들은 연합군의 공격을 막는 최전선에 총알받이로 배치되었고, 일부는 포로로 잡힌 연합군을 감시하는 포로감시원으로 배치되었다. 그러나 살아남은 조선인 포로감시원들은 제2차 세계대전이 끝난 후에 연합국에 의해 B·C급 전범(戰犯)으로 처벌되었다.

해방과 입대

1945년 해방은 이들에게 말 그대로 빛을 되찾은 '광복(光復)'이었다. 농촌의 농민들은 일본인을 쫓아내고 자체적으로 치안대와 인민위원회를 조직해서 마을의 치안을 유지하고 지역에 설치된 조선총독부의 하부 행정기구와 통치기구를 접수하였다. 도시의 노동자들은 자체적으로 공장을 관리하면서 일본인 기술자를 대신해서 시설을 복구하고 기술을 연마해 나갔다. 교원 등 지식인들은 학교와 직장에서 일본식 교육과 질서를 없애면서 우리말을 가르치고 새로운 행정질서를 만들었다.

그리고 해방과 동시에 북한 각 지역에서 민족주의자들과 공산주의자들이 활동을 재개했고, 외국에서 활동하던 정치세력이 입북하기 시작했다. 김일성(金日成)·최용건(崔庸健) 등 동북항일연군(東北抗日聯軍)은 1945년 9월 19일에 소련군함을 타고 원산으로 입북했고, 김두봉(金枓奉)·무정(武亭) 등 조선독립동맹·조선의용군(朝鮮獨立同盟·朝鮮義勇軍)은 해방 직후에 만주로 갔다가 1945년 12월에 입북했다. 북한 지역에는 공산주의자들에 의해 각종 사회단체·정치단체가 만들어졌고, 조선공산당도 재건되었다. 농사를 짓던 청년들과 공장에 있던 청년들은 농민조합과 노동조합에 가입했고, 도시와 농촌의 여성들은 여성동맹에 가입해서 정치활동을 시작하였다.

해방된 지 1년이 지난 1946년 8월, 북한의 정치세력은 평북 개천, 함북 나남, 평양시에 각각 '보안간부훈련소'라는 이름의 보병부대를 창설했다. 이와 동시에 훈련소가 설치된 도에서 신병을 모집하기 시작했다. 인민군은 지금과 달리 6·25전쟁 이전까지 신병을 지원제로 모집하였다. 해방 이후에 북한의 청년들이 군대에 지원한 이유는 입대하면 그들의 가족에게 쌀이 배급되었기 때문이다. 그리고 북한 정치세력이 1946년 3월에 시행한 토지개혁도 큰 영향을 끼쳤다. 이들은 1만 5,000평 이상을 소유한 지주의 땅과 소작주는 지주의 땅을 강제로 몰수해서 소작농과 가난한 농민들에게 무상으로 분배하였다. 토지개혁은 지주들에게 재앙이었고, 소작농에게는 축복이었다. 이와 함께 해방 후에 농민조합·노동조합 등 사회단체와 공산당·노동당에서 사회주의사상을 배운 청년들도 자발적으로 입대했다.

병사들이 지원제도를 통해 입대했던 것과 달리, 장교들은 선발제도를 통해 1946년에 설립된 군사학교에 입학해서 장교로 육성되었다. 인민군은 국군과 달리 정치장교와 군사장교가 별도로 있었는데, 정치장교는 평양학원(平壤學院)에서 양성했고, 군사장교는 북조선중앙보안간부학교(北朝鮮中央保安幹部學校)에서 양성했다. 군사학교의 신입생은 혁명가의 자녀, 노동자·농민계급의 자녀, 공산당이 설립한 정치학교·청년학교 졸업생, 북조선로동당의 노선을 지지하는 청년들을 엄선해서 뽑았다.

하지만 모집된 청년들이 모두 군인이 된 것은 아니다. 청년들은 훈련소

제2보병사단 문화부 총무 윤증철의 증명사진과 자서전

윤증철은 1925년생으로 자작 겸 소작농 출신이며, 학력은 소학교 졸업이다. 그는 노동당원으로 1947년 1월에 제2보병사단 직속 정찰중대에 전사로 입대했고, 1948년 11월에 하사관으로 진급해서 제2사단 문화부 총무를 맡았다.

(출처 : 민족보위성 간부처, 《민족보위성 리력서(윤증철)》, 민족보위성, 1949, 미국 국립문서기록관리청, 문서군 242, 선적번호 2009, 상자번호 10, 문서번호 22.14.)

입소 전후에 신체검사와 사상 검사를 받았는데, 이 과정에서 불합격하는 청년들이 많았다. 신체검사의 통과 기준은 키 150센티미터 이상, 몸무게 48킬로그램 이상, 가슴둘레 80센티미터 이상, 시력 0.8 이상, 청력 1미터 거리였다. 가장 많은 불합격 이유는 '질병'이었고, 그 다음은 '정치사상 부적격'이었다. 해방 당시 북한 지역에는 병원과 의사가 턱없이 부족했다. 이로 인해 콜레라·천연두 등 감염병이 만연했기 때문에 집단생활을 하는 군대에서는 질환자의 입대를 근본적으로 차단했다. 또한 북한의 정치세력은 북조선로동당과 소련을 반대하거나 남한체제를 지지하는 사람들을 면밀히 조사해서

탈락시켰다. 신체검사와 사상 검사에서 불합격한 청년들은 바로 귀향 조치되었다.

입대한 청년들은 부대에서 가장 먼저 자신이 살아온 삶을 정리한 〈자서전〉과 〈이력서〉를 작성했다. 〈이력서〉에는 출신계급, 해방 전후 사회경력, 소속정당, 언어능력, 외국생활·외국군대 경험 등을 기재했으며, 가족들의 출신계급·직업·소속정당·주소까지 써야 했다. 〈자서전〉에는 본인이 태어났을 때부터 인민군에 입대할 때까지 살아온 경력을 자필로 기록하였다. 그리고 부대장은 군인들의 〈자서전〉과 〈이력서〉를 검토한 후에 그 사람의 개인 성격, 군사능력·사업능력, 사상적 경향을 평가해서 〈평정서〉를 작성했다. 이 〈평정서〉는 진급과 배치의 기본 자료로 활용되었다.

외출·휴가·결혼

군대 생활은 어느 나라나 비슷해서 인민군 군인들도 '외출'과 '휴가'를 갈 수 있었다. 하루 안에 부대 밖을 다녀와야 할 경우에는 '외출'을 신청했다. 외출 이유는 문화생활, 개인 진료, 가족문제 등 매우 다양했다. 항공연대 전사 17명은 1949년 11월에 평양 시내에서 영화를 관람하기 위해 외출했고, 군관 조윤준 외 6명은 1949년 10월에 함흥에서 온 학생들의 전람회를 관람하기 위해 외출을 신청했다. 수리소 하사관 김찬주는 1949년 12월에 중앙병원에서 안과 진료를 받기 위해 외출했다.

병사들이 가장 많이 외출을 신청한 이유는 가족 문제였는데, 상당히 폭넓게 외출이 허가되었다. 항공연대 계기기수 김창학은 1949년 11월에 가족들의 월동 준비를 위해 외출했고, 수리소 무기반장 강능열은 자녀의 출생증을 등록하기 위해 부대에서 평양시까지 외출을 신청했다. 또한 병사들은 자녀들의 학교에서 개최하는 학부형 모임에 참석할 경우에도 외출이 허가되었고, 결혼했을 경우에는 내무서(우리의 경찰서)에 혼인신고를 하기 위한 외출도 허가되었다.

인민군 병사들은 개인적인 일로 하루 이상의 시간이 필요할 경우에는 '휴가'를 신청했다. 휴가를 가는 군인들은 부대에서 〈여행증명서〉를 발급받았는데, 이를 기차역에 가서 보여 주면 무료로 기차표를 받을 수 있었다. 하사관 한일환은 1949년 6월에 형이 사망함에 따라 가사정리를 위해 고향인 함흥까지 5일 동안 휴가를 신청했다. 번역원 엄창신은 1949년 6월에 어머니의 부양문제와 친척의 채무관계를 해결하기 위해 8일간 고향으로 휴가를 갔다. 번역원 헌석주는 1949년 11월에 할머니의 병환과 가사정리를 위해 4일간 휴가를 신청했다. 영화기사 함태복은 1949년 12월에 가정생활이 곤란해서 어머니를 직접 모시기 위해 강원도 양양까지 6일간 휴가를 갔다.

한편 인민군에서는 정기적으로 병사들에게 단체 휴가를 주었다. 항공연대는 1949년 1월에 '하사관·병사 휴가'를 실시했다. 휴가자는 총 36명이었고, 휴가 기간은 1월 20일부터 2월 2일까지 14일 동안이었다. 또한 우리의 국방부에 해당하는 북한의 민족보위성은 특정한 기념일에 인민군 전체 부대에 단체 휴가를 지시하였다. 대표적으로 민족보위성은 1949년 2월에 전체 부대에 단체 휴가를 실시하라고 명령했다. 이에 따라 항공연대는 1949년 2월 14일에 '하사관·전사 휴가'를 실시했다. 민족보위성이 2월에 단체 휴가를 지시한 이유는 2월 8일이 바로 조선인민군 창설 1주년 기념일이었기 때문이었다.

그러나 병사들이 자유롭게 언제나 휴가를 갈 수 있었던 것은 아니다. 번역원 이춘열은 1949년 9월에 연대 참모장에게 고향인 함북 청진에 다녀오겠다면서 15일 동안 휴가를 신청했다. 그가 장기간 휴가를 신청한 데에는 사연이 있었는데, 이춘열은 부대에 있을 때 고향에 사는 형으로부터 아버지가 편찮으시다는 편지를 받았다. 그런데 형의 편지에 따르면, 그는 입대한 후 4년 동안 한 번도 고향에 가지 못했기 때문에 편찮으신 아버지를 뵌 적이 없었다. 이춘열은 〈휴가신청서〉에 '아버지 생전에 한 번이라도 가서 뵙기 위해 휴가를 신청한다.'라고 적었다.

물론 인민군 군인들도 직계가족의 병세가 위중하거나 상(喪)을 당했을 때는 '특별휴가'를 신청할 수 있었다. 군상점 회계담당 주창수는 1949년 9월에 어머니의 '급병(急病)'으로 특별휴가를 신청했다. 목적지는 평남 성천군이었고, 기간은 9월 10~13일까지였다. 군의소 위생병 최원봉은 1949년 2월에 부친상을 당했기 때문에 함남 북청군까지 10일간 특별휴가를 신청했다. 〈특별휴가 신청서〉에는 여행 방법도 자세히 기록했는데, 최원봉은 평양에서 북청까지는 기차로, 북청에서 성태면까지 20킬로미터는 자동차로, 성태면에서 창성리까지 25킬로미터는 도보로 갈 예정이었다. 당시에는 통신이 발달하지 못했기 때문에 가족들의 사망 소식은 군사우편이나 사람을 통해 전달되었다. 야전우편소 하사 장현상은 1949년 12월에 부친상을 당했는데, 이 소식은 장현상의 본가에서 고향 사람을 보내 직접 부대를 찾아와서 전달했다.

한편 군인들은 입대한 후에도 군대생활을 하면서 결혼을 할 수 있었다.

부대에서는 병사가 결혼할 경우에 '단기휴가'나 '특별휴가'를 주었다. 예를 들어, 제1대대 2중대 기수 이용수는 1949년 10월 4일에 결혼을 위해 특별휴가를 신청했다. 목적지는 강원도 원산시였고, 휴가기간은 10월 5일부터 12일까지 8일 동안이었다. 군인들이 결혼하기 위해서는 먼저 부대에 〈결혼신청서〉를 제출해야 했다. 군관 김종호는 여성동맹 맹원 최옥순과 결혼하기 위해 1949년 11월 24일에 부대장에게 〈결혼신청서〉를 제출하고 이를 비준해 달라고 요청하였다. 신청서에는 배우자의 주소, 생년월일, 직업뿐만 아니라 반드시 배우자 부모의 직업까지 반드시 기재해야 했다.

또한 군관들은 가족을 부대 인근에 데려와서 함께 거주할 수 있었다. 항

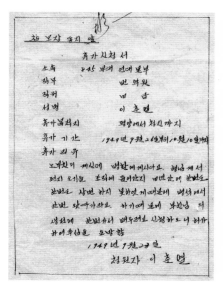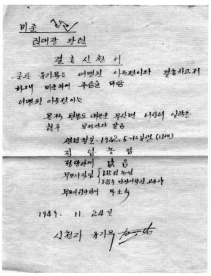

조선인민군의 〈휴가신청서〉와 〈결혼신청서〉
(출처: 대열과, 《제반신청서철》, 항공연대, 1949, 미국 국립문서기록관리청, 문서군 242, 선적번호 2009, 상자번호 2, 문서번호 157.)

공연대 무기부 번역원 이응배는 1949년 6월 24일에 참모장에게 〈보고서〉를 제출했다. 그의 고향에는 4명의 식구가 노동을 하면서 생계를 유지하고 있었는데, 배급을 전체 식구가 다 받지 못해서 생활이 곤란한 형편이었다. 그는 이 때문에 12일 동안 휴가를 내고 고향에 가서 모친을 부대로 데려오겠다고 보고했다. 인민군은 스스로 평등한 군대라고 선전했지만, 군인들의 삶은 이처럼 군사계급에 따라 생활의 자유와 혜택이 달랐다.

군대생활

인민군 군인들은 군대의 계급에 따라 '전사(戰士), 하사관(下士官), 군관(軍官)'으로 구분되었다. 인민군의 계급은 국군과 달리 하사관과 군관이 4단계로 나뉘어졌다. 전사는 병사·상등병, 하사관은 하사·중사·상사·특무장, 하급군관은 소위·중위·대위·총위, 상급군관은 소좌·중좌·대좌·총좌, 장관(장군)은 소장·중장·대장·원수로 구성되었다. 전사는 고향에서 부대로 바로 입대한 사람들이었고, 하사관은 따로 모집하지 않고 전사를 진급시켜서 채웠다. 군관은 대부분 군사학교를 졸업한 사람들이었다. 일부 군관은 대학교 졸업생·교원이나 노동당·행정기관 간부로 활동하던 사람을 특채 형식으로 선발했다.

군대에서 전사와 하사관은 '병실(兵室)'이라고 이름 붙여진 내무반에서 생활했다. 하지만 군관들은 내무반이 아니라 별도로 설치된 사택에서 살았다. 또한 하사관과 군관은 전사와 달리 군대복무를 하면서 결혼생활을 동시에 유지할 수 있었는데, 결혼한 하사관과 군관은 부대 밖에 있는 주택에서 가

조선인민군 군인의 일과표

일과시간	종목	소요시간	일과시간	종목	소요시간
05:00~05:05	기상	5분	13:30~13:40	세수	10분
05:05~05:25	조기운동	20분	13:40~14:20	점심식사	40분
05:25~05:50	세면	25분	14:20~15:25	오침	1시간 5분
05:50~06:10	아침검사	20분	15:30~16:20	제7상학	50분
06:10~06:50	아침식사	40분	16:30~17:20	제8상학	50분
06:55~07:25	사격연습	30분	17:30~18:00	무기소제	30분
07:30~07:40	교육검열	10분	18:00~18:30	포 소제	30분
07:40~08:30	제1상학	50분	18:30~19:20	자습	50분
08:40~09:30	제2상학	50분	19:30~20:10	저녁식사	40분
09:40~10:30	제3상학	50분	20:10~21:30	문화오락	20분
10:40~11:30	제4상학	50분	21:30~21:45	저녁검사	15분
11:40~12:30	제5상학	50분	21:45~21:55	산보	10분
12:40~13:30	제6상학	50분	22:00~	취침	

(출처: 군부대, 《일과표》, 조선인민군, 1950, 미국 국립문서기록관리청, 문서군 242, 연합군번역통역국(ATIS) 문서, 문서번호 200431.)

족들과 함께 살면서 부대로 출퇴근했다. 병사들은 한옥과 같은 온돌방이 아니라 매트리스가 깔린 평상식(平床式) 침대에서 생활했다. 그러나 매트리스는 지금처럼 스프링이나 쿠션이 있는 것이 아니라 헝겊 등으로 속이 채워진 형태였다. 내무반에는 난방을 위해 벽돌로 만들어진 소련식 난로 페치카(Pechka)가 설치되었다.

군인은 부대에서 입대 전까지 살아온 일과와 다른 방식으로 하루하루를 보냈다. 인민군 군인들은 아침 5시에 일어나서 밤 10시에 취침했다. 해가

지면 노동을 끝마치는 전통적인 생활방식과 완전히 다른 일과였다. '상학(上學)'이라고 명명된 교육·훈련은 50분씩 하루에 8회 실시되었고, 아침과 저녁에 각각 내무반에서 검열을 받았다. 식사 시간은 50분씩이었고, 오후에는 휴식을 위해 1시간씩 낮잠 시간이 있었다. 저녁에는 20분의 문화오락 시간과 10분의 산보 시간이 제공되어 교육과 훈련으로 지친 심신을 위로받았다. 문화오락 시간에는 문화간부의 지도에 따라 노래·연극·창작 등의 특별활동을 할 수 있었다.

북한의 청년들은 입대하기 전까지 대부분 소학교를 겨우 졸업한 사람들이었다. 해방 당시 북한 성인 인구의 약 3분의 2가 한글을 모르는 문맹자(文盲者)였다. 그러자 북조선임시인민위원회는 1946년 12월부터 겨울 농한기(農閑期)에 전국적으로 '문맹퇴치운동'을 전개하였다. 이 시기에 만 12세 이상 50세 미만의 문맹자들은 매일 의무적으로 한글교육을 받았다. 인민군 전사들 중에도 문맹자가 있었다. 글을 모르면 군사교육을 시킬 수 없었기 때문에, 부대에서는 담당교원을 지정해서 이들에게 직접 한글을 가르쳤다. 또한 군관들의 교육 수준도 전사들과 크게 다르지 않았다. 군관들도 대부분 소학교 졸업자였기 때문이다.

인민군 군인들은 부대에서 매일 군사교육과 정치교육을 받았다. 교육·훈련시간의 40퍼센트는 군사교육에 할애되었고, 36퍼센트는 정치교육에 할애되었다. 이와 함께 교육·훈련시간의 12퍼센트는 러시아어를 교육하는 데 할애되었다. 나머지 시간은 제식훈련시간과 체육시간이었다. 군사상학 시간에는 무기의 구조와 사용법, 부대별·병종별 전술이 교육되었고, 정치상학 시간에는 '소련공산당사, 노동당의 당건설, 김일성의 연설문, 북조선의 민주건설' 등이 교육되었다. 특히 민족보위성은 정치상학을 통해 군인들에게 인민군이 내각 수상 김일성의 항일유격대를 계승한 군대라고 선전하였다.

인민군이 군인들에게 별도로 러시아어를 교육한 이유는 무기와 장비가 소련제였고, 군사교범도 소련군의 군사교범을 번역해서 사용했기 때문이다. 1946년에 입대한 청년들은 일본군이 사용하던 38식·99식 소총으로 훈련을 받았지만, 1947년부터 입대한 청년들은 새로 지급된 소련제 무기로 군사훈련을 받았다. 또한 인민군은 육군·해군·비행사단마다 별도로 '번역원'을 배치해서 소련군의 군사교범과 군사지도서를 번역해서 사용하였다. 그 결과 인민군에서 사용하는 용어에는 러시아어가 많았다.

이와 함께 조선인민군총사령부는 1948년에 《로·조(露·朝)항공용어사전》을 발간해서 조종사들이 러시아어로 된 소련 공군의 교범을 공부할 수 있도록 조치했다. 여기서 나아가 북한의 민족보위성은 소련군 교범을 전문적으로 번역하기 위해 1949년에 총참모부에 '번역부'를 신설했다. 그리고 전체 군인들이 러시아어로 된 소련군 교범을 스스로 학습할 수 있도록 1949년에 《로어(露語)교과서》를 공식적으로 출판했다. 또한 민족보위성은 군인들이 군사용어를 쉽게 익힐 수 있도록 소련군의 군사용어를 한글로 번역해서 배포하는 데에도 힘을 기울였다.

군인들에 대한 러시아어 교육의 성과는 놀라웠다. 비행사단의 어느 조종사는 다음 사진처럼 1949년에 학습장에 〈비행기 포탄의 탄도 요소〉를 적었는데, 그는 '전투기와 폭격기의 조준법'을 그림과 함께 유려한 필체의 러시아어로 필기해 놓았다. 또한 공병학·포병학·비행학·무전학·전기학 등을 배운 군인들은 수학의 방정식과 삼각함수, 제곱근 등을 활용해서 도하장비의

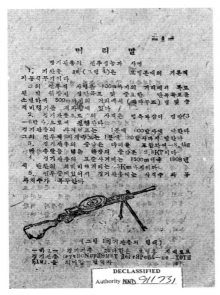
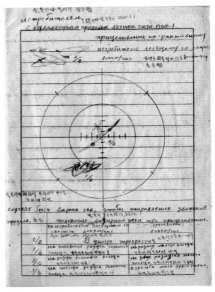

민족보위성의 《사격교범》과 비행사단 조종사의 학습장
왼쪽은 소련군의 《사격교범》을 민족보위성 번역부에서 1948년 8월
에 번역한 것이다. 본문을 보면, 낙하산을 뜻하는 러시아어 "빠라쓔
뜨(Парашют)"를 그대로 사용하고 있다. 오른쪽은 비행사단 조종사의
학습장이다. 러시아어를 유려한 필체로 써 놓았다.
(출처: 민족보위성, 《사격교범(직제료브경기관총)》, 민족보위성 군사출판부,
1948, 미국 국립문서기록관리청, 문서군 RG 242, 연합군번역통역국 문서, 문
서번호 200726; 비행사단 조종사, 《포탄의 탄도 요소》, 비행사단, 1949, 미국
국립문서기록관리청, 문서군 242, 선적번호 2009, 상자번호 5, 문서번호 124.)

도하중량, 포탄의 탄도, 비행기의 궤도, 무전과 전기의 원리 등을 계산할 수
있는 수준까지 도달했다. 이처럼 인민군의 군인들은 러시아어 교육과 소련
군 교범을 통해 군사교리뿐만 아니라 군대에서 서구의 근대적 지식을 습득
하였다.

인민군의 군인들은 입대해서 짧게는 1년, 길게는 3년 만에 군사교육·훈
련을 통해 소련제 무기와 장비를 능숙하게 다룰 수 있게 되었고, 소련군 교

범을 통해 제2차 세계대전의 성과가 집약된 소련군의 현대적 전술을 익혔다. 또한 이들은 정치교육을 통해 인민군이 김일성의 항일유격대를 계승한 역사적 군대이며, 억압받는 사람들을 무력으로 해방하는 '정의(正義)의 군대'라는 사고를 갖게 되었다. 농민과 노동자로 평범하게 살던 북한의 청년들은 이처럼 인민군에 입대해서 교육과 훈련을 통해 북한 정부를 위해 목숨을 바치는 '전사'로 육성되었다.

김선호 _한국현대사 박사

한국 징병제의 탄생

윤시원

현대 한국 징병제의 위기

현재 한국 사회에서는 징병제를 둘러싸고 격렬한 논쟁이 진행되고 있다. 논쟁의 주제는 징병제의 존폐 여부부터 여성 징병에 이르기까지 광범위하다. 징병제를 둘러싸고 전개되는 여러 가지 논쟁은 현대 한국의 징병제가 한계에 직면했음을 노골적으로 보여 준다. 현재 한국의 징병제가 위기를 맞은 일차적인 원인은 인구 구조의 변화에 있다. 출산율 하락에 따라 청년 인구가 감소하면서 군대가 필요로 하는 청년 남성의 수도 줄어들고 있다. 정부는 갈수록 줄어드는 '병역자원' 때문에 방대한 규모의 군대를 유지하는 데 어려움을 겪고 있다. 국방 개혁에 따라 군대의 규모가 대폭 축소되었지만 인구 감소가 너무 급격하게 진행되고 있어 이미 줄어든 군대를 유지하기도 버거운 현실이다.

징병제의 위기를 불러온 원인은 인구 감소뿐만이 아니다. 또 다른 중요한 원인은 '병역'의 의무를 둘러싼 '국민'과 '국가'의 갈등에 있다. 헌법 제39조는 "모든 국민은 법률이 정하는 바에 의하여 국방의 의무를 진다."고 규정한다. '국방의 의무'는 다양한 행위를 포함한다. '병역'은 여러 가지 '국방의 의무' 중 하나다. 문제는 다른 '국방의 의무'와 달리 '병역'은 직접적으로 국민 개인이 일정한 기간 동안 군복무를 하면서 개인의 자유를 희생한다는 점이다. '병역'은 '국방의 의무'를 위해 직접적으로 신체의 자유를 제약한다는 점에서 다른 '국방의 의무'와 근본적으로 다르다. 병역을 수행하면서 '국방의 의무'를 이행한 남성들은 국가로부터 합당한 보상을 받지 못했다. '공정하지 못한' 부담을 짊어진 청년 남성들은 의무를 강제하는 국가뿐만 아니라 자신들의 희생에 '무임승차' 한다고 생각하는 여성들에게까지 분노를 표출하는 데 이르렀다. 한국 징병제의 모순은 단기간에 형성된 것이 아니다. 한국 징병제의 모순은 징병제가 시행된 초기부터 누적되어 왔다.

한국 징병제의 시작

1945년 8월 15일 일본이 항복을 선언하면서 한반도에서는 국민국가 건설 운동이 본격적으로 시작됐다. 국가를 지키기 위해서는 군대가 필요했다. 해방공간에 난립한 정치 단체들은 정치 노선을 발표하면서 군대 건설 방침을 밝혔다. 이 시기 여러 정당 및 단체가 의무병역 실시를 표방했다. 대한민국 임시정부의 집권당이었던 한국독립당은 일찍부터 국민의무병역제도 실시를 주장했다. 광복군의 기관지라 할 수 있는 《광복》 제1권 4기에는 한국독립당의 당강을 해설하는 〈한국독립당 당강 해석〉이라는 글이 실렸다. 필명 사평(四平)의 글은 한국독립당이 국민의무병역제도를 추구하는 이유를 잘 설명하고 있다. 사평은 대한제국이 멸망한 원인이 의무병역제도를 수립하

▌《광복》제1권 제4기 표지

지 못한 데 있다고 주장했다. 그는 한 민족이 의무병역제도를 실시해 군대를 가져야만 다른 민족과 대등해질 수 있다고 보았다. 스스로를 지킬 수 있는 힘을 갖춰야만 다른 민족과 동등한 국제적 지위를 얻을 수 있다는 뜻이었다. 1945년 9월 25일 서울에서 발행된 《조선동포에게 고함》이라는 소책자에서도 병역법을 실시하고 건강한 남성에게 일정 기간 병역의무를 부과하자고 주장했다. 조선민족혁명당도 1945년 10월 10일 중국 충칭에서 제9회 전당대표대회를 열고 징병제를 실시해 국방

군을 건설할 것을 천명했다. 여운형(呂運亨)의 조선인민당도 국민개병제에 의한 국군 편성을 천명했다. 여운형은 1945년 11월 12일 조선인민당 결성식에서 한 연설에서 국민개병을 국민의 오륜(五倫) 중 하나로 중요하게 간주했다. 1946년 9월 4일 결성된 남조선노동당도 강령 11조에서 "민족군대의 조직과 일반 의무병제 실시"를 천명했다. 이렇게 해방공간에서는 좌우를 막론하고 민족군대 건설의 방편으로 징병제를 실시하자는 주장이 많았다.

해방공간에서 징병제를 주장한 사람들은 징병제를 국민의 중요한 권리 중 하나라고 생각했다. 위에서 언급한 사평은 병역이 국민의 의무인 동시에 권력이라고 보았다. 그는 일본이 조선을 식민지로 만든 뒤 조선인에게 병역

의무를 부과하지 않은 이유도 조선인에게서 권력을 빼앗기 위한 것으로 보았다. 군인이 되는 것이 권리라면 그 권리는 국민 모두가 누려야 했다. 해방 3년기의 징병제 논의는 징병을 국민의 평등을 구현하는 수단으로 파악했다. 하지만 이 평등은 남성 국민에 국한되는 평등이었다. 제2차 세계대전 당시 세계 각국에서 많은 여성들이 군대에 입대해 전쟁에 참여했다. 하지만 전쟁이 끝난 뒤에도 여성이 군대에 가는 것은 이례적인 일로 받아들여졌다. 여군이 여러 분야에서 활약했던 소련조차 전쟁이 끝난 뒤에는 군에 복무하던 많은 여성들을 신속하게 퇴출시켰다. 상대적으로 보수적이었던 조선 사회는 더 말할 나위도 없었다. 미군정 국립경찰이 여성 경찰을 채용하려고 하자 여자를 경찰에 임용하는 일은 시기상조라는 비판이 나오던 시대였다. 이런 시대적 한계를 무릅쓰고 일각에서는 여성 징병이 논의되기도 했다. 천도교 계열 정당이었던 신진당 선전부장 김병순(金炳淳)은 여성도 남성과 동일하게 징병할 것을 주장했다. 하지만 이런 주장은 매우 이례적이었다. 해방공간의 징병제 논의는 대부분 징병의 대상을 성인 남성으로 한정했다.

1948년 8월 15일 대한민국 정부가 수립되면서 징병제 실시는 더욱 힘을 얻었다. 1948년 9월 29일 국회에 제출된 국군조직법초안 제2조는 "대한민국 국적을 가진 자는 법률이 정하는 바에 의하여 국군에 복무할 의무가 있다"고 명시했다. 북한과의 대립과 불안한 국내 정세는 징병제 실시를 가속화했다. 1948년 11월 4일 대한노농당이 주최한 시국대책간담회에 참석한 18개 정당 및 사회단체 대표들은 국군조직법과 병역법을 조속히 제정해 건전한 국방군을 건설할 것을 촉구했다. 1949년 7월 13일 제4회 9차 국회본회의에 징병제를 명시한 병역법안이 상정되자 여러 정당이 이를 환영했다. 민주국민당 소속의 외무국방위원장 지청천(池靑天)은 병역법안이 상정되자 이를 환영하면서 의무병역제야말로 한국의 국정에 가장 맞는 병역제도라고 추켜세웠다. 그는 한국의 실정상 비용이 적게 드는 의무병역제를 채택할 수밖에 없다고 주장했다. 병역법은 7월 15일 본회의에서 재석 105명 중 찬성 76명으로 원안 수정 없이 통과됐다. 1949년 7월 15일 채택된 병역법은 많은 조항이 일본의 1927년 병역법과 유사했다. 일본 병역법을 그대로 받아들여 군복무기간은 육군이 2년, 해군이 3년으로 결정됐다. 또한 병역 구분을 상비병, 후비병, 보충병, 국민병으로 나눈 것도 일본 병역법과 동일했다. 다만 예비군으로서 호국병역이 추가된 점이 조금 달랐다. 한국의 첫 번째 병역법이 사실상 일본 병역법과 동일했던 원인은 병역법 작성을 담당한 인물들이 일본군에서 복무한 경험을 가지고 있었던 데 있다. 병역법 초안을 작성한 부서는 국방부 제1국이었다. 국방부 제1국장으로 병역법 초안 작성을 주도한 신태영(申泰英)은 제2차 세계대전 당시 일본군에 복무하면서 해주 육군병사부에서 조선인 징병 업무를 담당한 경험이 있었다.

대한민국 정부는 병역법이 통과되자 징병제 실시 준비를 서둘렀다. 1949년 9월 1일에는 징병업무를 담당할 8개의 병사구사령부가 창설됐다. 국방부는 본격적인 징병제를 준비하는 조치의 일환으로 1949년 12월 임시 징병검사를 실시하고 1950년 2월 임시 징병검사 합격자들을 입대시켰다. 국방부는 이어 1950년 1월 정식 징병검사를 실시하고 합격자들을 5월에 입대시키려 했으나 예산을 비롯한 제반 절차의 미비로 실시하지 못했다. 주한미군사고문단은 국방예산 부족 등을 이유로 정식 징병 실시에 비판적이었다. 결국 국방부는 주한미군사고문단의 건의를 받아들여 1950년 3월 15일 육군본

┃ 국군 훈련병의 행군(1950년 7월, NARA RG80)

부 병무국과 8개의 지병사구사령부를 해체하는 조치를 취했다. 국방부는
1950년 8월 정식 징병검사를 실시하는 것으로 계획을 변경했다. 하지만
1950년 6월 25일 북한의 침공으로 전쟁이 발발하면서 징병검사 실시는 이
루어지지 못했다.

한국전쟁과 국민의 징병제 경험

한국의 징병제는 전쟁이 일어나고 나서야 본격적으로 실시되었다. 하지
만 전황이 급박해 병역법에 규정한 절차를 밟는 정상적인 현역병 징집을 실
시할 수 없었다. 북한군이 파죽지세로 남진하면서 지방행정체계가 급속히
무너졌다. 이런 상황에서는 징집과 소집을 정상적으로 실시하는 게 불가능

했다. 이렇게 되자 국방부는 국민병역 대상자와 일부 예비역을 대상으로 소집을 실시할 수밖에 없었다.

소집조차 합법적인 절차를 밟아 이루어질 수 없었다. 전쟁 초기의 혼란한 상황에서 국방부는 정상적인 행정 절차를 통한 소집 대신 가두소집 같은 방식으로 병력을 동원했다. 가두소집은 명칭만 소집이었지 실제로는 강제 동원이었다. 군사경찰과 경찰은 병역 적령기라고 판단되는 남성들을 마구잡이로 붙잡아 군에 입대시켰다. 군사경찰과 경찰에 의한 강제 징집이 심각해 이를 비꼬는 '흘치기 부대'라는 은어까지 생겨날 정도였다. 그뿐만 아니라 전투부대들이 독자적으로 병력을 모집하는 사례도 있었다. 정부는 행정력이 부족해 청년방위대를 동원해 병력을 소집하기도 했다. 청년방위대원들은 사람들을 붙잡아 강제로 군대에 보내면서 본인들은 병역을 기피했기 때문에 비난의 대상이 됐다. 1950년 당시 16세였던 이동근은 대구의 피난처에서 가족들과 잠을 자다가 몽둥이를 들고 습격한 청년단원들에게 잡혀 카투사에 배치됐다. 이동근과 같은 사례는 비일비재했다. 보충병으로 온 카투사들이 강제로 끌려왔으니 집으로 보내 달라고 미군에게 하소연하는 사례가 종종 발생했다.

전쟁 초기에는 혼란스러운 상황에서 합법적인 절차를 밟지 않는 마구잡이의 병력 동원이 이루어졌다. 이렇게 동원된 병사들은 충분한 훈련도 받지 못하고 전투에 투입됐다. 1950년 8월 초 편성된 제26연대는 불과 일주일 만에 편성을 마치고 훈련병 한 사람당 9발의 실탄사격만 하고는 바로 전투에 투입됐다. 1950년 11월에 재편성된 제2보병사단도 비슷한 방식으로 만들어졌다. 제2보병사단은 서울 지역에서 가두모집으로 편성을 마친 뒤 북쪽으로 이동하면서 쉬는 시간을 쪼개 훈련을 실시했다.

국방부는 1950년 9월부터 전쟁 이전에 해체된 지방병사구사령부를 재건해 징병업무를 수행하려 했으나 중국군의 참전으로 전세가 다시 뒤집히면서 차질을 빚었다. 중국군이 남진하자 서울지구병사구사령부는 부산으로, 경기지구병사구사령부는 마산으로 철수했다. 서울지구병사구사령부는 1951년 3월 15일 서울로, 경기지구병사구사령부는 1951년 4월 25일 인천으로 복귀해 병사업무를 재개할 수 있었다. 징소집 업무를 직접 담당하는 경찰 조직의 재건이 늦어진 점도 병역법에 따른 징소집이 지연되는 데 영향

국민방위군
(1951년 1월, NARA RG80)

을 끼쳤다.

이러한 혼란기에 발생한 비극이 국민방위군사건이다. 국방부는 국방부가 통제하는 예비 병력 확보를 위해 1950년 12월 말부터 만 17세부터 40세까지의 제2국민병 해당자들을 국민방위군으로 동원했다. 중국군이 참전해 전세가 뒤집히자 정부는 중부지방의 국민방위군을 남부지방으로 이동시키기로 결정했다. 하지만 단기간에 40만 명이 넘는 병력을 동원하면서 이들을 지원하는 데 어려움이 생겼다. 게다가 국민방위군 지휘부의 부정부패로 인해 소집된 국민방위군의 처우는 처참한 수준이었다. 평택군에서 소집된 국민방위군 대원들은 교육대가 있는 삼랑진에 도착했을 때 식사가 나오지 않아 자비로 밥을 사 먹어야 했다. 국방부에서 국민방위군 교육대에 대한 실태조사를 실시한 결과 국민방위군 대원에게 하루 지급되는 식사는 쌀 4홉도 안 된다는 사실이 드러났다. 배가 고프다고 항의하는 국민방위군 대원을 구타하는 사건이 일어나기도 했다. 정부는 1951년 2월이 되어서야 만36세 이상의 국민방위군 대원을 귀향시키는 등의 조치를 취했으나 이미 때가 늦어 많은 희생자가 발생한 뒤였다. 게다가 귀향 조치를 한 국민방위군 대원들에게 귀향에 필요한 여비도 충분히 지급하지 않았다. 국민방위군 소집이 해제된 사람들은 교통수단이 없어 고작 2~3일치의 여비만 받은 채 수백 킬로미터 떨어진 고향까지 걸어가야 했다. 국민방위군 사건은 징병제에 대한 부정적인 여론을 일으켰다. 한국전쟁 당시 종군작가단으로 활동한 소설가 김팔봉(金八峰)은 국민방위군을 "빨갱이들이 의용군으로 서울 청년들을 강제로 끌어내던 것과 조금도 다름이 없는 것"이라고 비난했다.

이렇게 혼란스러운 상황이 정리된 것은 전황이 안정된 1951년 하반기 이

▌ 소집된 장정들(1950년 7월, NARA RG111)

후였다. 1951년 하반기부터는 병역법에 규정된 절차에 따라 징소집을 실시할 수 있었다. 1952년 9월부터는 정식으로 현역병 징집이 실시되었다. 하지만 징소집 대상자에 대한 처우는 크게 개선되지 못했다. 가장 큰 원인은 당시 한국의 정부 재정이 빈약했던 데 있다. 정부는 징소집을 실시하는 데 필요한 예산이 없어 징소집 대상자가 자비로 징병신체검사를 받도록 했다. 경상남도의 경우 제2국민병 소집영장을 받은 장정은 신체검사장소로 가면서 식비와 부식대 7,000원, 신체검사비 2,000~4,000원을 부담했다. 청원군의 무소속 곽의영(郭義榮) 의원은 국회에서 징집되는 장정들이 징병 검사관의 숙박비와 여비까지 부담을 하니 국민이 국가에 호감을 가질 수 없다고 질타했다.

이러한 경제적 부담뿐만 아니라 인권 침해도 심각했다. 무소속 송방용(宋邦鏞) 의원은 지역구인 김제군을 방문했을 때 경찰이 제2국민병 소집자들을 죄수처럼 포승줄에 묶어서 압송하는 광경을 목격하고 충격을 받았다. 그는 국회에서 국가의 간성이 되어야 할 입대 장정들을 범죄자 취급하는 광경을 보고 눈앞이 캄캄해졌다고 비난했다. 군기를 잡는다고 입대 장정들을 환송하러 온 가족들 앞에서 구타하는 일도 빈번했다. 대한국민당의 백남식(白南軾) 의원이 김일환(金一煥) 국방부차관에게 군대의 가혹행위를 근절하기가 어렵다면 최소한 가족들이 보는 앞에서 구타하는 행위만이라도 막아 달라고 호소할 정도였다.

상이군인 문제는 한국 징병제의 또 다른 어두운 단면이었다. 전쟁으로 수많은 상이군인이 발생했지만 재정이 궁핍한 정부는 충분한 대책을 세우지 못했다. 국회의원 박영출(朴永出)은 어떤 상이군인이 부산역 앞에서 군대에 간 것을 후회하는 모습을 보고 국회에서 상이군인 처우문제를 제기했다. 1952년 9월 18일의 칠곡경찰서 습격 사건은 정부의 부실한 상이군인 처우가 원인이 되어 발생했다. 상이군인 심재유(沈載由)는 고향 왜관을 방문했다가 가족이 매우 궁핍하게 생활하는 모습을 보고 왜관읍장 장준현(張準鉉)에게 도움을 요청했다. 하지만 장준현은 오히려 심재유에게 폭언을 퍼부었다. 분노한 심재유는 동료 상이군인 10명과 함께 심재유를 구타했다. 칠곡경찰서는 심재유와 폭행에 가담한 상이군인들을 체포했다. 이 사실이 신문에 보도되자 그동안 푸대접을 받고 울분이 쌓였던 상이군인들이 격노했다. 정황식(鄭皇植)이라는 상이군인은 심재유가 체포됐다는 기사를 읽자 격분했다. 그는 9월 18일 133명의 상이군인을 모아 왜관으로 갔다. 이들은 칠곡경찰서와 왜관읍사무소를 공격해 경찰관과 공무원들을 구타하고 건물을 파괴했다. 육군본부는 이를 진압하기 위해 군사경찰을 파견해 관계자들을 체포했는데 이 조치는 불에다가 기름을 끼얹는 꼴이었다. 이 소식을 들은 더 많은 상이군인들이 부산역에 집결해 열차를 탈취하려 했다. 결국 백선엽 육군참모총장이 직접 부산역에 가서 상이군인들이 해산하도록 설득해야 했다.

한국전쟁 시기의 징병제 경험은 부정적인 면이 많았다. 국민들은 전쟁 중에 겪은 경험으로 국가와 군대를 불신하게 됐다. 이런 부정적인 경험은 1950년대의 심각한 병역기피 현상을 초래하는 원인이 되었다.

1950년대의 병역기피 문제

한국전쟁의 경험으로 국가와 군대에 대한 불신이 커진 결과 1950년대에는 병역기피가 심각한 사회적 문제가 되었다. 서울의 경우 1953년에는 영장 발부자의 62퍼센트가 징소집에 불응했다. 1959년에는 51.3퍼센트가 징소집에 불응했다. 지방에서 병역을 기피하려고 서울로 도피한 사람도 많았으니 실제 서울시의 병역기피자는 공식통계에 잡힌 것보다 더 많았을 것이다. 지방에서는 징소집을 피하기 위해 산으로 도망가 숨는 경우도 많았다. 산으로 도망가 숨는 방식은 일제강점기 징병기피자들이 택한 방식이기도 했다. 병역기피를 위해 일본으로 밀항하는 경우도 종종 발생했다. 병역 기피 방식은 매우 다양했다. 호적을 비롯한 행정서류를 위조해 병역을 기피하는 사건은 비일비재하게 발생했다. 보다 독창적인 창의력을 발휘하는 병역기피자들도 있었다. 대구 출신으로 징집을 피해 서울로 온 채석주(蔡石住)는 1954

년 6월 5일 인왕산의 한 약수터에 유서 2통을 남기고 자살한 것처럼 위장하다가 경찰에 체포됐다. 다른 사람을 대리 입대시키는 사건도 있었다. 여자로 위장하고 병역을 기피하는 경우도 있었다. 1957년 10월 7일에는 여장을 하고 식모와 술집 접대부로 생활하던 24세의 김양수(金良洙)가 체포됐다.

1959년 8월 12일에도 여장을 하고 술집 접대부로 일하던 병역기피자가 적발되는 사건이 있었다.

하지만 합법적인 병역 기피 수단도 있었다. 일정 수준의 경제적 기반이 있는 사람들은 1950년대 중반까지 고등학교 및 대학에 입학해 징집을 보류하며 병역을 기피했다. 1954년에만 대학 재학생 8만 340명이 징소집 연기 혜택을 받았다. 한국 정부는 병역형평성 문제 때문에 대학생의 병역기피를 방지하기 위한 제도적 장치를 강화했다. 1955년 4월 1일 국무회의에서 통과된 병무행정혁신요강은 이공계 전공 대학생에게만 징집 연기를 허용하는 내용을 담고 있었다. 상류층은 해외유학을 통해 병역을 기피했다. 1955년까지 징소집 대상자의 해외유학은 급증했다. 1955년 해외유학을 떠난 985명 중 749명이 징소집대상자였다. 유학을 떠나면 병

▍ 1955년 2월 2일 《동아일보》 사설

역을 기피하기 위해 귀국하지 않았다. 1951년부터 1957년까지 출국한 유학생 4,381명 중 학업을 마치고 귀국한 사람은 9퍼센트인 401명에 불과했다.

병역에 대한 자유당 정권의 모순적인 태도도 국민의 냉소를 불러왔다. 자유당 정부는 공정한 병역이행을 주장하면서도 정치적으로 필요하면 병역기피를 조장했다. 1956년 대선 당시 자유당은 자유당 선거 운동원으로 활동하는 청년들의 징집을 연기해 줬다. 자유당 훈련원은 병역기피자들의 성역이었다. 경찰은 병역기피자 단속을 하다가도 자유당 선거운동원 증명서가 있으면 무사통과를 시켰다. 자유당 소속의 민의원 최병권(崔秉權)은 3대 국회 재임시 지역구민 1,200명의 징소집을 보류해 줬다고 공개석상에서 과시할 정도였다. 반면 야당을 지지하면 징집을 한다고 협박했다. 목포 경찰서는 1956년 대선 당시 야당 지지자들에게 집중적으로 징집영장을 발부하고 자유당을 지지하면 징집을 연기해 주겠다고 제안해 물의를 빚었다. 1958년 총선에서는 서대전경찰서장 김인진(金麟鎭)이 야당 지지자들을 병역법 위반으로 협박하라고 지시한 사실이 폭로되기도 했다.

국가의 엘리트 집단이 병역을 회피하고 국가 기구가 병역기피를 조장하는 현실에서 병역에 대한 인식이 개선될 수 없었다. 1955년 2월 2일의《동아일보》사설은 "권력 있고 돈푼이나 있는 집안의 자제들은 별의별 구실을 다 만들어 군에 안 들고 견디어 내니까, 마치 군에 들어가는 것은 사회 생활에 열등자·패배자가 되는 것 가튼 타락한 사상이 은근히 퍼지고"있다고 비판했다. 1948년부터 1960년까지의 기간은 한국의 징병제의 탄생기라고 할 수 있다. 이 시기에 한국의 징병제는 국민에게 부정적인 인상을 각인시켰다. 정부는 국민이 집단 경험을 통해 형성한 징병제에 대한 부정적인 인식을 바꿀 수 없었다. 정부가 만들어 내는 징병제 담론은 국민들 사이에서 공감대를 얻기 힘들었다. 이런 상황에서 징병제를 유지하기 위해서는 제도적인 수단을 강화해 국민을 통제하는 수밖에 없었다. 박정희 정권 시기에 국가는 국민을 통제하기 위한 다양한 제도적 기구를 만들었다. 제도적인 통제를 통해 징병제는 표면적으로 안정적으로 운영될 수 있었다. 하지만 그 내부에는 언제든지 폭발할 수 있는 불만이 누적되고 있었다.

윤시원 _성균관대 강사

3부 자본과 노동

만석꾼의 형성과 몰락

식민지 조선의 원주민 기업가

식민지 노동자의 삶

우리는 누구나 노동자!

만석꾼의 형성과 몰락

지수걸

일대 만석, 삼대 백석

한때 부자의 대명사로 천석꾼이니 만석꾼이니 하는 말이 유행한 적이 있다. 천석꾼이란 소작료 수입이 나락으로 1,000석쯤 되는 사람, 그러니까 반타작을 했다고 가정하면 대략 100정보(30만 평) 내외의 농지를 소유한 거부들이었다. 그러나 이들의 수는 생각처럼 많지는 않았다. 조선 역사상 지주제가 가장 발달했다는 1930년에도 천석꾼은 757명(일본인 236명), 만석꾼(500정보 이상자)은 43명(일본인 65명)에 불과하였다. 그러면 조선인 천석꾼·만석꾼들은 도대체 언제 어떻게 나타났다가, 오늘날은 다 어디로 사라져 버린 것일까?

사유재산제도가 형성되고 그에 따라 국가권력이 강화되면서 '부와 귀(貴)', 흔히 말하는 '돈과 빽(백)'은 별개의 것이 아니었다(돈과 '빽'의 상호 교환 및 부양·증식 관계). '돈 있고 빽 없는 자' 없듯이, '빽 있고 돈 없는 자'도 없었다. 이는 일제강점기의 경우도 마찬가지였다. 하지만 만석꾼의 '돈과 빽'은 격동의 세월만큼이나 불안한 것이었다. 예컨대, "삼대 가는 부자 없다."는 말이 있듯이 한국 근대의 만석꾼들은 세월이 요동질 칠 때마다 늘 불안하고 초조할 수밖에 없었다.

'일대 만석(一代萬石), 삼대 백석(三代百石)'류의 민담은 이를 함축적으로 보여 준다. 그 가운데 경남 합천 지방에 전해져 오는 이야기를 하나 소개하자면, 찢어지게 가난하나 착한 나무꾼이 어느 날 꿈을 꾸었는데, 꿈속에 산신령이 나타나, "열심히 일하는 것이 가상하여 상을 내리겠노라! '일대 만석'을 하겠느냐, '삼대 백석'을 하겠느냐" 하고 묻더라는 것이다. 그때 소박한 나무꾼이 "삼대 백석 정도면 감지덕지하겠습니다."라고 대답했더란다. 산신령은 혼잣말처럼, "그놈! 욕심, 참 대단하군, 에이! 당대 만석은 거창 아무개에게나 갖다 줘야겠군." 하면서 사립문을 나서더라는 것이다.

'일대 만석'이 '삼대 백석'보다 이익이라는 것은 두말할 나위가 없다. 그런데도 산신령은 '삼대 백석'을 택한 나무꾼을 '대단한 욕심쟁이'라 했다. 그뿐아니라 '일대 만석'은 '거지 적선하듯이' 거창 아무개에게나 줘야겠다고 말했다. 이게 대체 무슨 셈속이란 말인가? 하지만 이런 류의 역설을 이해하는 자만이 진정으로 세월의 지혜를 아는 자였다. 대개의 민담이 그러하듯, 이런 민담에는 격동의 세월 그 자체, 그리고 그런 세월을 온몸으로 살아 낸 민중들의 지혜와 염원이 온전하게 담겨 있다.

만석꾼 언제 나타났는가

지대(地代) 취득자인 지주는 경제잉여와 사유재산제도가 발생한 이후부터 오늘날까지 꾸준히 존재해 왔다. 그러나 전근대 사회의 지주와 근대사회의 지주는 여러 가지 점에서 그 성격이 판이하였다. 지대 취득방식만을 보아도, 전근대의 지주들은 경제 외적 강제(특히 신분법·제도)를 매개로 지대를 취득했음에 반해, 근대의 지주들은 경제적 강제를 매개로 이를 취득했다는 차이가 있다. 게다가 국가 사회는 물론이고 농촌사회에서 이들이 맡았던 정치·사회적 역할도 시기에 따라 많은 차이가 있었다.

그러면 한국 근대의 만석꾼들은 언제, 어떻게 형성되었을까? 이를 따질 때 주목해야 하는 시기가 바로 구한말이다. 구한말은 조선왕조 사회가 세계 자본주의 체제의 최말단부에 강제로 포섭되면서 이식자본주의가 왕성하게 발달하던 시기였다. 쌀, 콩, 면화의 일본 수출이 늘어나고 이에 따라 상업적 농업과 상공업이 발달하면서, 잘만 하면 한밑천 잡을 수 있는 기회가 누구에게나 열려 있었다. 신분제가 해체되고 국가 기강이 해이해지면서, '돈만 좀 있고, 줄만 잘 서면' 시골 군수 자리 하나 따내는 것은 정말 일도 아니었다. '당대 만석'들의 허구한 출세담들은 하나같이 치부의 비결로서, 1식 3찬을 넘지 않았달까, 기운 옷을 입었다랄까, 소똥도 말려서 썼달까, 이러저러한 자린고비류의 '신화'들을 열거하고 있다. 그러나 티끌 모아 태산을 이룬 만석꾼은 없었다. 구한말의 '당대 만석'들은 대부분 '돈 다니는 길목'에서 돈을 삼태기로 쓸어 담았던 사람들이었다.

물론 이런 흥청거림의 대극에는 아귀(餓鬼)와 채귀(債鬼), 권귀(權鬼)와 왜귀(倭鬼)에 시달리던 농민들이 자리하고 있었다. 그러나 신분제도와 토지제도에 의해 개개인의 사회 이동이 철저히 차단되어 있었던 조선왕조 시기와는 달리 구한말은 그야말로 가능성의 시대였다.

예를 들면 1930년 말 현재 100정보 이상의 토지를 소유한 충남지역 대지

김성수 생가
전남 고부군 부안면 인촌리
에 있다. 김성수는 지방관을
역임한 생부 김경중의 4남이
자 하급관리로 사립학교를
설립한 백부 김기중의 양자
라는 가문적 배경에다가 일
본 유학이라는 학벌까지 갖
춰 크게 성장할 수 있었다.

주는 대략 89명이었는데 이들 가운데 토지 집적 시기가 확인되는 68명의 대
지주는 대부분 구한말과 일제 초기, 특히 1890년부터 1909년 사이(34명)에
떼돈을 번 사람들이었다. 장터 국밥집 아들 김갑순은 봉세관과 군수'질'을
통해 1930년 말 현재 약 1,500정보의 논밭(기타 포함 3,371정보, 소작료 최고 3
만 4,000석)을 소유할 수 있었고, 양반이랄 것도 없는 태안 환동 이씨 가는 소
금밭과 벼슬밭을 일구어 1930년 말 현재 장남은 640정보(이기석, 기타 토지
포함 845정보), 차남은 235정보(이기승, 1,296정보), 손자는 110정보(이성진,
120정보)의 농지를 소유할 수 있었다. 그뿐만 아니라 화신백화점의 주인 박
흥식, 암태도 소작쟁의로 유명한 목포 지주 문재철, 전형적인 양반 종갓집
으로 유명한 해남 윤씨 가, 동아일보 사주인 김성수를 배출한 고부 김씨 가
등도 구한말 상업적 농업, 혹은 상업과 고리대를 통해 '당대 만석'으로 성장
한 사람들이었다.

그렇다면 구한말의 신흥 만석꾼들은 도대체 어떤 사람들이었을까? 몇몇
연구들은 중인층, 특히 향리나 역관층의 약진을 강조하기도 한다. 하지만

여러 사례 연구들에 따르면, 구한말의 만석꾼은 그 신분이 매우 다양했음을 알 수 있다. 예를 들면 충남 최고 갑부였던 김갑순은 구한말 공주 감영의 방자였으며, 논산 갑부인 김철수(1930년 현재 논밭 519정보 기타 15정보)는 정승집 마름, 서산 갑부인 백남복(1930년 현재 논밭 350정보, 기타 117정보)과 예산 갑부 김성권(1930년 현재 논밭 209정보, 기타 1정보)은 상인 출신이었다.

그러면 옛날부터 내려오는 양반 지주들은 어떠하였을까? 물론 이들 양반들에게 구한말은 여러 가지 점에서 흥할 가능성보다는 망할 가능성이 훨씬 컸던 시기였다. 가령 안동 유생들처럼 의병이나 독립운동을 위해 가산을 모조리 탕진한 양반도 있었으나 전혀 그렇지 않은 이들도 부지기수였다. 충남 지역만 보더라도 구한말의 격동기를 적절히 활용하여, 윤덕영(자작, 171정보), 이용직(자작, 100정보 이상), 민병석(자작, 200정보 이상), 민규식·민대식(300여 정보, 자작 민영휘의 아들), 조명구(154정보, 자작 조동윤의 아들), 윤치호(200정보) 등의 고관대작들은 도리어 엄청난 부를 축적할 수 있었다.

그뿐만 아니라 몇몇 사례 연구에 따르면 전남 나주 양반인 이계선은 구한말 목포와 영산포를 중심으로 활발해진 쌀과 면화 장사를 통해 당대에 2,000석을 거두는 대지주로 성장할 수 있었으며, 해남 윤씨 가의 윤정현도 상업적 농업과 토지개간 등을 통해 120여 정보의 농지를 소유한 대지주가 될 수 있었다. 이계선의 경우는 정초 세배 때마다 '집안 망신시키는 놈'이라고 집안 어른들에게 장죽으로 얻어맞아 매양 갓을 망쳐야 했으나 만석꾼이 된 연후에는 문중의 중심인물로 대접받았으며, 윤정현도 상당한 재산과 지위(중추원의원)를 바탕으로 문중의 위세를 확대 재생산할 수 있었다.

특히 강점 이후 일제의 강력한 쌀증산정책에 힘입어 지주경영의 안정성이 강화되고, 이런 과정에서 식민지 지주제는 더욱 확대되는 경향을 보였다. 요컨대 토지조사사업과 산미증식계획이 본격화되면서 대지주들은 총독부의 농업개발, 농촌통제, 농민수탈 정책에 편승하여 안정적인 지대 수취기구를 확보할 수 있었으며, 동시에 지방자치단체나 농업단체(농회, 금융조합)에 적극적으로 진출함으로써 정치적 안정도 어느 정도 확보할 수 있었다. 좀 과장해서 표현하자면 소설 제목처럼 조선의 만석꾼들에게, 일제강점기는 그야말로 '태평천하' 그 자체였다.

한편, 일제하의 만석꾼들은 재테크에도 적극적이었다. 가령 1930년대 즈음에는, 만석꾼 이상의 대지주 가운데 30~40퍼센트 정도가 상업·금융부

대구은행 안동지점
각지의 지방 은행은 대지주가 농외투자를 통해 자본가로 성장해 가는 대표적인 통로였다. 대구지역의 대지주 안동 장씨 가문의 장직상 형제는 이를 통해 급성장했다.

문, 혹은 제조업과 정미·양조업 부문에 농외 투자를 했으며, 이런 경향은 1930년대 초반의 대공황이 끝나는 1930년대 중반에 더욱 확대되었다. 농외 투자의 확대 과정은, 조선의 만석꾼들이 상품화폐경제와의 연계, 특히 금융 기관과의 연계를 강화해 가는 과정, 달리 말하자면 만석꾼의 경제가 엔 블록은 물론이고 세계자본주의 체제와 점점 더 밀접한 관련을 맺어 가는 과정과 다름이 없었다.

돈과 빽의 이중주

《대한매일신보》의 〈잡보〉와 〈지방소식〉란에는 각종의 사건·사고 소식이 그득하다. 어떻게 알았는지 쌀 판 돈, 땅 판 돈을 귀신같이 털어 갔다는 기사, 의병·의적을 자칭하며 훤한 대낮에 세금 걷듯 재물을 거두어 갔다는 기사, 지방의 부호들이 재산과 생명을 지키기 위해 일본군이 상주하는 도시로 거처를 옮기고 있다는 기사 등이 그것이다. 이렇듯이 구한말은 국가 부재, 치안 부재의 격동기였다. 따라서 조선의 만석꾼들은 항상 불안할 수밖에 없었다. 더욱이 구한말의 신흥 만석꾼들은 왕조사회의 양반지주들과는 달리 경제적 지위에 걸맞은 정치적 지위를 갖지 못했다.

이른바 '관료 – 유지 지배체제'는 항상 불안했던 조선인 만석꾼들과 지방 지배의 파트너가 절실하게 필요했던 총독부(통감부)권력이 '합방'과 동시에 대야합을 단행하면서 형성·발전시킨, 농촌 지배의 기제와 양식이었다. 즉 조선인 만석꾼들은 '관료 – 유지 지배체제'를 매개로 자신의 정치 사회적 지위를 공고히 하였을 뿐만 아니라 하나의 지위집단으로서의 자기 정체성을 확보할 수 있었다. 이런 차원에서 보면, 총독부 권력과 만석꾼들의 관계는 특혜와 충성심을 상호 교환하는 일종의 '보호자 – 피보호자 관계'에 다름 아니었다.

일제강점기 유지(有志)를 유지답게 해 준 주요한 기반은, '재산(특히 토지재산)', '사회 활동 능력', '당국 신용', '사회 인망' 등이었는데, 이런 기반을 골고루 갖춘 사람은 역시 만석꾼들일 수밖에 없었다. 만석꾼들은 집사, 마름, 소작인, 산지기 등 무수한 '꼬붕'들을 거느리고 있었을 뿐더러 '자선과 봉사'를 통해 그 나름의 '사회 인망'도 어느 정도 확보하고 있었던, 말하자면 제 스스로 강력한 정치자원을 보유한 사람들이었다. 1923~1924년경 800여 정보의 농지를 지주경영한 고부 김씨 가는 2,000여 명의 소작인과 38명의 마름을 거느리고 있었으며, 1,500정보를 지주경영했던 김갑순은 공주 지역에만 40여 명의 마름과 2,000명 이상의 소작인을 거느리고 있었다.

만석꾼들의 '유지정치'를 살필 때 첫 번째로 주목되는 것이 도평의회(도회)나 면협의회와 같은 지방자치기구들이다. 이런 기구들은 의결기구가 아니라 자문기구에 지나지 않았으나 '로비나 진정'과 같은 '뒷거래 정치', 혹은 각종 인허가 사항이나 금융 및 세제 특혜를 획득하는 매개로서 중요한 몫을 담당하였다. 말하자면 도평 의원이나 면협 의원 직함은 '당국신용'이 도타운 '새 양반'임을 입증하는 일종의 신분증명서나 마찬가지였다. 특히 일제강점기 '당국신용'은 사건·사고 때에 엄청난 위력을 발휘하곤 했다.

예를 들어, '예산농업학교 적색독서회사건(1933년)'의 경우를 보면 친인척 가운데 도회 의원 정도의 빽을 동원할 수 있었던 학생들은 아예 검사국에 넘겨지지도 않았을 뿐더러 어떤 학생은 출옥 이후 복학하여 당당히 면서기를 역임하였다. 1931년 지방제도 개혁 이후 전국의 만석꾼들이 본인이나 가까운 친척, 혹은 '꼬붕'들을 엄청난 선거비용을 소모하면서까지 지방자치기구에 진출시키려 한 것은 바로 이런 이유 때문이었다.

한편, 지방자치기구 이외에 군·면 단위의 각종 관변 조직이나 유지 단체도 '유지정치'의 매개로서 중요한 역할을 담당했다. 예를 들면, 군·면 단위의 농회와 금융조합, 학교(조합)평의회와 학무위원회, 수리조합과 산업조합, 소방조와 재향군인회, 소작위원회와 농촌진흥위원회, 적십자사와 빈민구제회, 또는 시민회나 번영회, 동창회나 학교기성회, 체육회나 친목회와 같은 단체 등이 그것이다. 특히 일제강점기에는 공식 부문의 정치가 별로 발달하지 않은 까닭에 앞서 언급한 단체들을 매개한 비공식 부문의 정치가 극성할 수밖에 없었다.

만석꾼들의 유지정치 실상은 전남 화순군 동복면의 대지주 오건기(1930년 현재 논밭 293정보, 기타 합계 893정보)의 사례를 통해서도 구체적으로 확인할 수 있다. 1937년 현재 오건기는 면협의회 의원, 군농회 특별위원, 군소작위원회 예비의원, 공립보통학교 학무위원, 여고보 후원회 간사, 관할 세무서 소득조사위원, 소방협회 도지부 평의원, 결핵예방협회 군지부 평의원, 도잠종조합 평의원 등의 직함을 가지고 있었는데, 그는 1939년 3월부터 1940년 4월까지, 신사(神社)건축, 경찰서 의용단, 소방조, 군사후원회, 청년훈련소, 사상연맹지부, 애국부인회, 일본적십자사 등에 거액의 기부금을 냈을 뿐만 아니라 황군위문금, 국민총력앙양대회 기부금, 충혼탑 설립 기부금 등에도 적지 않은 현금을 납부하였다. 1939년 현재 오건기가 지세, 제3종소득세, 호별세, 동(同)부가세 등의 명목으로 관청에 납부한 세금은 9,000원에 지나

지방 유지들의 집회
1931년 공주 금성금융조합의 마을 조합장 회의이다. 금융조합회의
는 돈 있는 지방 유지들이 정치에 나서는 대표적인 무대였다.

지 않았으나 1937년 한 해 동안 그가 각종 명목으로 기부한 현금은 치부책
에 적혀 있는 것만도 1만 원을 웃돌았다.

이는 막강한 연줄망, 즉 '줄서기'와 '편짜기'를 위한 비용과 다름이 없었
다. 가령 1932년 김갑순의 회갑연 때 축하 시문을 보낸 사람들의 면면을 보
면 당시 조선의 만석꾼들이 얼마나 광범위한 연줄망을 보유하고 있었는지
를 짐작할 수 있다. 회갑 때 들어온 시문을 편집한《동우수첩(東尤壽帖)》
(1937)이라는 책에는, 구한말의 고관대작들을 비롯하여, 정우회 총재, 내무
성 경보국장, 경시총감, 중의원 대의사, 총독부 비서관, 도지사, 도경찰부
장, 도세무감독국장, 법원장, 군수 등 전현직 관료 100여 명, 그리고 한시를
지을 줄 아는 공주 유지 222명의 이름이 촘촘히 올라 있다.

만석꾼의 몰락과 변신

1929년 미국 월가에서 발생한 금융공황은 전 세계의 자본주의 경제를 곧바로 파국으로 몰고 갔다. 그러자 각국 자본주의는 공황 위기를 타개하기 위하여 블록화를 강화하고 뉴딜정책으로 대표되는 이른바 경기부양정책을 강력하게 펼쳐 나갔다. 하지만 당시 일본 자본주의는 자본축적도 빈약했을 뿐더러 엔 블록 자체의 자기 완결성도 부족했다. 더욱이 일본 자본주의는 공황 직전 시기 자국 상품의 국제경쟁력을 높인다는 명목에서 철저한 디플레이션 정책을 펼쳐 나가고 있었으므로 공황의 타격은 더욱 심각할 수밖에 없었다.

1930년대 초반 대공황의 파고가 조선 농촌에 밀어닥치기 이전까지 몇 차례 우여곡절이 있기는 했지만 만석꾼들의 '태평천하'는 그런대로 지속되었다. 하지만 1930년대 초반 몇 달 사이 쌀값과 누에고치값이 절반 이하로 떨어지는 등 농업공황이 심각해지면서 식민지 지주제는 심각한 해체 위기를 맞이하게 되었다. 공황과 더불어 농가부채는 늘고, 보릿고개는 가팔라져만 갔다. 방화와 자살, 강도와 야반도주가 늘었으며, 소작쟁의와 세금불납투쟁 등 농민들의 생존권옹호투쟁도 더욱 격렬해져만 갔다. 일제시기 조직적인 농민운동이 가장 활성화되었던 것도 바로 1930년대 초반이었다. 이처럼 농업 재생산기반과 더불어 농촌사회 질서가 뿌리째 흔들리기 시작하면서 만석꾼들의 정치 경제적 지위는 급격하게 요동질치기 시작했다.

상황이 이러하자 총독부 권력 측은 지주들의 착취율을 부분적으로 제한함과 동시에 '자력갱생'의 구호를 앞세우며 '농촌진흥운동'이라는 관제 농민운동을 주도하기 시작했다. 더불어 공황 타개와 조선 통치의 공고화를 목표로 만주 침략을 감행하기도 했다. 하지만 이른바 '15년 전쟁'(만주사변~태평양전쟁)의 개시와 더불어 일제는 더 깊은 패망의 수렁으로 빠져들기 시작했다. 이런 가운데 조선인 만석꾼들, 특히 농외투자에 적극적이었던 만석꾼들은 중일전쟁 이후 강화된 노동력 및 농지통제정책, 소작료 및 미곡 통제 정책, 혹은 전시하에 급진전된 기업 및 금융통제정책으로 인하여 심각한 경제적 타격을 받기에 이른다.

몰락의 징후는 다른 측면에서도 나타나고 있었다. 가령, 예전에는 찍소리도 못하던 소작인과 청년들이 마을회의와 같은 공식·비공식적인 회합에서 '동의요! 제청이오!' 하고 드디어 말발을 세우기 시작했을 뿐 아니라 소작료나 날품 가격, 심지어는 지대수취 기구마저도 위협하는 사태가 벌어졌다. 높은 향학열과 도회열에 불타던 청년농민들의 동향은 가히 혁명적인 것이었다. 새로운 세대의 청년농민들은 학교교육이나 고학, 독학, 야학 등을 통해 노동의 가치와 인격의 평등성을 자각하기 시작했으며, 이런 자각을 바탕으로 자신들만의 문화를 발전시킬 수 있었다. 특히 농촌사회에 자생적으로 조직된 많은 사회운동 단체들은 이들의 문화, 즉 '청년문화'의 형성에 결정적인 영향을 미쳤다. 일제 경찰 측의 집계에 따르면 1931년 현재 합법적이며, 공개적인 활동을 전개하던 지역사회운동 단체 수만 해도 무려 7,336개에 달했다고 한다.

한편, '당대 만석', 즉 졸부들의 복잡한 집안 사정도 이들의 몰락을 가속화시킨 또 다른 요인이었다. 전근대 사회에서는 결혼과 사랑과 섹스는 서로 별개였다. 조강지처는 버리지만 않으면 되었다. 이는 당대 만석들에게도 익숙한 관행이었다. 대부분의 만석꾼들은 시골 본댁에 거처하는 조강지처와는 별도로 여기저기에 작은 부인과 첩을 거느렸으며, 그 밭에서 추수하듯이 배다른 자식들을 거두었다. 이런 사실은 처와 첩, 적자와 서자의 구별이 뚜렷한 만석꾼들의 묵은 호적(舊戶籍)을 떠들어 보아도 확인할 수 있다. 처첩들과 배다른 자식들 간의 물고 물리는 분쟁(상속분쟁), 그때나 지금이나 콩가루 집안의 분쟁에는 주 전선이 따로 없다. 큰놈과 작은놈이 싸우다 결국에는 아비와 어미, 아비와 자식이 싸우는, 그야말로 점입가경이었다.

더더욱 큰 문제는 '신세대'인 그들 자식들과의 갈등 문제였다. 전근대 사회의 양반들은 가정에서 자식들에게 '수신제가치국평천하(修身濟家治國平天下)'할 것을 가르쳤으며, 양반사회와 국가도 이런 특권교육을 공동으로 책임졌다. 따라서 양반문화 속에서는 세대 차이가 있을 수 없었다. 하지만 근대 학교교육이 보급되면서 '새 양반'들은 '편짜기와 줄서기', 더 궁극적으로는 돈과 빽의 재생산을 위해서 자식들을 가정 밖으로 내몰 수밖에 없었다. 하지만 서장 자리, 군수 자리 하나 얻을 욕심으로 도쿄 유학까지 시켜 주었건만 월사금 내고 배웠다는 것이 고작 '고상한 주색잡기'인 경우가 허다했다. 이런 과정에서 새 양반 집안의 세대 차이는 더욱더 심각해질 수밖에 없었다. 이 같은 세대 차이에서 초래된 부자간의 갈등은 여러 가지 점에서 돈과 빽의 대물림에 막대한 지장을 초래하였다. 물론 터득한 근대 지식을 바탕으로 몸과 마음을 다 바쳐 민족운동에 헌신하거나, 아니면 재산을 늘리기 위해 재테크에 열을 올린 만석꾼의 자식들도 있었다. 하지만 이는 드문 경우였다.

결국 만석꾼의 몰락은 '해방'과 더불어 현실화되었다. '해방'과 동시에 남북한 어디에도 만석꾼들의 태평천하는 없었다. 좌든 우든, 사회적 생산력을 해방시키기 위해서는 어떤 형태로든 식민지 지주제를 청산해야 한다는 데 동의하였으며, 성난 농민들은 인민위원회와 농민조합을 조직한 뒤, 토지혁명의 구호('토지는 밭갈이하는 농민에게로!')를 소리 높여 외치면서 권리투쟁을 넘어 권력투쟁의 전선에 떨쳐나서기 시작했다. 특히 1946년 초반 북조선임시인민위원회가 토지개혁을 주도하자 북한의 만석꾼들은 정든 고향을 버리고 월남을 서두르지 않을 수 없었다.

물론 남한 지역의 경우는 북한 지역과 사정이 조금 달랐다. 남한의 만석꾼들은 한국민주당 등을 매개로 가용한 정치자원을 총동원하여 농지개혁을 저지하고자 애썼다. 하지만 대세는 이미 결정나 있었다. 이를 눈치챈 만석꾼들은 급기야 토지 방매, 소유권 분산, 지목 변경, 재단 설립(호남 최대 지주 김충식의 동은재단, 오건기의 동고과학재단) 등의 방법으로 난국을 타개해 나가려 했다. 예를 들면 30정보 이상의 경기도 대지주들 가운데 농지개혁 때까지 20정보 이상의 토지를 보유했던 대지주는 13퍼센트에 불과했다.

해방 직후 만석꾼들이 서둘러야 했던 일은 토지재산의 처리만이 아니었다. 무엇보다도 새로운 연줄망, 즉 빽의 확보가 절박했다. 그러나 이는 그리 쉬운 일이 아니었다. 가령 김갑순의 경우는, 당시 막강한 위세를 자랑하던 영명학교 인맥, 즉 하지의 정치비서였던 윌리엄스 중령(영명학교 설립자의 아들, 공주에서 태어나 17세까지 공주에서 살았음.), 경무국장 조병옥, 충남도지사 황인식 등으로 이어지는 인맥을 붙잡지 못함으로써 결국은 섣달 그믐날 반민특위에 끌려가 치도곤을 당하였다. 김갑순은 뒤늦게 연줄망 형성의 필요성을 자각하고, 1950년 총선거에 두 아들과 장손자를 입후보시켰으나 낙선하고 말았다. 이런 곤욕과 위기는 김갑순만의 것은 아니었다. 암태도 만석

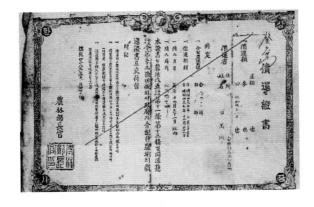

상환증서
토지개혁 당시 정부는 농민에게 토지상환증서를 주는 대신 지주들에게는 지가증권을 주었다. 그러나 전시 인플레로 지가증권의 가치가 액면가의 절반 이하로 떨어져 지주의 몰락을 앞당겼다.

꾼인 문재철이나 해남 윤씨 가의 윤정현도 반민특위에 회부되어 치도곤을 당하였다.

결국 한국의 근대 지주들은 농지개혁과 한국전쟁, 그리고 1953년에 실시된 화폐개혁으로 인하여 결정적인 타격을 받았다. 좀 과장하자면 전쟁과 화폐개혁 과정에서 지가증권과 '봉창돈'은 거의 휴지조각이 되고 말았다. 물론 우여곡절 끝에 돈과 빽을 유지하는 데 성공한 만석꾼도 전혀 없었던 것은 아니었다. 한 연구에 따르면 20정보 이상을 피분배당한 호남 거주 대지주 가운데 귀속사업체 불하 등 정부의 특혜정책에 힘입어 전업에 성공한 지주도 11퍼센트나 되었으며, 대지주였을수록 그 확률이 높았다고 한다.

그뿐만 아니라 만석꾼의 자식들 가운데는 남보다 긴 가방 끈과 든든한 돈과 빽을 밑천 삼아 의사나 교수, 판검사나 변호사 등 전문직업인으로 변신한 이들도 많았다. 더욱이 지방사회에는 지금까지도 '관료-유지 지배체제'의 잔재, 혹은 '끄나풀형 유지 집단'의 정치사회적 위세가 여전하다. 하지만 지방자치제의 실시와 더불어 이들의 위세는 점차 약화되고 있는 중이다.

한국 근대사는 '당대 만석'이 무수한, 그러나 '삼대 가는 부자'가 없었던 그야말로 격동의 세월이었다. 이런 세월 가운데 한국의 농촌사회에서는 서구에서는 흔히 볼 수 없는 대규모의 사회 이동이 전개되었다. 하지만 한국전쟁 이후 돈과 빽의 격렬한 요동질 가운데 급격한 사회 이동은 도시를 중심으로 급진전되었다. 이런 과정에서 '당대 재벌'들이 등장하였다. 과연 만석꾼과 재벌은 무엇이 같고 무엇이 다를까?

지수걸 _공주대 교수

식민지 조선의 원주민 기업가

전우용

사장님의 시대

서울이 폐허가 된 한국전쟁 직후, 다방들은 일자리를 찾아 헤매던 사람들의 공동 사무실과 같았다. 우편 사정이 좋지 않았던 데다가 전화 보급률도 낮았기 때문에 사람들은 다방을 연락 장소로 이용했다. 어딘가에 이력서를 제출했거나 거래를 부탁한 사람들은 다방 테이블 하나를 차지하고 앉아 커피 한 잔을 시켜 놓고 전화 연락을 기다리며 시간을 보내곤 했다. 다방 계산대 위에 놓인 전화기 벨이 울리면, 마담이나 레지(당시에는 다방 관리자를 마담, 종업원을 레지라고 불렀다.)가 수화기를 들었다가 곧 큰소리로 외쳤다. "김 사장님, 전화받으세요." 그러면 다방 여기저기에서 여러 명이 동시에 일어나 전화기 앞으로 달려갔다. 그 무렵 '사장님'은 중장년 남성을 부르는 2인칭 대명사였다. 사장님을 2인칭 대명사로 쓰는 관행은 이후로도 수십 년간 계속되었다.

자본주의 사회에서 사장, 다른 말로 기업인은 인격화한 자본(資本)이다. 기업인은 이윤추구를 목표로 삼는 자본의 논리에 따라 사는 사람이다. 기업인은 자본주의 사회의 주역이자 지배자이며, 그런 만큼 모든 이에게 동경(憧憬)받는 직업인이다. 정체불명의 사람을 '사장님'이라고 불러 주는 문화는, 이런 집단적 동경에 기초하여 형성, 유지되었다. 그런데 한국에서 기업인들은 동경의 대상이기는 하나 그리 존경받지는 못한다.

영단어 capitalism을 자본주의(資本主義)로 번역한 사람이 누구인지는 모르나, 인본주의(人本主義)와 정확히 대립하는 개념이라는 점에서 탁견이었다고 할 만하다. 돈과 이윤만을 추구하다 보면 인간과 인도(人道)를 무시하거나 짓밟는 일들을 저지르기 쉽다. 그래서 기업인을 동경하면서도 존경하지 않는 문화는 보편적이다. 하지만 기업인 중에도 노동력을 효율적으로 조직화하고, 기술 혁신을 촉진하며, 공공 부문에 기부하는 등 사회를 위해 기여하여 존경받을 만한 사람들은 있다. 적어도 초기 단계에 출현한 기업인 중 상당수는 '근검절약', '창조적 정신', '도전적 태도' 등 보편적 미덕을 다른 사람보다 더 많이 지닌 사람일 수 있다. 오늘날에도 빌 게이츠나 스티브 잡

경제개발계획에 대해 요담 중인 박정희와 박흥식
친일 자본가 박흥식은 해방 이후 반민특위에 회부되어 곤욕을 치렀으나, 반민특위 해체 이후 정경유착으로 다시 재계에 복귀했다.

스 같은 기업인은 세계의 많은 사람에게 존경받는다.

자본주의 사회는 몇몇 기업인의 사례를 근거로 자기를 재생산하는 논리를 만들어 유포해 왔다. 성공한 기업인은 타인과의 '공정한 경쟁'에서 승리한 사람들이며, 그 승리를 위해 탁월한 능력을 발휘했거나 숱한 좌절과 고난을 극복한 사람들이라는 신화들이 만들어졌다. 그러나 우리나라에서 이런 유형의 신화는 그다지 설득력이 없다. 이 땅의 수많은 서민이 어려서 공부 안 하고 게으름 부려서 가난해진 것이 아니듯, 기업인 대다수도 남보다 공부 열심히 하고 부지런하며 창조적이어서 자기 지위를 얻은 것이 아니다. 많은 경우 세습이나 우연적 계기에 의해서, 또는 부패한 국가 권력과 결탁하여 기업인으로 성장했다.

우리나라에는 근검절약, 기술혁신을 위한 노력, 새로운 경영기법의 개발, 자선심 등 자본가의 미덕을 갖춘 기업인이 거의 없다. 카네기, 록펠러, 포드, 로스차일드, 빌 게이츠와 같이 위인전에 소개될 만한 사람도 없다. 한국 기업인들에게서 연상되는 것은 대체로 정경유착에 의한 특혜, 탈세, 족벌체제, 부동산투기, 환투기, 회계 조작, 저임금 착취 등과 같은 악덕들이다. 기업인이라는 이름이 떳떳하지 못한 나라, 기업인이 존경받지 못하는 기묘한 자본주의 나라가 우리나라이다. 그리고 이는 한국 자본주의의 초기 단계부터 오늘에 이르기까지 기업인들 스스로가 초래한 현상이다.

벼슬아치, 장사치에서 기업가로

자본주의 기업인은 이윤을 소득원으로 하여 생활하는 사람이며, 이윤의 추구가 삶의 목적인 사람이다. 엄밀한 의미에서 기업인은 자본주의 시대와 함께 출현하지만, 그 이전에도 기업인이라 부를 수 있는 사람들은 있었다. 이를테면 상인이나 고리대금업자는 어느 시대에나 있었지만, 이윤추구를 목적으로 하였다는 점에서는 기업인과 다름없는 존재였다. 그렇지만 근대적 기업인이 본격 출현하는 것은 산업혁명기에 이르러서였다. 자본주의가 먼저 시작된 유럽에서는 농민이나 수공업자 중에서 기업인이 형성되거나 아니면 영주나 상인·고리대금업자 등이 기업인으로 변신하는 과정이 진행되었다. 어느 계층에서 기업인의 주력이 형성되느냐에 따라 사회의 성격도 달라졌다.

우리나라에서도 조선 후기에는 근대적 기업인이 출현하기 위한 여러 가지 조건이 성숙해 갔다. 농업생산력이 발전함에 따라 농민층 내부에서 부를 축적하는 사람들이 나타났고, 유통경제가 활성화하면서 상인의 수도 늘어났다. 광산과 수공업장에서도 자기 책임하에 경영을 전담하는 사람들이 나타나기 시작하였다. 물론 조선이 집권적 관료국가였던 관계로, 큰 부자는 대개 관료들이었다. 특히 19세기 세도정치기에는 극소수 특권 가문 출신 관료들에게 거액의 재부(財富)가 집중되었다. 관료들은 농촌의 부농들을 수탈하는 한편, 상업이나 광업 등에도 눈독을 들였다. 그렇지만 관료들은 이윤의 창출에는 기여하지 않으면서 그를 수탈하는 데에만 열중하는 기생적인 존재였다. 따라서 이윤의 분배를 둘러싸고 관료, 지주층과 농민·상인·수공업자 사이에 갈등이 생길 수밖에 없었다. 1876년의 개항은 이 구조에 새로운 갈등요인을 덧붙였다.

기계를 사용하는 대공장에서 생산된 값싼 외국제 상품이 쏟아져 들어옴에 따라 국내의 생산부문이 큰 타격을 입었고, 생산자들이 자본을 축적할 수 있는 기회는 심하게 제약되었다. 또 개항 직후 한때 활발한 활동을 벌였던 내국 상인들도 외국 상인들이 불법적인 내륙행상을 자행함에 따라 상권을 잃어 갔다. 자본주의 세계시장의 운영 원리를 알지 못했던 정부는 국내의 생산자와 상인들을 보호하지 못했다. 곡물 수출이 확대되는 상황에서 지주나 지방관들의 농민 수탈도 한층 심해졌다. 농민, 수공업자, 영세상인 등은 외국 상인 배척, 집단 시위, 무장투쟁 등 여러 가지 방법으로 저항했지만, 지배세력은 이들을 진압하기 위해 외세와 결탁하는 방향을 택했다.

반면 관료, 지주, 정치권력과 결탁한 특권 상인 등은 개항 이후에도 종래의 특권을 유지함으로써 계속 부(富)를 축적할 수 있었다. 특히 대한제국이 성립된 이후 이들의 특권은 한층 커졌다. 대한제국기에는 국유지와 왕실 소유지에서 소작료율이 높아졌으며, 상업세 징수도 크게 늘었다. 그 틈을 비집고 봉세관(封稅官)이나 특권 상인들이 막대한 부를 축적하였다. 또 관료들이 직접 경제활동에 참여하는 사례도 급격히 늘어났다.

본래 조선 사회에서는 양반의 상업활동은 금기시되었으며, 양반들 스스로도 상업활동에 참여하는 것을 수치로 여겼다. 그러나 개항 이후 대외 무역이 급증하고 상업 이윤이 크게 늘어나면서 양반들의 상업활동 참여는 거스를 수 없는 추세가 되었다. 1894년 갑오개혁 때에는 퇴직 관리의 상업활동이 공식 인정되었다. 여기에 독립협회 회원들을 비롯한 개명 지식인들이 식산흥업을 장려하고 황실과 고위 관료들의 회사 설립이 본격화함으로써, 관료층의 회사 참여는 일반화했다. 황족이나 고위 관료들과 결탁했던 특권 상인들도 회사 설립에 동참하기 시작하였다. 개항 이후 대한제국 시기까지 우리나라의 초기 자본주의화 과정은 관료와 특권 상인이 주도했고, 주요 기업인들도 이들 중에서 나왔다.

1904년 러일전쟁을 계기로 일본의 한국 식민지화 작업이 본격화하면서부터 기업인 형성과정도 크게 달라졌다. 우선 일본인 재정 고문 메가타 다네타로(目賀田種太郞)가 주도한 화폐·재정정리의 결과, 한국의 금융·재정체계가 전면 교란되었다. 당시 널리 사용되던 백동화의 액면 가치가 부정됨으로써 한인이 소유한 자본 가치가 평가절하되었으며, 조세 자금을 더는 상업자금으로 쓸 수 없게 되었다. 또 어음이 폐지됨으로써 신용거래도 불가능해졌다. 이에 따라 화폐 부족 현상, 즉 전황(錢荒)이 발생하였고, 수많은 거상(巨商)이 파산, 몰락하거나 자살하는 사태가 빚어졌다.

다음으로 황실 재정을 관리하는 동시에 사실상 전국 상업을 관장하던 내장원의 재정 기반이 해체됨으로써 그와 관련을 맺고 있던 관료, 상인들도 급속히 몰락하였다. 이용익, 최석조, 정영두 등 내장원 재산을 관리했던 관료 출신 기업인들은 해외로 망명하거나 파산했다. 내장원 납세를 조건으로 각종 특권을 행사했던 개항장 일대의 객주들도 특권을 잃은 채 일본 상인의 대리인으로 전락했다.

마지막으로 외국 상인들의 내륙행상 제한이 풀리고 경부·경의 철도가 완공됨으로써 일본 상인들은 아무런 장애 없이 전국 각지에 들어갈 수 있게 되었다. 이들은 일본군의 비호하에 의주, 평양, 개성 등 전통적인 상업 중심지에 둥지를 틀고 한인의 상권을 침탈하였으며, 경부철도·경의철도 연변은 그들의 상업 근거지가 되었다. 오래된 상업 도시의 한인 거상 대다수도 몰락의 길을 걸을 수밖에 없었다.

초기 기업인 상당수가 몰락한 반면, 일제 권력과 연계된 친일 관료와 지주들이 기업 경영에 나서기 시작하였다. 김종한, 송병준, 조중응, 장석주 등의 친일 인사들은 물론, 민영휘, 이완용, 이지용, 권중현 등 러일전쟁을 전후하여 일본과 결탁한 고위 관료들도 활발한 기업활동을 벌였다. 또 일본이 사실상 내정을 지배하게 됨에 따라 관료로서 출세의 기회를 잃은 중하위 관료 중 상당수가 새로운 생활 기반을 기업활동에서 찾기 시작하였다.

한편, 개항장 인근의 지주들도 쌀 수출이 확대되고 개항장 객주들의 특권이 소멸하는 상황을 이용하여 적극적인 상업활동에 나서기 시작하였다. 지주가 기업가로 전화하는 과정은 농공은행, 동양척식회사 등 일본이 정책적

경성직뉴 사옥과 경성방직 설립허가서
섬유업계 최초 주식회사였던 경성직뉴는 1915년 김성수에게 경영권이 넘어갔다. 1919년 설립된 경방은 직원채용에 '조선인에 한함'이라는 조건을 달았지만 끊임없이 예속적 발전의 길을 꾀했다.

으로 만든 회사들에 의해서도 촉진되었다. 최준, 정재학, 이병학, 현기봉, 김병선과 같은 영호남의 대지주들이 농공은행 참여를 계기로 각종 기업에 본격 투자하기 시작하였다. 이렇듯 식민지 시기 한국 기업가의 중추는 러일 전쟁 이후 일제의 한국 경제 재편과정에서 형성되었으며, 그들은 친일 관료, 친일 지주, 그리고 개항장과 서울 등지에서 일찍부터 일본인과 관계를 맺어 온 매판적 상인들로 구성되었다.

그러나 기업가 집단의 인적 구성이 달라졌다고 해도 그들의 속성은 달라지지 않았다. 정치 상황 변동에 따라 우열이 뒤바뀌기는 하였지만, 그들은 항상 권력을 지녔거나 권력과 결탁한 존재로서, 정치권력의 그늘에서 부를 축적해 갔다. 대한제국 시기에도 일제 초기에도 정치권력이 민중에게 수탈한 재물과 부(富)는 기업가들에게도 분배되었다. 따라서 우리나라의 초기 기업가들은 인권, 민주, 자유와 같은 자본주의 사회의 보편적 가치를 수용할 의지도 필요도 없었다. 관료, 지주, 특권 상인을 중심으로 하여 위로부터 자본주의화가 진행된 사회에서 자본주의의 긍정적 가치가 경시되는 것은 일반적이라 할 수 있지만, 우리나라의 경우 그 정도가 훨씬 심하였다. 그들은 봉건적 질서에 저항하면서 성장한 세력이 아니라, 그 질서 속에서 커 온 세력이었고, 그 질서가 유지될 때 더 쉽게 부를 축적했던 집단이었다. 정치권력과 유착한 사람들이 개혁적일 수는 없다. 특히 식민지 상황에서 절대 다수 한인 기업가는 자기 재산을 늘리기 위해 식민지 통치 권력에 적극적으로 협조하였다.

일본 자본에 대한 애증의 변주곡

식민지의 기업가들은 다른 자본주의 사회에서와는 달리 정치권력에 접근하기 어려운 존재였다. 식민지 조선은 일본인의 땅이었고, 총독부의 모든 정책도 일본인 위주로 시행되었다. 총독부는 1910년 조선회사령을 제정, 공포하여 조선 내 자본에 대한 전면적인 통제를 개시하였다. 또 1915년에는 조선상업회의소령을 공포하여 한인이 독자적으로 설립한 상업회의소를 모두 혁파하고 한인 자본가들을 일본인 상업회의소에 강제로 병합시켰다. 이에 따라 한인 자본가의 독자적인 이해(利害)를 대변할 수 있는 기구는 완전히 소멸했다.

조선회사령과 조선상업회의소령 제정에 따라 한인 기업가들은 일본의 식민지 정책에 철저히 순응할 때에만 살아남을 수 있게 되었다. 이때 살아남았거나 새롭게 등장한 기업가들의 주축은 송병준, 송태관, 조중응, 한상룡, 백인기 등 친일 관료와 그 후예들, 조진태, 백완혁, 조병택, 박승직 등 매판적 상인들이었다. 또 토지조사사업이 마무리되고 쌀 수출이 늘어남에 따라 지방 지주들도 직접 기업을 설립하거나 주식회사에 주주로 참여하기 시작하였다. 한인 기업가들의 양극화 현상도 심해져 지주, 고위 관료 출신, 매판 상인들이 대기업가로 성장한 반면, 지방 객주, 시전 상인, 중하급 관료 출신의 기업가들은 급속히 몰락하는 양상이 빚어졌다.

총독부는 1920년대에 들어 제1차 세계대전 중의 호황과 토지조사사업의 완료 등을 배경으로 하여 한인 자본에 대한 통제를 상대적으로 완화했지만, 그렇다고 해서 한인 기업가의 상황이 나아지지는 않았다. 회사령 폐지는 일부 한인 재력가에게도 합자로 기업을 설립할 기회를 제공했지만, 혜택은 일본인들에게 집중되었다. 1920년대 이후에는 일본인들의 식민지 투자가 급속히 늘어났고, 일본 상품의 수입도 급증하였다. 한인 기업가들은 민족의식에 물산장려운동을 펼치면서 민족의식에 호소했지만, 정치권력의 보호가 없는 상태에서 성장 기회를 찾을 수는 없었다.

대다수 한인 기업가는 매매알선이나 수출입 무역, 운송업 등 대 일본 교역을 보조하는 부문에서 근근이 명맥을 유지했다. 비교적 규모가 컸던 한인 은행들조차 지주의 토지 구입 자금 대부에 주력함으로써 식민지 지주제를 강화하는 구실을 했을 뿐이다. 경성방직주식회사, 대창직물주식회사 등 상당한 규모의 제조업 회사가 없지는 않았으나, 1920년대 내내 경영난에 허덕이는 상황이었다. 1920년대 고무신, 유기(鍮器) 등 한인 고유의 기호를 노린 부문에 설립된 회사들은 그나마 사정이 나았지만, 이들 역시 일제 대용상품에 자리를 내주거나 아니면 일본인이 세운 공장과 힘겨운 경쟁을 벌여야 하였다. 일본인 기업가들은 조선 시장을 한인 자본가들이 독점하는 것을 용납하지 않았다. 시장 확대의 전망이 조금이라도 있는 부문에는 여지없이 일본인 기업이 생겼다.

한인 기업가들에게 활로가 열린 것은 1931년 만주사변이 발발한 이후였다. 만주를 식민지로 확보한 일본은 일본-조선-만주 간에 새로운 분업 관계를 만들어 내고자 하였다. 일본을 중화학공업과 정밀기계공업 지대로 삼고 조선을 경공업 지대로, 만주를 농업지대로 하는 지역 분업 관계에 기반한 엔(円) 블록 경제권이 만들어졌다. 이에 따라 일본 산업자본의 조선 진출이 본격화하는 한편으로, 한인이 설립한 공장, 회사도 늘어났다. 경성방직주식회사 등 일부 기업은 만주에 진출함으로써 시장을 확대하는 기회를 잡기도 하였다. 한인 기업가들 사이에서도 '종속적 발전'에 대한 기대가 확산하였다.

그러나 식민지하에서 한인 기업가들에게 주어진 기회는 본래 제한적이었다. 일본 자본이 진출을 꺼리거나 아니면 일본 대자본이 필요로 하는 하청 부문에서만 제한적으로 존립할 수 있었을 뿐이어서, 발전 전망이 있는 부문에 독자적으로 진출하기란 불가능하였다. 일본 자본이 산업을 독점하고, 일본 상품이 시장을 석권하는 가운데 한인 자본은 일본인 회사의 하청기업이나 일본 물자의 판매를 담당하는 기업에만 투자될 수 있었을 뿐이다. 한인 기업가는 일본 경제에 구조적으로 예속된 상태에서 벗어날 수 없었다.

'내가 무슨 부르주아냐'

기업가는 자본주의 사회의 주연이어야 마땅하지만, 일제하의 한인 기업가들은 조연에 불과하였다. 그렇지만 그들은 노동자나 농민보다는 훨씬 우월한 지위에 있었다. 여기에서 식민지하 한인 기업가들의 이중적 성격이 배양되었다. 그들은 일본 자본에 의해 자신의 입지가 갈수록 좁아지는 데 불만을 품었다. 그러나 막상 일본 자본과 관계를 맺지 않고서는 기업가 지위를 유지할 수도 없었다. 주요 생산재를 일본 기업에 의존하지 않을 수 없는 상황에서, 그리고 일본인 회사의 하청기업을 운영하는 조건에서, 이들은 일본 자본을 마냥 미워만 할 수는 없었다. 더욱이 총독부 권력의 지원 없이는 노동자에 맞서 자신의 권익을 지킬 수도 없었다.

일본이 식민지 정책을 입안하면서 한인 기업가들의 처지를 고려할 이유는 없었다. 총독부 정책은 철저히 일본 자본의 이해만을 반영하였으며, 이는 식민지 조선에서 철저한 관치(官治) 경제가 유지되는 조건이 되었다. 따라서 한인 기업가가 사업기반을 안정적으로 유지하기 위해서는 총독부와 우호적인 관계를 맺는 것이 무엇보다도 중요하였다. 이들은 기생집과 요정에서 총독부 관리들을 접대하고, 일본인 기업가들에게 아부해야만 기업활동을 계속할 수 있었다. 그들 스스로도 일본인들과 어울리기 위해서는 진짜 일본인 못지않은 일본인이 되어야 한다는 사실을 잘 알았다. 생활과 의식의 모든 면에서, 그들은 '일본인'이 되는 것이 사업 성공을 위한 전제임을 절실히 느끼고 있었다.

그러나 그것만으로는 부족하였다. 그들이 아무리 '일본인'이 되기 위해 노력하더라도 일본인들이 보기에는 '조선인'일 뿐이었다. 여분이 있으면 나누어 줄 수 있었겠지만, 경쟁상대가 되는 것까지 용인하지는 않았다. 그들은 식민지 기업가의 삶이 안정적일 수 없다는 사실을 잘 알았다. 사업이 망해도 돌아갈 곳은 남겨 놓아야 했다. 더욱이 그들 대다수는 지주 출신들이었다. 지주라는 지위를 버리고 언제 망할지 모르는 기업활동에만 매달릴 수는 없었다. 그래서 그들은 기업가인 동시에 대지주였다. 식민지하 한인 기업가들에게 ○○주식회사 취체역, 감사역이라는 지위는 일본인과 교섭하기 위한 직함에 불과한 경우도 많았다. 또 조선을 식량 공급지로 삼으려는 일본의 식민지 정책이 계속되는 한, 토지 소유는 그 자체로서 상당한 이득을 보장해 주었다. 따라서 식민지 시기에는 지주가 각종 회사에 투자하는 일이 늘어나는 한편으로, 기업가가 토지를 매입하는 일도 많아졌다. 기업가와 지주는 한 몸의 두 인격체였던 셈이다.

식민지 조선 경제가 불구적이었던 만큼 한인 기업가도 불구적이었으며, 식민지 조선 경제가 예속적이었던 만큼 한인 기업가도 예속적이었다. 이러한 성격은 독립운동에 대한 태도에서도 드러났다. 그들은 일본의 식민지 지배를 정면에서 부정할 수 없었다. 정치적 독립에 대한 기대는 버리지 않았지만, 경제적 독립은 원하지 않았다. 그들은 일본 자본이 없는 자본주의를 상상하지 못했다. 그들은 독립을 바라되 자본주의적 질서가 유지되는 독립을 원하였다. 그들에게 익숙한 자본주의는 다름 아닌 식민지 자본주의였다.

식민지 기업가들은 자본주의 질서를 찬미하는 '사회진화론'의 신봉자였다. 그들에게 세계는 언제나 약육강식, 우승열패의 냉엄한 원칙이 작용하는 경쟁 무대였다. 경쟁에서 승리하기 위해서는 힘이 있어야 했다. 자본주의 사회에서 힘은 곧 돈이었다. 그들은 우리가 일본의 지배를 받는 것은 힘이 없기 때문이라고 보았다. 독립을 위해서는 먼저 힘을 길러야 했다.

염상섭은 그의 대표작 《삼대》에서 주인공 조덕기의 입을 빌려 식민지 기업가의 자의식을 이렇게 표현했다. "부르주아라니 우리가 무슨 부르주아란

삼성상회
1938년 삼성의 이병철 전 회장이 대구 서문시장 부근에 자본금 3만 원과 은행자금 20만 원으로 차린 회사이다. 이 상회가 오늘날 삼성그룹의 시발이 되었다.

말인가? 일본 정도로만 본대도 중산계급도 못 되는 셈일세." 그들은 자신이 이 열등한 처지에서 벗어날 때에만, 독립을 꿈꿀 수 있다고 보았다. 그러나 그 힘은 또 어디에서 나오는가? 일본의 도움 없이는, 일본에 의지하지 않고서는 그 힘도 기를 수가 없었다. 여기에서 그들의 끝없는 이율배반적 순환 논리가 만들어졌다. 식민지 기업가들이 주창한 실력양성론은 일본의 힘에 의존하여 일본으로부터 독립할 힘을 기르자는 기묘한 논리로 이어졌다.

1930년대 이후 '예속적 발전'의 가능성이 눈에 보이면서부터 이 논리는 일본에 대한 의존에 중점을 두게 되었다. 한인 기업가가 일본 자본에 의존하는 정도가 커질수록, 그들은 의식적으로도 일본에 종속되어 갔다. 번데기가 나방이 되듯, 그들은 독립이라는 '질곡'에서 벗어남으로써, 진정한 식민지 기업가로서의 정체성을 찾을 수 있었다.

일본이 구축한 식민지 자본주의가 몰락하자 식민지 원주민 기업가들도 새 활로를 찾아야 했다. 김연수, 박승직, 백낙승 등 극히 일부를 제외하고는 해방 후 기업가 지위를 유지한 사람은 드물었다. 그러나 사람은 갔지만 구조와 문화는 남았다. 미군정과 이승만 정권은 식민지 자본주의 구조물의 잔해를 얼기설기 때우는 식으로 자본주의 체제를 재구축했다. 새로운 기업가들 역시 귀속재산의 불하나 원조물자 거래를 통해 정치권력에 빌붙어 성장하였다.

박정희 군사정권은 이 판잣집의 구조는 유지한 채, 외벽을 바르고 지붕을 개량하는 식으로 '새마을 자본주의'를 만들어 내었다. 한일협정을 통해 일본 자본주의와 재결합하고, 저곡가·저임금으로 기업가들의 몫을 늘려 주었다. 기업가들은 정치권력에 자금을 대주면서 고도성장 드라이브를 즐겼다.

1970년대를 거치면서 재벌이 한국 기업가를 대표하기 시작하였다. 이들은 정치권력에 기대어 장사가 될 성싶으면 어느 분야든 뛰어들었다. 재벌은 계속 성장하였으며, 사람들은 재벌의 성장을 곧 한국 경제의 성장으로 인식하였다.

전우용 _ 전(前) 한국학중앙연구원 객원교수

식민지 노동자의 삶

이병례

일제강점기 노동자들은 대개 생존을 위협하는 낮은 임금과 대우 속에서 힘겨운 삶을 살아갔다. 일본의 독점자본가들은 드러내 놓고 조선 진출의 이점으로 풍부한 자원과 저렴한 노동력을 꼽았다. 아무런 법적 제재를 받지 않고 저임금으로 장시간 노동력을 사용할 수 있었던 것이다. 일제는 노동보호 규정이 사회적으로 거론될 때, 조선의 경제 수준이 낮다는 핑계를 대며 일본 자본가의 편에 서서 그들의 이해를 철저히 반영하였다. 따라서 노동자들의 노동조건은 열악하기 짝이 없는 것이었다.

식민지 노동자들은 자본−노동 간 계급 대립과 함께 일본 독점자본에 대항하는 민족적 이해관계 속에 놓여 있었다. 작업장 안에서 관리자와 고원(雇員) 이상의 상층 노동은 일본인이 독점하였고 같은 일을 하더라도 일본인 임금의 절반밖에 받지 못하였다. 그래서 노동현장에는 '일본인과의 차별대우를 금지할 것'이라는 구호가 자주 등장하였다.

이러한 상황에서 노동자들은 때로는 온정에 기대거나 순종적인 모습을 보였지만, 서서히 자신들과 이해관계가 다른 대립되는 존재를 자각하고 '계급의식'을 획득해 갔다. 노동계급은 '정해진 어느 시간에 태양이 떠오르듯이 정해진 어떤 시간에 떠오른 것이 아니라, 노동계급 자신이 만들어 내는 과정 속에서 나타난 것'이다. 우리나라 노동자들 역시 어느 순간 자각된 계급으로 갑자기 나타난 것이 아니라 일제강점기를 거치며 단련되어 갔다. 이 시기 노동자는 그 계급 형성의 과정에 있었다.

일자리를 찾아서

우리나라에서 임금노동자들이 처음 등장한 시기는 조선 후기로 올라간다. 조선 후기에 상품화폐경제가 진전되고 신분제가 폐지되면서 노동력을 팔아 임금으로 생활하는 사람들이 서서히 생겨나기 시작했다. 특히 1876년 개항 이후 외세 자본이 밀려들어 오면서 여러 분야에서 임금노동자들이 생겨났고 일제 강점 후 식민지 자본주의가 진척되면서 그 수는 점차 증가했다.

가장 먼저 이야기할 수 있는 부분은 자유노동자 혹은 일용노동자라고 지칭되는 소위 '막노동꾼들'이다. 농촌에서 살기 어려워진 사람들은 부두나 각종 공사장으로 일거리를 찾아 흘러들어 갔다. 인천·부산·원산 등 개항장에는 하역을 담당하는 독립적 하역 업체가 생겨났는데, 이들 업체는 운반을 담당할 노동자를 고용해서 일급으로 사용하였다. 농촌에서 밀려나 부두로 일거리를 찾아온 사람들은 화물 한 개당 얼마씩, 혹은 어느 정도 거리에 얼마씩 임금을 받는 일용노동자가 되었다. 또 철도나 도로 공사장 같은 토목 공사장에서 일거리를 얻기도 했다. 토목공사는 무슨무슨 '구미(くみ, 組)'라고 이름 붙여진 청부업체가 공사를 맡았는데, 노동자들은 청부업체에 한시적으로 고용될 수 있었다.

광산에도 임금노동자들이 생겨났
다. 한반도는 지하자원이 풍부하여
조선 후기부터 광산 개발권을 놓고
외세의 각축장이 되곤 했는데, 일제
강점 후 일본 대자본이 진출하여 광
업을 장악해 갔다. 광업은 자본을
대는 물주와 광산을 경영하는 '덕대'
가 경영을 나누어 맡는 자본주의적

1930년대 철도공사장의 일용노동자들
《동아일보》 1937년 6월 12일

경영 방식으로 개발이 이루어졌다. 이때 일용노동자는 덕대 밑에 고용되어
광산을 옮겨 다니며 일을 했다. 이 외에 유기나 솥 공장 같은 수공업 분야에
서 일하는 공장노동자도 간혹 생겨났다.

일제가 우리나라를 강점한 뒤에는 여러 사회 변화와 함께 노동시장도 상
당한 변화가 찾아왔다. 1910년대 전국적 토지조사사업은 많은 소작농민들
의 경작권을 빼앗는 결과로 이어졌다. 그러나 아직 공업은 발달하지 못하였
고 농촌에서 밀려난 노동자들은 이전보다 훨씬 더 많이 여기저기 일자리를
찾아 헤매는 신세가 되었다. 1920년대까지 방직이나 고무공장, 정미공장
같은 경공업이 조금 생겨나서 노동자들을 고용했지만 공장노동자의 비중은
아주 적었다. 노동시장은 노동 인력이 넘쳐났고 노동자들이 일자리를 얻는
일은 쉽지 않았다. 신문에는 연일 일자리를 찾아 헤매는 사람들의 기사가
실렸다. 다음 기사는 당시 상황을 단편적으로 보여 준다.

…… 오래 살던 농토를 등지고 일거리 찾아 도시로 모여드는 궁농민의 수가 날로 늘어간다. …… 천내리는 오노다(小野田) 세멘트 공장이 있는 곳이라 행여나 공장에서 눅은 품팔이라도 할까하여 자꾸자꾸 모여드는데, 오직 한줄기의 희망을 부쳤든 공장에서도 그들을 용납할 길이 없어 그들은 오도가도 못하고 방황하는 중이다.(《동아일보》1931년 4월 25일)

농촌에서 살기 어려워 도시로 모여드는 사람들이 일자리를 얻지 못해 방황하고 있다는 내용이다. 근대적 노동자들은 봉건적 속박에서 벗어나 자유로워졌지만 동시에 노동력을 팔아야만 하는 '자유'를 갖게 된 그들에게는 일터를 찾는 일이 가장 절박한 문제였던 것이다. 따라서 공사장 주변에 모여든 사람들은 임금이 얼마건 일을 얻기 위해 치열한 경쟁을 벌였다. 그들은 하루 먹거리를 얻기 위해 노동시장으로 모여들었고, 이러한 과잉인구의 존재는 자본가들이 헐값으로 노동력을 살 수 있는 빌미가 되었으며 노동임금은 자꾸 내려갔다.

일용노동자들은 대개 농촌에서 농한기를 이용하여 일시적으로 나왔다가 다시 농사일을 하는 반농반노, 즉 계절형 노동자로 생활했다. 그러나 점차 농촌에서 완전히 떨어져 나와 일용노동을 전업으로 하는 노동자들도 늘어갔다. 일제 말기인 1941년 토목건축업의 경우 약 23퍼센트가 일용노동을 전업으로 하는 노동자였다.

1930년대에 일제는 대륙으로 침략해 가기 위해 한반도에서 공업화 정책을 크게 벌였다. 그 결과 고무, 양말, 정미업 등 경공업 위주에서 기계 등 중화학 공업체가 상당히 늘어났다. 일제는 군수생산을 위해 인천이나 영등포,

흥남, 청진 등에 대규모 공업단지를 만들었으며, 인천의 조선기계제작소나 청진의 일본제철소 같은 공장들이 이때 들어섰다. 1931년 약 8만여 명이던 공장 노동자는 1939년에 21만 명 정도로 늘어났다.

일용노동자가 일자리를 얻기 위해서는 그야말로 육체 노동력만 있으면 되지만 공장노동은 상황이 조금 달랐다. 방직공장이나 정미소같이 여성이나 유년 노동을 많이 사용하는 공장을 제외하고 기계나 중화학 업체에서는 보통학교 졸업 정도의 학력을 요구하는 경우가 많았다. 1930년에 학령 아동 전체의 약 17퍼센트만이 보통학교에 진학하는 현실을 볼 때 식민지 노동자들이 공장노동에 진입하는 것이 쉬운 일만은 아니었던 것이다.

한편, 도시로 이동한 노동자들은 새로운 업종으로 진출하기도 했다. 1898년 경성에서 처음 운행되기 시작한 전차의 승무원들은 도시의 교통을 스피드 시대로 인도하였다. 인력거 노동자들은 도시에 없어서는 안 될 교통 운수업으로 역에서 도심으로 골목골목을 누비며 수많은 사람들을 실어 날랐다. 또 전화교환수나 백화점 점원 같은 여성 노동자들은 수적으로 얼마 되지는 않았지만 근대적인 상업과 문화의 중심에서 새롭게 출현한 직종으로 사회적 관심을 집중적으로 받았다.

벼랑 끝에 선 노동자

다행히 일자리를 얻었다 해도 노동자들의 고난은 끝이 아니라 시작이다. 공사장에는 높은 곳에 전망대가 설치되어 있어서 노동자들을 감시했다. 감독들은 노동자를 감시하고 재촉하며 "빨리빨리"를 외쳐 댄다. 노동자들은 봉건적 속박에서 해방되어 자유로이 자신의 직업을 찾아 이동하게 되었으나 노동 과정에서 다시 노예와 같은 상황에 놓이는 경우가 많았다.

공장노동자들은 새로운 시간관념과 규율에 맞도록 자신을 적응시켜 나가야 했다. 전통적인 시간관념에 익숙하던 노동자들이 근대적 시간관념에 적응하는 것은 쉽지 않은 일이었다. 자본가들은 출근 카드를 만들어 출퇴근을 통제했고, 노동자들은 사이렌이나 조장·반장의 명령에 따라 작업을 시작하거나 마치게 되었다. 노동시간을 지키지 않는 노동자들은 벌금이나 벌칙을 받곤 했다. 근대의 시간개념과 규율을 체득해 가는 일반적인 적응과정에 더하여 식민지 노동자들은 강력한 군대식 노무관리 속에 놓였다. 일제는 중일전쟁 이후 군수생산에 열을 올리며 노동현장을 군대식 조직으로 편재하였다. 이때 형성된 군대식 노무관리는 오랫동안 노동현장에 만연하여 권위주의적이고 억압적인 노동문화를 형성하였다.

일터로 나온 여성 노동자들은 종종 의무적으로 기숙사 생활을 해야 했다. 기숙사는 노동자들이 휴식을 취하는 공간이라기보다 통제하고 감시하려는 시설에 불과했다. 공장은 담을 높게 둘러치고 주위에 군데군데 감시탑을 두어 노동자들을 도망가지 못하도록 했다. 여성 노동자들에게 공장은 감옥과 같은 것이었다. 이러한 감시와 통제 밑에서 노동자들은 장시간 노동으로 점점 쇠약해져 갔다. 신문기사에 실린 어느 고무공장과 제사공장 여성 노동자의 사례를 보자.

오죽해야 이 노릇을 해 먹겠습니까. 나는 벌써 고무공장에 다니기 시작한 지가 어언 3년이나 되었습니다. 요 사이도 아침 7시부터 밤 9시까지 하루

열네 시간씩이나 힘에 지친 노동을 하고 있습니다. 머리골이 터지는 듯한 고무냄새도 이제는 그 감각이 둔해지고 어려서부터 잔병이라고는 모르게 삼십여 년을 잘 살아오던 것이 고무공장에 들어간 이후로는 열흘이 머다 하고 일어나지를 못하게 되었습니다.……

세상은 왜 이렇게도 고르지가 못한지요. 보통은 하루에 평균 11시간 노동을 하던 것이 요사이는 야업까지 하게 돼서 하루 동안에 15시간이나 하게 되었습니다. 그래서 그저 종일토록 앉았다 일어서면 어떤 때는 기운이 하나도 없고 정신이 아찔하여집니다. 게다가 실 뽑는 일은 다른 것과도 달라서 굵고 가는 실 없이 고르게 만들어야만 하는 까닭에 서투른 사람은 종일 뼈가 빠지도록 일은 일대로 하고도 벌점을 받아 한 달 수입은 불과 14,5전이올시다.(《동아일보》1925년 1월 1일)

두 사람 모두 14~15시간 노동에 시달리며 점점 건강이 나빠지고 있다는 내용이다. 업종에 따라 혹은 사업체에 따라 약간씩 차이가 있기는 하지만 대개 비슷한 상태였다.

1933년에 일제가 10인 이상 사용하는 공장 1,199곳과 광산 213곳의 노동 실태를 조사한 적이 있는데, 공장의 노동시간은 12시간 이상 노동하는 곳이 41.1퍼센트나 되었다. 절반 가까운 공장이 12시간 이상 작업을 시키고 있었다. 광산은 공장보다 노동시간이 조금 적기는 하지만 12시간 이상이 24.2퍼센트였다. 토목공사장이나 도시의 운반노동자들은 일거리가 부정기적이기는 하지만 겨울철을 제외하고 노동에 투입되면 11시간 이상 노동하는 것이 평균적이었다.

휴식시간은 공장의 경우 절반 정도의 공장이 점심시간을 포함하여 1시간 정도의 휴식 시간을 주고 있었는데, 휴식 시간이 전혀 없는 곳도 2.9퍼센트나 되었다. 공휴일은 1개월간 전혀 없는 곳이 공장은 약 35퍼센트, 광산은 44퍼센트였고, 1개월에 2회 휴일을 주는 곳이 공장 약 47퍼센트, 광산 43퍼센트였다.

이렇게 장시간 노동으로 노동자들이 얻는 수입은 어느 정도일까. 위에 사례를 든 노동자 중 3년 경력의 고무공장 여성 노동자는 생산량에 따라 임금을 받았다. 고무신 1족 붙이는 데 5전으로 많이 벌어야 하루 1원인데 몸이 아파서 일을 못하는 날이 자주 있기 때문에 월수입은 얼마 되지 않는다고 했다. 제사공장 노동자는 일급이지만 불량이 나오면 벌점을 받기 때문에 하루 14~15전을 벌 수 있을 뿐이다. 공사장 노동자들도 작업 성격에 따라 차이가 있으나 대개 30전에서 50전을 받을 수 있을 뿐이었다. 1930년에 국수 한 그릇은 15전, 소주 1홉(180밀리리터)은 10전이었다. 하루 일당이 국수 한 그릇 값밖에 안 되는 경우가 허다했던 것이다.

남성 노동자 역시 마찬가지다. 1931년 함흥질소비료공장의 어떤 노동자는 '대개 초급으로 하루 70전인데, 한 달 개근하면 개근수당이 일급 3일치 추가되고 야근수당 1원 50전이 더해져 한 달에 23~24원밖에는 생기는 것이 없다'고 했다.

1933년 조사에 의하면 공장의 성년 남성의 평균임금은 85전, 16세 이하 유년공은 30전이었다. 반면 일본인 성년 남성노동자의 평균 임금은 1원 87전으로 조선인 노동자의 두 배가 넘었다. 여성 성년 노동자는 평균 46전이었고, 유년 여성 노동자는 29전이었다. 광산은 기술이 필요한 작업에 종사하는 성년 남성 노동자의 경우 일급 3원까지 받는 경우도 있었지만, 평균은 54전이었다. 토건업 일용노동자의 평균 임금은 40~50전이었다.

노동자들은 임금을 거의 전부 일급으로 계산해서 받았다. 토건업 등 일용노동자들은 말할 것도 없고 공장 광산노동자들도 월별로 지급될지라도 일급 계산에 따라 월급을 받았다. 일급 1원인 공장노동자들은 1개월을 꼬박 일해야 30원을 받을 수 있었다. 따라서 여성이나 유년 노동자는 말할 것도 없고 성년 남성 노동자도 월 30원의 수입을 얻는 경우가 많지 않았던 것이다.

토건노동자들은 일거리도 부정기적인데다가 10일이나 15일마다 전표로 임금을 받았다. 당장 하루를 살아 내야 할 노동자들이 전표를 고리대금업자에게 할인으로 팔아넘기는 경우가 많아 노동자들의 실제 수입은 극도로 줄어들었다. 고무나 제사공장에서는 불량품이 나오면 임금이 또 깎였기 때문에 엄청나게 오랜 시간을 일하고도 14~15원 정도밖에 받지 못하는 노동자들이 허다했다.

일제는 조선인 노동자들에게 임금을 조금 주고 일을 시켜도 괜찮다는 식으로 생각했다. 일제 관료들이나 어용학자들은 조선인 노동자가 게으르고 책임감이 없다고 했다. 또 직장을 자주 옮겨 다니는 나쁜 습성이 있기 때문에 임금을 낮게 줘야 한다는 주장을 펴기도 했다. 조선인 노동자들은 생활수준이 낮아서 적은 임금으로도 생활할 수 있다는 이야기도 했다. 또 일제 자본가들은 조선인 노동자들이 생산성이 떨어져서 오래 일을 시키고 낮은 임금을 주는 것이 당연하다는 논리를 댔다. 이러한 편견과 차별적 대우를 받으며 우리나라 노동자들은 일본인 노동자와 같은 일을 하고도 임금은 1.2배 혹은 1.5배 적게 받았다.

노동자의 생활가계부

노동자들은 이렇게 낮은 임금을 가지고 어떻게 생활을 꾸려 갔을까. 노동형태나 거주하는 지역에 따라 또 각 개인의 부양가족이나 처지에 따라 생활상태는 천차만별이었을 것이다. 단편적이기는 하지만 신문기사에 실린 한

김삿불의 가계부

구분	비용	구분	비용	구분	비용
쌀(米)	18원	학비	2원 40전	가구손료	50전
반찬	3원	학교 저금	20전	잡비	1원
연료(火木)	1원 20전	직공 의무저금	50전	부친 술값	1원
석유	40전	세금	6리	담배	1원
방세	3원	신문대	1원	준비금	1원 32전
수도료	30전	통신료	12전		

(《동아일보》 1927년 7월 2일)

노동자의 생활가계부를 가지고 식민지 노동자 생활을 가늠해 보자.

이름은 김삿불이고 대구전매지국의 직공이다. 연령은 나와 있지 않은데 조부모와 부모 처자 등 12여 명의 가족을 부양하였다. 이 노동자의 1개월 임금은 상여금 5원을 포함하여 매월 35원이다. 일급이 1원 정도 되는 셈이다. 이 시기 일제 측 통계자료에서 공장 노동자의 평균 일급이 85전이었기 때문에 이 노동자의 임금은 평균보다 조금 높은 편에 속한다. 그리고 전매국이 운영하는 지국의 직공이므로 일용노동자보다는 그나마 안정적인 일자리에 해당한다. 부양가족이 없는 단신 노동자라면 이 정도 수입으로 한 달 생활을 꾸려 갈 수 있었을 것이다. 그러나 이 노동자의 경우 부양가족이 많아 생활이 무척 곤궁했을 것으로 보인다.

주식·부식·주거비 등 생계에 필요한 항목과 자녀 학비가 있고, 문화비로는 신문 1종 구독료가 유일하다. 의료비나 위생에 필요한 항목은 모두 잡비나 준비금으로 들어가는 셈이다. 아주 간단한 생활비로 구성되어 있다.

식비는 쌀값, 반찬값으로 21원이 들어간다. 1927년 대구의 물가는 조선

백미 1되에 35전, 닭고기는 60전, 계란 10개에 39전이었다. 생활비를 물가에 견주어 보면 곡물로 백미를 먹기는 상당히 어려운 상황이다. 김삼불은 '일년 내내 좁쌀이나 베트남쌀을 먹고 있는데, 쌀 반 자루, 좁쌀 반 자루, 나머지로 베트남좁쌀을 섞어 먹는다'고 했다. 그나마 이러한 대체곡물을 상식하기 때문에 12명의 가족이 18원으로 한 달 생활이 가능했을 것이다. 또 반찬값은 1개월에 3원이고 하루에 10전으로 책정되어 있다. 이 정도 금액으로는 당시 물가에 비추어 볼 때 영양가 있는 육류 등을 소비하기는 거의 어려운 상황이다. 연료로는 나무나 석탄을 구입할 수 없어 벼 껍질을 쓰고 있다고 한다. 식비와 연료비, 주거비를 합하면 26원으로 수입의 74퍼센트에 육박하고, 식료품 외 생활에 필요한 다른 소비 항목은 거의 없는 것이나 마찬가지이다.

다음은 주거비에 들어가는 비용을 보자. 식민지 시기에 고된 노동을 마치고 편안하게 머무를 집을 제대로 갖고 있는 노동자는 아주 드물었다. 대도시에서 일용노동으로 생계를 이어 가는 노동자들 중 일부는 '토막'이라고 불리는 움집에서 생활했다. 토막은 일정한 깊이로 땅을 파고 그 위에 짚이나 거적을 덮은 움막을 말하는데, 도시 외곽에 빈민촌을 이루어 위생상태와 환경이 불량하기 그지없었다. 또 가족을 동반하지 않고 떠돌아다니는 도시의 단신 노동자들은 하룻밤 5전 정도를 내고 노동숙박소를 이용했다. 노동숙박소는 3·1운동 이후 일제가 사회 안정화 차원에서 경성, 평양 등 주요 대도시에 설치해서 운영했는데, 이 역시 시설은 형편없었던 것으로 알려져 있다. 대규모 공사장이나 광산처럼 깊은 산골 외진 곳에서 작업하는 노동자들은 '함바'라고 불리는 숙소에서 생활하며 잠자리와 식사를 해결하곤 했다.

이런 함바는 채광 환기가 되지 않는 암흑세계로 밀집도는 '살풍경할 정도'라고 표현될 정도였고 '돼지우리 같다'고 묘사되곤 했다.

김삯불은 주거비로 3원의 월세를 내고 남의 집을 얻어서 생활했다. 대구부의 비교적 인적이 드문 낡은 집으로 방 세 칸과 부엌이 달린 집이다. 월세로 집을 구해서 생활하려면 김삯불처럼 그나마 다소 안정적인 일자리를 갖고 있어야 가능했다. 노동자들은 주택 자체가 항상 부족한 상태라 월세는 점점 비싸지고 거주할 집을 구하지 못해 힘겨운 생활을 이어 가야 했다. 1921년 경성의 경우 주택은 총 호수에 비해 약 1만 5,000호가 부족한 것으로 나타났다. 이것은 1920년 초반 상황이므로 인구가 점점 도시로 몰려드는 이후 상황은 더 심각했을 것이다. 주택이 부족하다 보니 집세가 비싸서 자주 사회문제가 되곤 했는데, 어떤 집주인은 초가 한 간에 월 4~5원을 요구하는 경우도 있었다.

다음은 학비 부분이다. 김삯불은 자녀 두 명의 보통학교 학비 혹은 학용품비로 2원 40전을 쓰고 있다. 이마저도 김삯불이 매월 일정한 수입이 있으므로 가능한 것이었다. 자녀들은 학비를 마련하지 못해 언제 학교를 그만둘 지경에 이를지 알 수 없다. 더구나 이 노동자가 자녀를 상급학교에 보내는 것은 쉽지 않을 것이다. 1930년 초반 고등보통학교를 가려면 수업료를 비롯하여 학비가 1개월에 5~6원 정도는 필요했다. 노동자 김삯불은 자신의 생활표에 대해 다음과 같이 토로한다.

우리는 늘 말합니다. 규칙적으로 규모 있는 생활을 하고 싶다고……필자와 같은 빈약한 직공에게는 꿈에도 생각지 못할 문제인가 싶습니다.……

얼마 안 되는 월수입으로 많은 가족을 거느리는 고로 고통도 고통이려니와 조반석죽을 끓이는 가긍한 정경이야 참으로 불쌍하지요.…… 물가가 비싼 대구에서 그야말로 죽음 반 삶 반으로 근근히 생명을 이어 갈 뿐입니다.……원래 일급 생활이니까 무병건강하여 연중 쉬지 않으면 모르지만 때때로 물거품보다 약한 것은 사람이니 앞으로 또 어찌나 될는지요.(《동아일보》 1927년 7월 2일)

규칙적으로 규모 있는 생활을 하고 싶은 것이 이 노동자의 소망이다. 일제강점기 노동자들은 미래를 대비하여 현재의 생활 설계를 할 수 없을 뿐만 아니라 그야말로 근근히 생명을 이어 갈 뿐이다. 물가는 올라가고 매달 적자 생활로 한 달을 보내고 한 달을 맞으니 조금도 향상이라는 것은 찾아볼 수 없다. 그야말로 풍전등화 같은 생활이다. 이 노동자에게 현재를 지탱할 수 있는 것은 그날그날 노동할 수 있는 건강한 몸뿐이다. 건강한 몸이 상실되면 이 위태로운 노동자의 삶은 바로 무너질 수 있는 것이었다.

태양 없는 거리

생계를 이어 가기 위해서 건강한 몸이 지탱되기를 소망하지만, 노동자들은 자주 작업 중 부상, 사망, 질병 같은 심각한 산업재해를 당했다. 다음 신문 기사에 실린 흥남 질소비료공장 노동자들의 상황을 보자.

턴넬을 넘어서면 웅장한 기계 소리들이 흘러나오면서 신경을 자전하여 준다. 여기에서 그들의 낯빛은 우울한 빛으로 변하여지고 만다. 그들은 그 하루를 기계와 싸워야 되고, 독한 연기를 호흡하여야 되고 잘못하면 최후의 운명을 밟게 되는 까닭이다. 그러나 하는 수없이 각각 직장을 찾어 들어가서는 괴물 같은 기계들이 질풍을 일으키고 뇌성을 치며 돌아가는 틈으로 불개미같이 기어 다니면서 기름을 주고 어루만지고 한다.……이러는 사이에 탱크가 발하느니 가스중독이 되었느니 기계에 감기어 버렸느니 하는 비보가 하루에 몇 번씩 들려나오는 것이다.……그 첨단적인 과학기구들은 독한 가스 연기 먼지를 내뿜어서 그들의 호흡선을 여지없이 침범하여 암암리에 그들의 심장을 녹여 내는 것이다.(《조선중앙일보》1936년 1월 7일)

공장에 들어선 노동자들은 저절로 우울감에 사로잡힌다. 웅장한 기계소리가 신경을 자극하고 독한 연기에 노출되어 있으며 조금만 잘못하면 사망하기 십상이다. 실제로 하루가 멀다 하고 탱크가 터지거나 가스에 중독되거나 기계사고가 발생했다. 부상이나 사망이 아니더라도 독한 가스는 점점 호흡기로 스며들어 노동자들의 몸은 쇠약해져 간다. 질소비료공장 노동자들은 가제로 마스크를 만들어 쓰고 있지만, 그것은 비가 억수같이 쏟아지는 날의 '찢어진 우산' 같은 것이었다.

양상은 다르지만 토목건설 공사장이나 광산에서도 마찬가지의 상황이 연일 벌어졌다. 토목공사장에서는 흙더미가 붕괴되거나 운반차에 깔리는 사고가 자주 발생했다. 작업장 사고는 언제든 발생할 수 있는 것이지만, 일제 강점기에 그 재해에 대한 인식은 아주 낮았다. 자본가들은 공사비를 적게 들여 이윤을 남기기 위해 안전에 필요한 설비는 안중에 없었고, 부상이나 사망사고가 발생해도 대수롭지 않게 여겼다. 이에 대한 규제 법규 또한 존재하지 않았다.

일제강점기 전 기간 동안 노동재해가 얼마나 발생했는지 업종별로 자세한 통계자료는 남아 있지 않다. 대부분 부분적으로 파악할 수밖에 없는데, 광산에서는 1938년 한 해에 사망 366명, 중경상자 합하여 9,631명이 산업재해를 당했다. 공장의 경우는 1936년 한 해 동안 노동자 11만 6,500명 중 약 4,000명이 죽거나 부상당했다. 사고 건수는 2만 5,000건이었다. 1930년대 말경까지 광산 공장은 대략 전체 노동자의 10퍼센트 넘는 인원이 산업재해를 당하는 것으로 나타났다. 이 비율은 전적으로 사망이나 부상자를 말하는 것이고, 질소비료공장처럼 유독가스 때문에 생기는 폐 질환 같은 질병자는 포함되어 있지 않다. 당시에 산업재해라고 하면 부상 사망 등 눈에 보이는 상태만을 주로 거론했기 때문이다. 질병까지 포함하면 산업재해 비율은 훨씬 더 늘어나게 된다.

일제강점기 노동자들은 생활가계부에서 보이듯이 질병이나 부상 없이 꼬박 일을 해도 적자를 면하기 어려운 생활이다. 심지어는 비료공장의 유독가스 같은 작업환경 때문에 생기는 질병도 개인 부담으로 치료를 해야 했다. 공장 내 각종 화학제품으로 노동자들은 누구나 골병을 앓고 있었고 소소한 병자는 한 작업장 내에서 셀 수 없을 정도였지만 필요한 약값조차 노동자의 부담으로 돌아갔다.

식민지 노동자들은 산업재해를 당하여 노동능력을 상실해도 공식적으로 보상을 받을 수 있는 길이 없었다. 다만, 각 사업체별로 혹은 각 지역별로 관행적으로 치료 기간 중 약간의 임금이나 사망 시 위로금 같은 것들이 지급되었다. 광산 같은 경우 위험 요소가 크고 일제가 군수생산을 위해 광산 자원 개발을 아주 중요시했기 때문에 1938년 '광부노무부조규칙'이 정해져서 시행되었다. 그러나 일제강점기 내내 모든 노동자를 대상으로 하는 포괄적인 산업재해 관련 규정은 법으로 정해지지 않았다. 산업의 규모나 노동운동 진척 정도가 차이가 있기는 하지만, 일본에서는 '공장법'이나 '광산노동부조규칙' 등이 1916년에 이미 제정 시행되었다. 이들 법규는 노동시간 제한을 비롯하여 작업장 내 환경이나 위험 요소를 규제하고, 사망 사고 시 재해부조에 대한 규정을 내용으로 하고 있었다. 우리나라에서도 1930년대에 유년노동 금지나 노동시간 제한, 산업재해 보상 등의 내용을 포함한 공장법 제정이 논의되기는 했으나, 이 역시 일본 독점자본의 이해가 우선시되면서 무산되었다. 사업체별로 혹은 지역별로 일부 지급되는 위로금, 치료비 등은 강제성이 없기 때문에 자본가의 시혜적 조치에 기댈 수밖에 없는 것이었다.

신사회 건설을 위하여

이와 같이 식민지 시기 노동자들은 조금도 향상을 기대할 수 없는 적자 상태로 한 달을 보내고 또 새로운 한 달을 맞으며, 사고의 위험 속에서 풍전등화 같은 생활을 이어 갔다. 게다가 자본가들은 더 많은 이윤을 남기기 위해 불경기라는 둥, 물가가 떨어졌다는 둥, 이익이 남지 않는다는 등의 이유를 들어 자주 노동자를 해고하거나 혹은 임금을 삭감하려고 했다. 이에 맞서 노동자들은 이른 시기부터 자신들의 처지를 개선하기 위해 수많은 희생을 치러 내며 생존권을 지키기 위해 싸워 왔다.

1910년대에는 노동자 수가 적었고 사회적 힘도 약했지만 파업투쟁을 벌이고 초보적인 노동단체를 만들어 조금씩 자기 모습을 드러냈다. 1920년대에 가면 3·1운동이 기폭제가 되어 노동자들은 사회주의 사상의 영향을 받으며 여러 노동단체를 만들어 단결의 무기로 삼았다. 1920년 4월 최초의 노동단체인 조선노동공제회가 조직되었고, 1924년에는 조선노동총동맹이 결성되었다. 조선노동총동맹은 '노동계급을 해방하여 완전한 신사회 실현'을 목적으로 '철저하게 자본가 계급과 투쟁한다'는 강령을 내걸었다.

노동단체 조직과 함께 수많은 직업별, 지역별 노동조합이 조직되기 시작했다. 전국적으로 1920년에 30여 개이던 노동조직은 1930년에는 5백여 개가 넘었다. 노동자들은 임금 인상과 노동시간 단축, 해고 반대 같은 경제적 요구를 비롯하여 민족차별 반대, 8시간 노동제 실시, 재해부조법 제정 같은 정치적 요구도 제기하였다. 노동자들의 운동은 자연발생적으로 일어났다가

1933년 소화제사 회사 파업단
《조선일보》 1933년 8월 23일

실패로 끝나는 경우가 많았으나, 1929년 원산총파업이나 1930년 신흥탄광 노동자파업처럼 전체 사회로 확산되어 지역 전체가 마비될 정도로 장기간 지속되기도 했다. 일제 측 자료이기는 하지만 노동자들의 노동쟁의는 1921년부터 1939년까지 3,400여 건 발생했다.

일제가 중일전쟁과 태평양전쟁을 일으킬 때, 노동운동은 엄청난 탄압을 받았다. 활동가들은 체포 구금되었고 노동자들의 주장은 경찰 측의 즉각적 출동으로 무력화되었다. 이에 노동자들은 전시 생산을 흐트러뜨리는 태업, 결근, 공사방해 등을 자주 일으켜 일제에 저항하였다. 징병이나 징용으로 노동자들을 동원하자 많은 노동현장에서 탈출하는 방식으로 일제의 군수산업 정책을 방해하였다. 이렇게 수많은 노동자들이 민족해방운동의 주역이었던 것이다.

일제강점기 노동자들은 유례없는 가혹한 노동조건 속에서 수많은 희생을 감내하며 인간답게 살기 위한 노력을 지속해 왔다. 해방 이후 노동자들은 이전 시기의 경험을 발판 삼아 보다 단결된 힘으로 법적 제도적 권리를 확보해 갔다. 그러나 그 여정은 완결된 것이 아니며 현재도 수많은 노동자들은 자신들의 일터에서 겪는 모순을 자각하고 지속적으로 운동하고 있다.

이병례 _독립기념관 한국독립운동사연구소

우리는 누구나 노동자!

장미현

"인민의 나라를 세우자"–노동자가 상상한 해방

인류 역사에서 노동인권은 언제부터 중요해졌을까? 노동인권이 중요하지 않은 시기는 없겠지만 한국 역사에서 법과 제도를 통해 이를 보장하기 시작한 시기는 100여 년의 짧은 기간에 불과하다. 1920년대 총독부가 식민지 조선에 회사 설립을 허가하면서 특히 섬유와 고무신 등 경공업 부문에서 공장노동자가 증가했다. 그러나 전체 노동자 가운데 공장 노동자가 차지하는 비율은 10퍼센트 미만이었고 임시직 형태의 자유노동자나 일용노동자가 훨씬 많았다. 농촌에서 생계를 꾸리기 힘들어 도시로, 공장으로 떠밀려온 노동자들은 적은 임금과 열악한 노동환경을 감내해야 했다. 조선인 노동자는 일본인 노동자보다 긴 시간 일을 하는데도 임금은 절반 수준이었고 여성과 유소년의 경우는 상황이 더 나빴다. 식민지 조선의 노동자들에게 해방은 노동자가 자유롭고 평등한 신국가를 의미했다.

해방을 맞은 노동자들, 단결하여 싸우다

해방을 맞은 노동자들은 공장과 농토와 같은 생산 현장에서 노동자, 농민이 주인이 되어 평등하게 살 수 있을 거라 믿었다. 하지만 해방과 함께 시작된 미군정 아래 남북한 산업은 일제강점기보다 더 어려워졌다. 전기와 원료 부족으로 조업률이 떨어졌고 생산은 위축되었다. 일본인과 친일협력자들이 운영하던 공장을 노동자들이 장악해 관리할 수 있을 거라 믿었지만 미군정은 자신들에게 비협조적이었던 전평(조선노동조합전국평의회의 약칭)이 주도한 공장관리운동을 불법으로 규정했다. 적산공장의 관리인들은 미군정이 임명했고 이들과 자본가들은 생산 감축을 이유로 공장폐쇄와 불법해고를 자행했다. 미군정의 불합리한 정책에 반대하기 위해 1946~1947년에 걸쳐 전국 곳곳에서 노동자들은 총파업을 일으켰는데 그중 여성 노동자들이 주로 근무한 방직공장에서 가장 많은 쟁의가 발생했다.

나는 7개월 전부터 동양방적 공장에 들어왔는데 처음에는 하루에 광목 2마 반씩 준다고 하더니 7개월이 되어도 광목 배급은 8마밖에는 받지 못했어요. 현재의 대우로는 생활이 되지 않아요. 남자동무들과 단결하여 싸워나갈 작정입니다.

(쟁의단 참가자 정구련, 《독립신보》, 1946. 6. 8.)

4백여명 동무들이 투쟁을 위해 서울로 상경한 후 공장 간부들은 돼지고기에 흰 쌀밥을 주며 간사한 말로 달래고 꼬이고 별 수작을 다해 가며 공장에서 나가지 못하게 해요. 그러나 서울로 올라간 동무들 일을 생각하니 우리는 한시도 참을 수가 없어요. 싸워도 같이 싸우고 굶어도 죽어도 같이 해 보겠다는 마음에 빨리 공장을 빠져나갈 생각 뿐이었어요.

(동양방적 공장에서 탈출한 여공, 《전국노동자신문》 1946. 6. 7.)

파업을 통해 노동자들이 요구하는 바를 모두 얻어 낼 수는 없었지만 노동자들은 쟁의를 통해 회사의 탄압이 있다면 언제든 대항할 수 있다는 것을 보여 주었다. 물론 해방 후 모든 노동자들이 파업에 동참하거나 정치적 목적을 띤 전평의 요구에 동조했던 것은 아니다. 오오타 오사무(Osamu Ota)의 연구에 따르면, 경성(京城)전기주식회사에 다닌 I씨는 1945년부터 1947년까지 쓴 일기에서 "우리 파업의 요구는 쌀과 돈 요구인데" 총파업이 정치적 색채를 강하게 띠자 이를 비판하기도 했다. 어떤 노동자들에게 파업은 지지정당의 정치노선을 강화하기 위한 수단인 반면 가장 많은 이들에게 파업은 근로조건의 개선과 임금인상을 쟁취하기 위한 효과적 방법 중 하나였다. 이 과정에서 섬유노동자 정구련처럼 파업은 힘 센 정치권력과 기업주에게 대항하는 사회주체로 스스로를 바꾸는 계기가 되기도 했던 것이다.

한국전쟁과 여성노동, 나라를 먹여살린 엄마들

해방에 대한 기대와 노동자 세상을 기대했던 노동자들의 열망은 한국전쟁을 통해 새로운 격변기를 맞이하게 되었다. 생산시설의 부족, 일본인 기술자들의 귀국에 따라 가뜩이나 위축된 상태였던 경제 상황은 한국전쟁으로 인해 더욱 악화되었다. 부산의 대한도기와 같은 큰 공장의 노동자들도 일상적 체불에 시달렸고 늘 월급이 나오지 않으면 도시에서 어떻게 살아남을지 걱정해야 했다. 차철욱이 발굴한 김상수 일기에 따르면 1959년 1월, 부산 대한도기에 취직한 김상수는 매달 늦어지는 월급 때문에 하루하루 불안했다. 더구나 하루 8시간 노동의 대가로는 쌀을 사고 애들 공부시키고 옷을 사 입히기에도 턱없이 모자라 아무리 알뜰하게 살아 봤자 빚만 질 뿐이라는 암담함을 일기에 자주 썼다. 도기공장 내부의 공기는 탁했고 먼지가 예사로 날아다녔다. 그의 친구는 폐병에 걸려 회사를 그만 다녀야 했다.

한국전쟁은 주요 생산시설을 파괴시켰다. 자연스럽게 전후 재건이 정부와 사회의 목표였다. 부족한 생산시설로 인해 근로조건이 좋지 않아도 실업자는 넘쳐났고 취직은 어려웠다. 한국전쟁으로 인해 생산의 기반은 파괴됐지만 사람들의 살고자 하는 열망은 더 강해졌다. 특히 남편을 잃거나 집안의 남성이 경제활동을 할 처지가 아닌 경우가 증가해 여성들이 경제활동에 전면적으로 나섰다. 이임하의 연구에 의하면, 전쟁으로 남편을 잃은 여성을 비롯해 남성 실업자도 워낙 많아 생활을 꾸려 나가기 위해 여성들은 다양한 노동에 종사했다. 팔 수 있는 건 뭐든지, 어디든 가서 파는 상업의 여성 주도 비율이 증가했다.

시장의 조그마한 자리를 얻기 위해서 매일 아침 일찍 나와서 마당을 쓸어주고 쓰레기를 쳐주는 가운데서 그 주위사람들의 동정을 얻어 손바닥만한 자리를 간신히 얻어 잡화를 팔며 근근히 살아갔으며 십 리나 넘는 시장을 걸어서 나가고, 고픈 배를 안고 집에 돌아와서는 허기와 피로에 쓰러지는 일이 한 두 번이 아니었다.

이주현, 〈미망인의 수기- 꿈 속에서라도 돌아오소서〉, 《여원》 6월호,

1959, 159(이임하, 《산업화와 여성노동 100년의 성찰과 미래》, 2019, 75쪽 재인용)

　　도시의 상업을 여성들이 주도했다면 농촌의 농업노동도 달라지고 있었다. 청장년층 남성이 징병과 부상, 사망으로 일손이 부족해지자 그 자리를 농촌의 여성들이 메꿨다. 특히 여성들은 전쟁 이전에는 할 수 없었던 논농사에 뛰어들었다. 모내기철을 맞은 여성들은 2개월 정도 마을을 돌아다니며 모내기 작업을 했고 현금을 받았다. 전쟁으로 남편이 사망한 부인들과 상이군인의 아내들은 가장이 되어야 했다. 자신의 육체로 하는 것 외의 어떤 일도 쉽지 않았던 여성들은 전통적 여성 직종인 '식모', 삯바느질, 세탁 등의 일을 하면서 자녀를 교육시키고 가정경제를 일구어 갔다.

전태일과 이총각, 김진숙의 도전과 노동

　　1960년대부터 본격적으로 전개된 경제개발계획으로 인해 도시 근처에 수많은 일자리가 만들어졌다. 저농산물 가격정책 탓에 농업에서 희망을 찾기 어려웠던 농민들은 너나없이 보따리를 싸서 고향을 떠났다. 노동자 전태일 가족의 이주와 정착 연구에 따르면 전태일의 가족은 부산, 대구, 서울을 떠돌았고 1964년에야 서울에 정착했다. 12세부터 노동을 시작한 전태일이 서울에서 할 수 있는 노동은 전쟁 후 여성들이 했던 노점 판매였다. 당시 농촌과 타지역에서 서울 같은 대도시로의 이주는 가족 중 일부가 이주한 후 다른 가족을 불러들이는 방식이었다. 전태일 가족도 어머니 이소선과 전태

일이 상경한 후 식구들을 하나씩 불러모았다. 학력도 없고 나이도 어린 청소년들이 할 수 있는 노동은 제한적이었다. 공단의 공장에 취직하기 위해서는 기술이 있거나 인맥이 필요했다. 아는 사람 없는 서울에서 청소년 전태일을 받아 줄 곳은 평화시장뿐이었다. 다행히 전태일은 아버지 전상수의 미싱 보조로 익혔던 기술이 있어 평화시장에서 승진이 빠른 편이었다.

1960년대 후반 이후, 급속히 진행된 공업화를 겪으면서, 전태일 또래의 남자 청소년들은 기술이 있어야 돈도 벌고 공부도 할 수 있다는 점을 깨달았다. 마침 정부는 청소년들을 기술 인력으로 양성하기 위해 전국 단위의 기능경기대회를 개최하고 공업고등학교와 직업훈련소를 곳곳에 세웠다. 공공직업훈련소는 훈련비도 무료인데다 숙박과 식사까지 제공하는 편이어서 가난한 청소년들에게 인기가 높았다. 정부가 적극 지원하는 금오공고, 부산기계공고, 서울공고, 정수직업훈련원 등도 빈곤 가정의 남자 청소년들에겐 선망의 대상이 되었다. 고등학교 재학 기간 기능경기대회에 출전해 입상하면 취직에 유리할 뿐 아니라 대학에 진학할 기회도 제공받을 수 있기 때문이었다. 전태일보다 10년 늦게 태어난 박균명은 전태일과 마찬가지로 청소년 노동자로 상경했지만 정수직업훈련원에 입소할 수 있었고 이곳에서 배운 금형가공 기술로 국제기능경기대회에서 우승, 상금과 월급을 모아 대학에 진학했다.

같은 시기 여자 청소년들도 상경하고 있었다. 경제개발계획 추진기 내내 미혼 여성의 저임금과 높은 숙련에 기반한 섬유, 식품, 의류업이 수출 제품의 대다수를 차지했다. 남성 노동자의 대다수는 공단의 중화학공업 생산 현장에, 여성 노동자의 대다수는 경공업 생산 현장에 근무하는 것이 일반적이

제21회 국제기능올림픽대회 선수단 카퍼레이드
(국가기록원 기록물)

었다. 하지만 여성 노동자들도 남성과 같이 자신의 분야에서 기술을 익혀 존중받고 자신의 임금 수준을 높이려 했다. 동일방직 인천공장 여성 노조위원장이었던 이총각은 입사 4~5년 된 고참들이 주로 선발되었던 품질관리 분임조원에 조기 선발될 정도로 기술이 좋았다. 13살에 평화시장 7번 시다로 노동을 시작한 신순애는 미싱 작업 속도가 남들의 작업 속도보다 더 빨라 동료들로부터 화장실 좀 다녀오라는 핀잔을 들을 정도였다.

자동차와 배, 칼라 텔레비전, 전화기 등 새로운 제품을 만들어 수출하던 시기였던 만큼 신기술을 습득하여 신제품 개발에 동참하려 한 남성 노동자들이 개인적 성취와 계층 상승을 시도할 수 있었다. 반면 여성 노동자들의 생애는 이와는 조금 달랐다. 일 잘하는 노동자로 성장하고 싶은 마음이야

여성 노동자들도 매한가지였지만 사회 구조상 여성 노동자들의 승진과 계층 상승은 남성 노동자와 달랐기 때문이다. 국가의 교육·훈련의 지원이 남자 청소년들, 남성들에게만 전폭적으로 제공되었을 뿐만 아니라 국가 주도하에 성장하고 있었던 중공업 사업장은 남성들만 취직할 수 있었다. 남녀가 함께 근무하는 경공업 부문 생산공장조차 여성 숙련노동자가 승진할 수 있는 최대치는 반장이었고 그마저도 반장은 고졸 남성들이 맡고 여성들에게는 조장까지만 맡기는 사업장이 대부분이었다. 결혼 후 계속 근무하고 싶어도 대부분의 회사들이 운영 중이었던 결혼퇴직제도와 기혼 여성은 퇴직하는 사회문화로 인해 여성은 계속 일하고 싶어도 퇴직할 수밖에 없었다.

물론 그렇다고 여성 노동자들이 이 같은 상황을 그대로 받아들이기만 한 것은 아니다. 노동자들의 생계수단이자 긍지와 의미의 원천인 임금을 올리고 새로운 기술을 습득하기 위한 여성들의 도전 또한 계속 이어졌다. 1981년 매일경제신문에 따르면 대한조선공사 부산조선소에는 기능사 1급 용접공 11명을 포함한 여성 기능공 42명이 근무하고 있었다. 이 중 1급 용접공 중 한 명인 여경자는 당초 대한조선공사 부산조선소 청소원으로 근무하다 용접 작업에 호기심을 느껴 1971년 사내 직업훈련소의 훈련에 참가해 기술을 습득했고 10년의 경력을 가진 1급 용접공이 되었다.

여자 행원 처우 개선 요청을 위한 면담
대한YWCA연합회는 여자 은행원 처우 개선을 요청하기 위해 재무부 담당 국장과 면담하였다. 1976년 11월 5일(YWCA100주년 화보집)

여경자보다 앞서 1967년 현대미포조선 청소원으로 근무했던 김병희는 1972년 용접기술을 배운 후 조선강판용접공이 되었다. 버스차장이었던 김진숙은 장시간·저임금 여성차별적 노동조건에서 벗어나기 위해 기술을 선택했는데 직업훈련을 이수한 후 대한조선공사의 기능공으로 취직할 수 있었다. 문제는 이렇게 새로운 기술 습득과 도전, 숙련이 이루어져도 공장 안의 성차별은 여전하다는 점이었다. 숙련과 기술에 따른 대우를 받지 못하는 '부정의'를 바꾸기 위해 여성 노동자들은 차별 철폐와 정당한 대우를 요구하며 노동조합 설립과 노동운동에 동참하였다.

'아줌마'조합원들의 외침, "함께 싸우자!"

1970년대부터 이어진 성장 위주의 경제정책으로 인해 급속한 경제성장을 이룰 수 있었지만 생산직 노동자들에 대한 멸시, 사무직 노동자들과의 차별, 억압적 노무관리, 물가상승률에 미치지 못하는 저임금 등 여성과 남성 노동자들은 다종다양한 차별과 억압을 당하고 있었다. 군사독재정부는 노동관련법에서 명시해 놓은 노동조합 결성을 억압하였고 노동자들은 정당한 권리 요구조차 하기 어려웠다. 정치적 민주화에 대한 요구가 높았던 1980년대에 노동조합 결성과 활동에 대한 요구가 높아진 것은 당연한 수순이었다. 특히 1970년대 조성된 대공장 밀집 지역에서 노조운동이 고조되었다. 작업반 노동자들의 두발자유까지 제한했던 현대중공업 노동자들은 민주노조 건설을 통해 노동자로서의 자존감, 권리를 되찾으려 했다. 당시 현대중공업의 생산직 노동자들은 화장실 가는 것도 일일이 기록한 후 다녀야

울산 거리를 가득 메운 현대그룹 남성 노동자들
(https://archives.kdemo.or.kr/contents/view/4)

했고 무상으로 한 시간 일찍 출근해 현장 청소는 물론 군대식 체조를 해야 했다. 사무실 관리직들은 자기보다 나이가 많은 노동자들에게도 반말하기 예사였다. 1987년 6월 항쟁 시위 참여를 통해 집단행위의 힘을 확인한 울산의 남성 노동자들은 민주노조를 결성하는 한편 파업농성을 통해 '공돌이', '공순이'로 차별당한 노동자들의 처지를 바꾸고 스스로의 존엄을 높이려 했다.

 1980년대는 미혼 여성 노동자들뿐만 아니라 미혼 시기 공장 노동자였던 여성들이 결혼 후 떠난 직장으로 돌아오면서 기혼 여성 노동자들의 양적 숫자가 증가한 시기였다. 기혼 여성 노동자들은 기혼 남성 노동자들과는 다르

게 월급이 오르기는커녕 기혼이라는 이유로 더 낮은 임금, 더 힘든 노동을
해야 했다. 기혼 여성, 더구나 양육 기혼 여성을 노동자로 원하는 직장이 많
지 않아 취직을 하려는 기혼 여성들은 더 열악한 노동조건을 감수해야 했
다. 1980년대 임금 인상률이 상승했지만 소비지출의 증가, 자녀의 진학률
상승에 따라 각 가구 당 사회·문화 비용은 증가해 갔다. 경제활동을 이어 가
려는 여성들의 의지도 높아져 가사노동과 양육을 병행하면서도 노동을 하
려는 여성들의 수는 매년 증가하였다. 이런 기혼 여성 노동자들은 기혼 남
성 노동자들과 마찬가지로 생계부양자였으나 사회 인식과 대우는 달랐다.
같은 기혼 노동자라도 남성들은 가족수당을 받았지만 기혼 여성 노동자들
에게는 주지 않는 경우가 비일비재했다. 인천의 한 사업장에서 가족수당을
둘러싸고 함께 파업 중인 남성 노동자들이 "아줌마들은 부업차 나온 거고
부양가족도 없는데 가족수당은 왜 받으려 하냐?"고 반대하자 기혼 여성 노
동자들이 "우리도 생계를 꾸려 가기 위해 집안일 다 팽개치고 나오는데 남
자들과 다를 바가 있느냐."며 항의했다. 1987~1988년 대표적인 여성 사업

**나우정밀 노동조합원들의
행사 참여 모습**
(https://archives.kdemo.or.kr/
isad/view/00704214)

장 파업투쟁이었던 맥스테크 노조투쟁에는 기혼과 미혼 여성 노동자들이 함께 참여했는데 이들이 합심해 회사 측의 위장폐업을 철회시켰다. 구로공단 나우정밀 노조가 1988년 임금인상 투쟁을 진행 중일 때, 남성 노동자들 중 일부는 회사 협력자로서 구사대에 동참했지만 '아줌마' 여성 조합원들은 남성 구사대원들의 폭력에 맞서 운동장에 텐트를 치고 노래를 부르며 그들에게 맞서 싸웠다.

호황의 시대, 여전히 존재했던 청소년 노동자들

산업화 기간 내내 한국의 공장에는 10대 청소년 노동자들이 존재했다. 1980년대까지 산업체 부설학교 진학은 도시 빈민층과 농어촌 자녀, 특히 딸들을 교육하기 위한 중요한 방식이었고 노동집약적 산업에서 저임금—장시간 노동체제를 유지하는 중요한 축이었다. 산업체 학교 청소년 노동자들은 노동과 학업을 병행하면서 보다 나은 미래를 꿈꿨고 1987년 이후 몇몇 노동현장에서는 산업체 학교의 노동자들이 단합하여 집단행동에 나서 노동조합 조직의 토대를 마련한 사례도 발견된다. 비공식 학교인 야학과 산업체 학교에 다닌 여성 노동자들은 낮에는 노동자로, 밤에는 학생으로 심신의 긴장과 고통을 기꺼이 감내하였다. 이런 고통의 시간 가운데서도 글쓰기 실천을 적극적으로 펼쳐 나갔는데 1980~1990년대 여성 노동자들이 남긴 문학은 '여공문학'으로 인정받고 있다.

끊이지 않는 청소년 노동자들의 죽음, 꺾인 희망

글쓰기를 통해 고통의 상쇄와 야간 학교 진학을 통해 더 나은 미래를 꿈꾸었다고 해도 청소년 노동자들에게 노동현장은 힘든 공간이었다. 나이가 어리고 경력이 적다는 이유로 더 긴 장시간 노동을 감내해야 했던 청소년 노동자들은 그만큼 산업재해를 당하거나 직업병에 걸릴 확률도 높았다. 한국의 경제성장은 이 같은 청소년 노동자들의 생명을 담보로 성장해 왔다.

영등포 소재 60여 명이 일하던 작은 공장의 청소년 노동자 문송면은 근무한 지 채 두 달도 되기 전에 두통이 나고 구역질이 나기 시작했다. 문송면이 근무했던 협성계공은 압력계와 온도계를 만드는 공장이었다. 공장에는 문

고 문송면 산업재해 노동자장 모습
(https://archives.kdemo.or.kr/isad/view/00739678)

송면 또래의 청소년들 여러 명이 공장 바닥에서 숙식을 해결하며 근무 중이었고 수은을 다루는 곳이라 수은 방울이 떨어져 돌아다니고 있었지만 아무도 신경 쓰는 사람이 없었다. 겨울에는 환기도 하지 않았고 작업실 안의 난로까지 있어 공기가 탁했다. 그 탁한 공기 안에 수은 가스가 섞여 있었고 죽음의 여신인 수은은 어린 문송면의 몸에 침투해 수은중독을 남겼다. 가족들과 활동가들이 노력해 산업재해로 허가를 받았으나 그 후 채 보름도 되기 전에 청소년 노동자 문송면은 열다섯의 나이로 숨을 거두었다.

문송면의 비극은 경제대국, 수다한 초일류 기업의 출현 이후에도 끊이지 않았다. 삼성전자 반도체 공장에 근무했던 여성 노동자 황유미는 유해화학물질을 다루다 백혈병에 걸려 2007년 23세의 나이에 사망했다. 반도체 칩을 생산하는 과정에서 수백 종의 화학물질이 투입되고 이러한 물질들의 4분의 1 이상이 발암성·생식독성 물질이다. 반도체 생산 1위국이자 초일류 기업임을 자부하는 삼성전자 생산공장 내에서조차 발암성 물질 관리방침은 체계화되어 있지 않았고, 이 같은 위험 물질에 노출된 수많은 노동자들이 직업성 질병을 얻어 사망하고 있었던 것이다.

2016년 5월 28일, 또 한 명의 어린 노동자가 작업 중 사망했다. 구의역에서 스크린도어 수리 작업을 하던 비정규직 노동자 김 군이 진입하던 열차에 치여 즉사한 것이다. 사건 발생 당시 김 군은 2인 1조 근무형태조차 적용받지 못해 혼자였고 가방 안에는 그날의 식사대용품으로 컵라면이 있었다. 비정규직, 하청노동자, 현장실습생, 이주노동자와 같은 더 열악한 처지에 놓인 노동자들이 더 위험한 일을 해야 하는 노동현장, 공고의 후신인 특성화고를 졸업하고 기술자로서 노동자로서 열심히 일하면 정규직이 될 수 있을

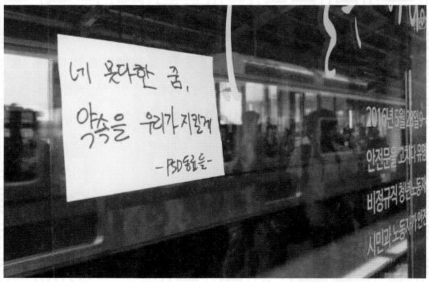

《한겨레》 2018년 7월 26일 기사(위)
《한겨레》 2019년 5월 25일 기사(아래)

거란 희망을 품은 채 목숨을 잃은 청소년 노동자, 젊은이들은 아직도 너무 많다.

더디게 개선되어도, 새로운 도전과 평등한 미래를 열기 위한 노동자들의 전진

지난 100년 간, 노동자들은 근대 경제 부문에 진입하여 노동자들은 신산업 분야에 뛰어들어 경제성장을 이끌었다. 한국전쟁의 참상을 딛고 경제대국이 될 수 있었던 것은 다양한 직업군 내에서 근면하고 성실하게 직업윤리를 준수하며 임한 다수의 이름 없는 노동자들이 있어서였다. 이제 누구도 경제성장을 박정희 혼자 이룬 기적이라거나 기업가들만이 만든 성공이라고 생각하지 않는다. 해방 이후 남녀 노동자들은 국가와 사회의 경제성장과 가족의 생계를 위해 줄곧 중요한 역할을 했지만 노동자라는 명칭은 생산직 노동자에 국한되어 불렸고 공돌이, 공순이라는 멸시의 의미로 사용되었다. 여성 노동자들은 남성들에 비해 더 다양한 차별과 억압을 경험하였고 아직도 그러한 차별구조는 해소되지 않고 있다. 한국 사회에 만연한 노동자 차별의 역사를 극복하기 위해 남성 노동자들이 펼친 노력 못지않게 여성 노동자들도 매순간 멈추지 않고 새로운 도전을 하였고 평등한 미래를 열기 위해 노력해 왔다.

하지만 여전히 가장 힘든 노동은 비정규직, 이주노동자, 청년, 장애인 등 차별받는 노동자들이 가장 위험한 상황하에서 수행하고 있다. 인간다운 삶을 영위하기 위해 서로의 노동이 필요하듯이 노동의 소중함을 깨닫고 더 낮은 곳에서 차별받는 노동자에 대한 차별과 편견을 없애기 위한 실천의 역사를 계속 이어 나갈 책무가 우리에게 남아 있다.

장미현 _ 연세대학교 국학연구원 객원연구원